篮球运动基本技术运用研究

主编 谭朕斌 韩栩 王强

中央民族大学出版社
China Minzu University Press

图书在版编目（CIP）数据

篮球运动基本技术运用研究 / 谭朕斌，韩栩，王强主编 . —北京：中央民族大学出版社，2021.6（2023. 3 重印）

ISBN 978-7-5660-1861-8

Ⅰ . ①篮… Ⅱ . ①谭… ②韩… ③王… Ⅲ . ①篮球运动—运动技术—研究 Ⅳ . ① G841.3

中国版本图书馆 CIP 数据核字（2020）第 272892 号

篮球运动基本技术运用研究

主　　编　谭朕斌　韩栩　王强

策划编辑　赵秀琴

责任编辑　杜星宇

封面设计　舒刚卫

出版发行　中央民族大学出版社

北京市海淀区中关村南大街 27 号　　邮编：100081

电话：（010）68472815（发行部）　传真：（010）68933757（发行部）

（010）68932218（总编室）　（010）68932447（办公室）

经 销 者　全国各地新华书店

印 刷 厂　北京鑫宇图源印刷科技有限公司

开　　本　787×1092　1/16　印张：23.25

字　　数　285 千字

版　　次　2021 年 6 月第 1 版　2023 年 3 月第 2 次印刷

书　　号　ISBN 978-7-5660-1861-8

定　　价　88.00 元

前　言

目前的篮球教材和篮球技术教学训练书籍，内容偏重于基本技术的动作方法、动作要领、练习方法等方面，而有关篮球技术运用方面的内容和阐述严重不足，往往仅是列举几点运用时机和要求，缺少对技术运用规律及变化的详细论述。《篮球运动基本技术运用研究》一书，主要对“传、运、投、突、抢、防、移”七大篮球基本技术在比赛中的临场运用进行研究，具体内容包括：无球移动技术、内线队员“位置模糊”特征、假动作技术、传球、运球、投篮、突破、抢篮板球、个人防守技术等。从不同角度对篮球运动基本技术的运用做了较深入的探索，提出了诸多新的观点和思想。希望该书的出版能有助于广大篮球理论工作者相互交流和探讨，对我国篮球运动的理论研究起到积极的促进作用，进一步丰富我国篮球教学训练的基本理论。

《篮球运动基本技术运用研究》一书由谭朕斌、韩栩、王强担任主编，韩栩（首都体育学院）参与专题五、专题八的撰写（约5.8万字）、王强（石河子大学体育学院）参与专题六、专题七、专题九的撰写（约6.7万字），全书由谭朕斌教授统编定稿。参加本书编写的还有薛菲、潘良欣、陈杰、郝伟、任亚风、王腾越、刘尧、薛阳、郝志伟、郁巧艳，真诚地感谢他们在此书的编写中付出的辛勤努力。

本书可供广大篮球理论研究者、体育教师、篮球教练员在教学、训练中参考，也可作为篮球专业研究生、篮球专项本科生的课外学习读物。由于水平有限，书中的疏漏及错误之处在所难免，衷心地欢迎广大读者对本书提出宝贵意见。

编者

2020年6月

目　录

专题一

前锋队员的无球移动技术

在篮球比赛中，除组织后卫外，其他队员大部分时间处于无球状态。进攻的无球队员合理运用进攻技术吸引防守队员的注意力，可以减轻持球同伴的压力，破坏对方的协防配合。多数情况下，无球进攻是有球进攻的前奏，有球进攻是无球进攻的延续。无球队员进攻技术是随着篮球运动的发展而逐渐丰富的，从早期单一的跑动摆脱防守接球后进行自身攻击，逐步发展成为迂回跑动牵制对方，破坏对方防守队形与平衡，并用策应、掩护等助攻性行动，为同伴创造进攻机会，达到攻击的目的；同时还利用各种动作摆脱对手，积极拼抢进攻篮板球，为二次进攻创造条件。现代篮球运动对无球队员的移动要求越来越高，队员的无球移动是否合理有效直接影响全队战术的执行是否到位。

在现代篮球比赛中，前锋队员作为球队的主要得分手，进攻效率的高低直接影响球队比赛的胜败。在比赛中前锋队员不仅要能够持球得分，也要能在无球移动时为队友创造机会，为自己争取空间。本专题通过对世界男篮优秀前锋队员无球移动技术的运用进行统计与分析，研究世界优秀前锋队员无球移动技术的特征，以丰富我国篮球运动理论体系，为我国篮球运动前锋队员无球移动技术的训练提供理论参考。

一、主要研究方法

（一）问卷调查法

在资料收集的初期阶段，设计了前锋队员无球移动技术的相关统计指标，在对录像资料进行初步统计之后，又对统计指标做了相应的调整，并通过三轮专家问卷，逐步筛选并最后确定了前锋队员无球移动技术运用的统计指标体系。

（二）录像分析法

根据确定的调查对象和统计指标，对首届男篮世界杯相关比赛进行反复观看，采集统计数据。以每名优秀前锋队员参加的四场比赛进行数据收集，最终统计了首届男篮世界杯的20场比赛，包括1场冠亚军决赛，1场三、四名决赛，2场半决赛，3场四分之一决赛，4场八分之一决赛，9场小组赛。由于克罗地亚、阿根廷以及多米尼加止步于16强，因此各取3场小组赛以统计球员的无球移动情况。除了塞尔维亚队同巴西队进行的是小组赛，前四强的美国队、法国队、塞尔维亚队、立陶宛队进行的是淘汰赛。由于塞尔维亚队、巴西队、法国队、西班牙队分在了同一小组，巴西队小组赛战胜了塞尔维亚队，因此分析此场比赛。

表 1-1　前锋队员的比赛场次

姓名	国籍	比赛对手
博扬·博格达诺维奇	克罗地亚	法国（八分之一决赛）、阿根廷（小组赛）、菲律宾（小组赛）、塞内加尔（小组赛）
弗朗西斯科·加西亚	多米尼加	斯洛文尼亚（八分之一决赛）、土耳其（小组赛）、新西兰（小组赛）、乌克兰（小组赛）
肯尼斯·法里德	美国	塞尔维亚（决赛）、立陶宛（半决赛）、斯洛文尼亚（四分之一决赛）、墨西哥（八分之一决赛）
尼古拉斯·巴图姆	法国	塞尔维亚（半决赛）、立陶宛（三、四名决赛）、西班牙（四分之一决赛）、克罗地亚（八分之一决赛）
克莱·汤普森	美国	塞尔维亚（决赛）、立陶宛（半决赛）、斯洛文尼亚（四分之一决赛）、墨西哥（八分之一决赛）
路易斯·斯科拉	阿根廷	巴西（八分之一决赛）、希腊（小组赛）、克罗地亚（小组赛）、菲律宾（小组赛）
内马尼亚·别利察	塞尔维亚	美国（决赛）、法国（半决赛）、巴西（四分之一决赛）、西班牙（小组赛）
鲍里斯·迪奥	法国	塞尔维亚（半决赛）、立陶宛（三、四名决赛）西班牙（四分之一决赛）、克罗地亚（八分之一决赛）

（三）逻辑分析法

采用归纳、演绎、对比和综合分析等逻辑方法对采集的数据进行分析，归纳总结前锋队员无球移动技术运用的特征。

二、研究结果与讨论

（一）无球移动相关理论研究

1. 优秀前锋的界定

通过查询新浪网数据库提供的首届篮球世界杯球员的效率值，以效率值前8名的前锋队员为优秀前锋队员。

2. 无球移动分类的界定

将无球移动分为向人、向篮、向球、向空区四种情况。

（1）无球队员向人移动：无球队员向无球人移动，主动为无球队友做掩护，使队友摆脱防守以达到进攻的目的。

（2）无球队员向篮移动：无球队员通过各种脚步移动摆脱对手，切入篮下接球投篮或者拼抢篮板球。

（3）无球队员向球移动：无球队员主动向持球队员方向移动。

（4）无球队员向空区移动：无球队员移动至对方防守中短暂出现的漏洞区域，以牵制防守或者伺机接球进攻。

3. 无球移动相关统计指标及含义

（1）向人移动：强侧掩护的次数、弱侧掩护的次数、各掩护区域的次数、掩护及时到位的次数、掩护不及时或者不到位的次数。

（2）向篮移动：队员冲抢篮板的次数、卡位篮板的次数以及其他如捡漏等获得篮板的次数；最终得到篮板的次数、未得到篮板的次数、在队友投篮或者上篮等终结进攻时抢篮板球但是球进的次数；向篮切入时横切的次数、纵切的次数、移动开始各个区域的次数以及最终得分或者助攻的次数、没有形成得分或者助攻的次数。

（3）向球移动：接应次数、掩护次数、移动方式上反跑、上提的次数、无球掩护的次数、直接接应或者掩护的次数、内线穿插的次数、各个区域的次数、得分或者助攻的次数、没有得分或者助攻的次数。

（4）向空区移动：拉开空当或牵制防守的次数、直接投篮的次数、运球或者突破的次数、传球的次数、移动方式上顺下或者上提的次数、溜底线的次数、观察并小范围移动调整的次数、运用其他两种方式及以上的次数、各个空区的次数、得分或者助攻的次数、没有形成得分或者助攻的次数。

部分指标的定义：

（1）小前锋即倾向于外线进攻的前锋队员，本专题具体指博格达诺维奇、加西亚、巴图姆、汤普森、别利察5名前锋球员。

（2）大前锋即倾向于内线进攻的前锋队员，本专题具体指斯科拉、迪奥、法里德3名前锋球员。

（3）强侧掩护指掩护队员向持球一侧的队友做无球掩护；弱侧掩护指掩护队员向持球相反的一侧的队友做无球掩护，而不考虑距离持球人的远近。掩护效果的及时到位指通过掩护成功地挡住了防守者的防守路线，使被掩护队员顺利地接球或者跑到自己所需的位置；掩护不及时或者不到位指掩护队员做了掩护但是没有能够使被掩护队员摆脱防守。

（4）得分或者助攻是指形成的有效得分，罚球为有效得分，投篮但没有命中不计入统计数据。

（5）提上、反跑、溜底线界定依据为启动区域为底角（如图1-1），直接的方式则是从以底角的切线向上的区域、没有任何个人附加的动作所做的移动为直接方式；小范围的观察移动主要是指在阵地进攻中球员已经落位，前锋队员在空区不断地观察场上情况，脚步移动在起步的三步范围之内；运用两种方式以上是指一名队员在场上为了摆脱防守队员获得空位接球机会不断通过各种方式所进行的移动。

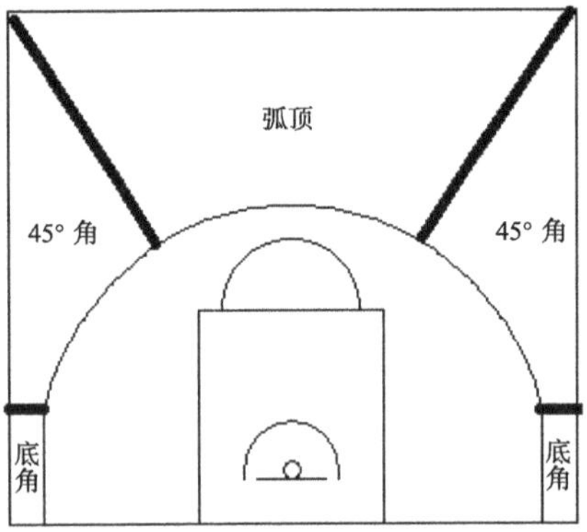

图 1–1　基本区域划分

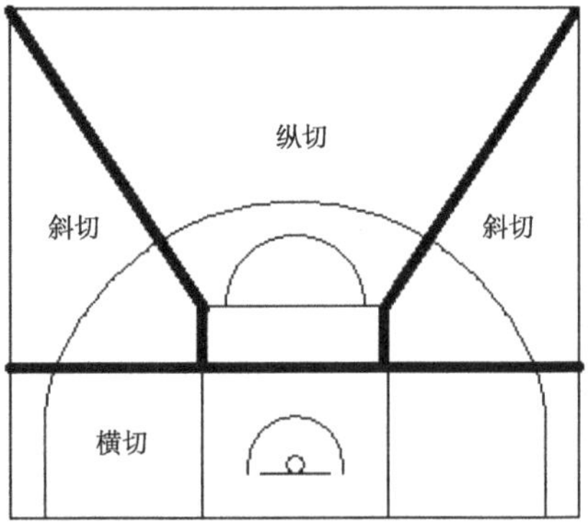

图 1–2　切入区域图示

（二）优秀前锋队员在首届男篮世界杯中的基本情况

本专题研究的是在首届男篮世界杯前16强球队中表现优异的8名前锋球员，如表1–2所示。其中美国队和法国队各2人，塞尔维亚、阿根廷、多米尼加、克罗地亚各1人。依次为冠军美国队的汤普森和法里德2个人，亚军塞尔维亚队的别利察，季军法国队的迪奥和巴图姆，16强阿根廷的斯科拉、多米尼加的加西亚、克罗地亚的博格达诺维奇。

在其效率榜上，克罗地亚的博格达诺维奇最高，他在队中是重要的得分手，能够无球进攻也能持球进攻，对比赛的走势有着至关重要的作用；汤普森、法里德、巴图姆虽说都不是球队绝对领军人物，但是对比赛的帮助也是不言而喻的。汤普森是美国队的稳定得分手，法里德是美国队内线的重要球员，能够给对方的内线造成巨大的杀伤；巴图姆则是法国队的一把尖刀，在与塞尔维亚的半决赛上，在第四节连续的三分命中差点就让法国队逆转成功，虽说最终失败了但是他的个人能力是毋庸置疑的；斯科拉、迪奥不仅是球队的重要得分手，更是球队的精神领袖，时时刻刻都需要为球队做出榜样。当阿根廷打不开局面的时候，斯科拉就是他们前进的钥匙，斯科拉的发挥很大程度上会影响阿根廷的整体发挥，在16强对阵巴西的比赛中就是因为斯科拉的低迷最后导致球队被淘汰出局；别利察、加西亚则是球队的外线稳定得分点，只要在空位接球通常就能得分。

表 1–2　前锋队员基本情况一览

姓名	国籍	号码	身高（厘米）	体重（千克）	出生年月
博扬·博格达诺维奇	克罗地亚	7	204	98	1989年4月
弗朗西斯科·加西亚	多米尼加	9	201	98	1981年12月
肯尼斯·法里德	美国	7	203	103	1989年11月
尼古拉斯·巴图姆	法国	5	203	100	1988年12月
克莱·汤普森	美国	5	201	98	1990年2月
路易斯·斯科拉	阿根廷	4	206	109	1980年4月
内马尼亚·别利察	塞尔维亚	8	209	110	1988年5月
鲍里斯·迪奥	法国	13	203	113	1982年4月

从表1–2可以看出，8名前锋队员中，身高为201 — 209厘米，且203厘米的占了三个，体重为98 — 113千克；通过比赛的数据可以发现，4号位的斯科拉、迪奥等队员的体重比3号位的加西亚、汤普森等队员的体重更重一些。首届男篮世界杯前锋队员呈现年轻化趋势，除了加西亚、斯科拉和迪奥之外，其他几名前锋队员都出生于1988年及以后，都有着很好的身体素质，在场上对抗也不吃亏；年龄偏大的几名前锋队员身体素质虽

下降了，却都有着丰富的比赛经验，能够及时地把握比赛的动向，在球队需要的时候能及时地站出来为球队发挥作用。

表 1–3　优秀前锋队员在首届男篮世界杯中的表现（场均）

姓名	国籍	场均得分	两分球	三分球	进攻篮板球	篮板球	助攻	效率
博格达诺维奇	克罗地亚	21.2	4.7—7.7	2.2—6.0	0.7	3.0	1.3	15.50
加西亚	多米尼加	14.7	2.5—4.3	3.0—4.7	0.2	2.5	1.8	15.00
法里德	美国	12.4	5.7—8.8	0.0—0.1	3.9	4.3	0.7	14.33
巴图姆	法国	14.6	3.3—5.1	1.7—5.1	1.0	2.6	1.3	12.67
汤普森	美国	12.7	2.6—3.7	2.4—5.9	0.2	1.3	2.1	12.00
斯科拉	阿根廷	15.8	5.0—10.5	0.5—0.8	1.3	2.8	2.2	11.50
别利察	塞尔维亚	11.9	3.2—6.1	0.7—2.9	1.8	3.2	2.8	11.44
迪奥	法国	9.2	2.4—4.3	1.1—3.1	0.9	4.2	4.0	10.22

得分情况如表1–3所示，8名前锋队员场均得分除了法国队的迪奥低于10分，其他队员都高于10分，其中，博格达诺维奇是首届世界杯的得分王，场均得分21.2分，其他前锋队员场均得分如斯科拉15.8分、加西亚14.7分、巴图姆14.6分，在世界杯得分排行榜上都名列前十，说明前锋队员都具有很强的得分能力。在两分球方面，8名前锋队员的命中率均超过了50%，其中巴图姆更是超过70%；法里德、博格达诺维奇、加西亚、汤普森的命中率在60%以上，说明他们都有着稳定的得分能力。在三分球上，加西亚、汤普森、博格达诺维奇均名列前十，说明这些优秀小前锋队

员都有着很强的外线投篮能力。在助攻方面，迪奥的场均助攻4.0次名列助攻榜前十，说明前锋队员的组织能力也很不错。综上，优秀前锋队员都有很强的得分能力，且命中率高，部分队员还可以很好地串联全队、组织全队进攻。

（三）男篮世界杯优秀前锋队员阵地进攻时无球移动的分析

通过对20场比赛视频反复回放和数据统计，男篮世界杯优秀前锋队员在阵地进攻中无球移动的运用情况如表1-4所示。

表1-4 优秀前锋队员在阵地中无球移动数据统计

姓名	篮板	百分比	切入	百分比	向人	百分比	向球	百分比	向空区	百分比	总计
博格达诺维奇	17	5.3%	23	7.2%	12	3.8%	56	17.6%	210	66.0%	318
加西亚	0	0.0%	4	2.1%	6	3.1%	60	30.9%	124	63.9%	194
法里德	51	25.9%	21	10.7%	6	3.0%	26	13.2%	93	47.2%	197
巴图姆	13	4.4%	17	5.8%	5	1.7%	110	37.3%	150	50.8%	295
汤普森	1	0.6%	3	1.8%	0	0.0%	47	27.5%	120	70.2%	171
斯科拉	40	10.6%	32	8.4%	34	9.0%	143	37.7%	130	34.3%	379
别利察	16	4.8%	17	5.1%	35	10.6%	115	34.7%	148	44.7%	331
迪奥	31	8.7%	3	0.8%	34	9.5%	115	32.1%	175	48.9%	358
总计	169	7.5%	120	5.3%	132	5.9%	672	30.0%	1150	51.3%	2243

总体上看，8名前锋队员在阵地进攻中向无球队员移动占了5.9%、向持球人移动占了30.0%、向篮移动占12.8%、向空区移动占了51.3%。向

空区移动占了一半以上，说明前锋在无球移动过程中，以移动至空区牵制防守或者等待时机接球进攻为主、以和持球队员进行配合进攻次之、抢篮板球或者空切篮下又次之、与其他无球队员的配合最少。

从图1–3以及表1–4中可以看出，在总的移动次数上球员之间有很大的差距，博格达诺维奇、巴图姆、斯科拉、别利察、迪奥的总移动次数基本都在300次左右或以上，而其他几名队员则在200次左右，总的移动次数差别是比较大的。查阅比赛统计以及观察比赛录像可知，这与他们的上场时间有关，加西亚、法里德、汤普森平均每场比赛上场时间在20分钟左右。例如加西亚虽说是球队主力，但是有一场比赛因为上场仅两分钟就受犯规的困扰而上半场没有再出场，下半场也没有打满全场；在与美国队的小组赛里更是因为实力的差距，多米尼加直接就放弃了比赛，所以让年纪稍大的加西亚直接没有上场，这就与其他队员会有很大的差距。而其他的队员每场比赛基本都有30分钟以上的上场时间，所以总的移动次数会有较大的差距。

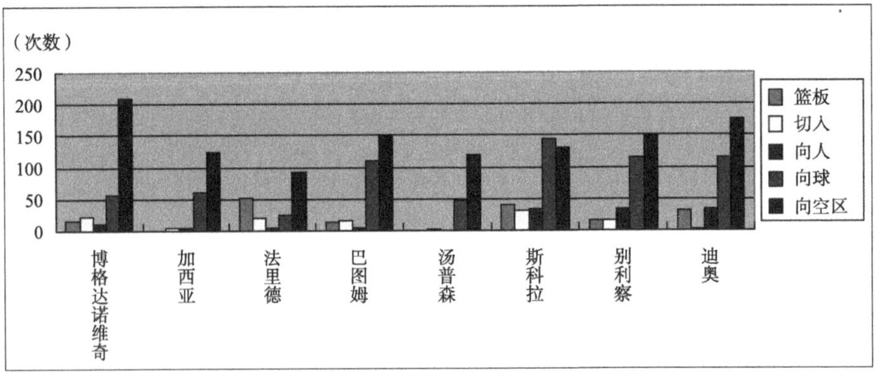

图1–3　优秀前锋队员在阵地中无球移动数据统计

从个体上来讲：博格达诺维奇抢篮板占5.3%、切入篮下占7.2%、向无球人移动占3.8%、向持球人移动占17.6%、向空区移动占66.0%。通过观察比赛视频可以看到，博格达诺维奇作为克罗地亚的头号得分手，有稳定的外围投篮能力，在三分线外接球投篮能力很强，可以很好地牵制防守为其他队员拉开空间。加西亚切入篮下占2.1%、向无球人移动占3.1%、向持球人移动占30.9%、向空区移动占63.9%，加西亚同博格达诺维奇的情况是非常类似的，区别是有时也会主动要球然后依靠个人的实力去完成进攻。法里德抢篮板占25.9%、切入篮下占10.7%、向无球人移动占3.0%、向持球人移动占13.2%、向空区移动占47.2%，主要是因为法里德作为球队的大前锋，在美国队的阵容为“一大四小”的情况下基本上是被当作中锋来使用，而且进攻区域更加集中于限制区，所以相对于其他前锋队员来说抢篮板球的比例更大一些。巴图姆抢篮板占4.4%、切入篮下占5.8%、向无球人移动占1.7%、向持球人移动占37.3%、向空区移动占50.8%，巴图姆在比赛中不仅要自己拉开空位，有时也会与持球队员做掩护然后空切篮下。汤普森抢篮板占0.6%、切入篮下占1.8%、向持球人移动占27.5%、向空区移动占70.2%，汤普森基本上就是上去得分，他更多的时候在三分线外给予稳定的三分保证以及持球突破。斯科拉抢篮板占10.6%、切入篮下占8.4%、向无球人移动占9.0%、向持球人移动占37.7%、向空区移动占34.3%，斯科拉作为全队的领袖，更多的时候球队的运转需要斯科拉来串联，相对其他前锋队员来说打法更加的灵活。别利察抢篮板占4.8%、切入篮下占5.1%、向无球人移动占10.6%、向持球人移动占34.7%、向空区移动占44.7%，别利察的进攻手段丰富，既可突破又可投篮，打法比较灵活。迪奥抢篮板占8.7%、切入篮下占0.8%、向无球人移动占9.5%、向持球人移动占32.1%、向空区移动占48.9%，法国队的进攻多以迪奥为轴发动攻击，所以迪奥的打法也是比较灵活的。

综上可知，优秀前锋队员向空区移动的次数最多，向球移动的次数次之，向篮移动的次数又次之，向人移动的次数最少。说明优秀前锋队员的无球移动是以自身的技术特点为基础，通过三分线外的空区移动，用自己稳定的外线投篮牵制对手；利用球队自身的特点同后卫队员做简单的配合打乱对方的防守阵形；小前锋队员移动的区域更多的时候位于三分线外，导致很少为其他队员做无球掩护配合，而在限制区两侧的大前锋队员则会多一些与其他球员的无球掩护配合。

1. 向人移动

无球掩护在比赛中经常被运用，无球队员通过有目的的移动，为队友主动做掩护，可以有效地使队友获得空位接球的机会，进而打破对方的防守部署和节奏，为自己或者队友创造出最佳的进攻机会。现代篮球不仅对持球队员的防守严密，对无球队员的防守在一定的时候也是寸步不离，在NBA中，像库里、汤普森、科沃尔这样有着精准外线投篮能力的球员，在防守队员没有来得及跟上他们的移动脚步时，只要在外线接球就有可能是致命的一击，因此一次高质量的掩护配合就能够很好地去为自己或者队友创造这样的机会。但从表1–4可知，前锋队员向人无球移动仅仅占了5.9%，在无球移动中所占的比例是最低的，其中汤普森更是一次也没有主动为队友做掩护配合，其他几名前锋队员与其他无球队员的掩护配合做得也是比较少的。

（1）向人移动的目的。

根据向人移动概念，队员向无球队员移动的目的就是主动去做无球掩护。在男篮世界杯上，由于球员的外围投篮能力越来越强，大部分球队运用的防守战术都是扩大人盯人，为了能让队友摆脱防守更好地获得接球进攻的机会，根据队内的战术要求，有目的地为队友做一个高质量的掩护就会显得特别的重要。掩护配合是攻破紧逼人盯人防守较为有效的方法之一，前锋队员主动为无球队员做得最多的是位于限制区两侧的定位掩护，其次是行进间掩护以及假掩护。通过掩护为无球跑动的队友创造摆脱防守的机会，以跑出空当接球投篮或突破。

（2）向人移动的区域变化。

从表1–5的统计结果看，在整体上，掩护的区域主要集中在弧顶以及三分线内限制区外，在三分线内限制区外的区域占81.1%、弧顶区域占14.4%、三分线外的45°角附近则仅仅占了4.5%。表明优秀前锋队员给无球人掩护的区域主要集中在三分线内限制区外。

表1–5　优秀前锋队员向人移动的掩护区域数据统计

姓名	三分线内限制区外	百分比	两侧45°角	百分比	弧顶	百分比	总计
博格达诺维奇	12	100.0%	0	0.0%	0	0.0%	12
加西亚	6	100.0%	0	0.0%	0	0.0%	6
法里德	6	100.0%	0	0.0%	0	0.0%	6
巴图姆	5	100.0%	0	0.0%	0	0.0%	5
汤普森	0	0.0%	0	0.0%	0	0.0%	0
斯科拉	34	100.0%	0	0.0%	0	0.0%	34
别利察	13	37.1%	6	17.1%	16	45.7%	35
迪奥	31	91.2%	0	0.0%	3	8.8%	34
总计	107	81.1%	6	4.5%	19	14.4%	132

从表1–5的数据中我们发现，一些优秀前锋队员很少为队友做掩护，例如汤普森在几场比赛中一次掩护都没有为队友做，可见前锋队员为无球队员做掩护配合还是较少的。这些球员主要的特点是得分，更多的时候是通过全队战术为自己争取到空位的机会或者接球的机会。从掩护的区域可以看出，前锋队员更多的是在罚球线两侧为底线提上的无球队员做掩护，以使无球队员得到更好的接球进攻机会。塞尔维亚的别利察为队友做无球掩护较多，一般情况是后卫持球时，别利察为队友做一个罚球线附近区域的掩护，其队友在弧顶接球然后再进攻。但在这个区域更多的是中锋队员提上为后卫队员做掩护，然后顺下接球直接攻击篮筐。

从图1–4可见，在个体上，博格达诺维奇、加西亚、法里德、巴图姆、斯科拉的掩护区域全在三分线内限制区外，表明其他队员的移动通常都是在三分线内通过掩护出来接球或者为其他队员做配合，而别利察则会在任何区域根据同伴的需要随时为队友主动做掩护；迪奥则是主要在三分线内，偶尔也会在弧顶为队友掩护。总的来说，前锋队员主动为队友做掩护是在三分线内的区域，这个区域更加有利于其他无球队员通过前锋的掩护提上接球；而在弧顶的一些掩护配合，基本上是向弱侧移动顺便为过来接应的队员做的一个顺势掩护，使接应队员获得球更加轻松。

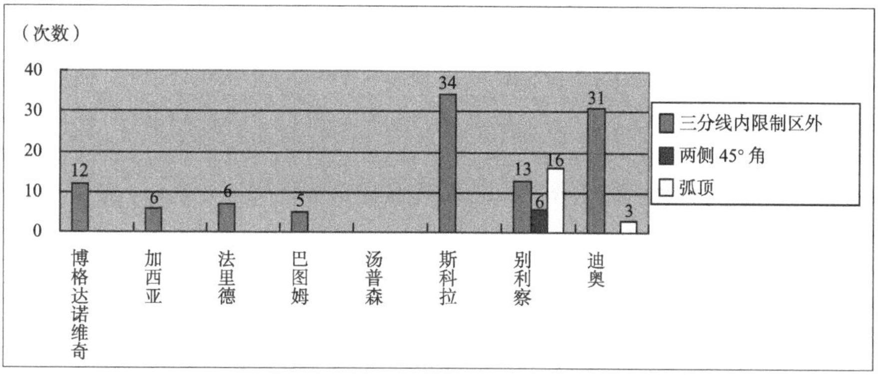

图 1-4　优秀前锋队员向人移动的掩护区域

（3）向人移动的效果。

优秀前锋队员向人移动的效果如表1-6所示。

表 1-6　优秀前锋队员向人移动的效果

姓名	及时到位	百分比	不及时或不到位	百分比	总计
博格达诺维奇	3	25.0%	9	75.0%	12
加西亚	4	66.7%	2	33.3%	6
法里德	6	100.0%	0	0.0%	6
巴图姆	5	100.0%	0	0.0%	5
汤普森	0	0.0%	0	0.0%	0
斯科拉	18	52.9%	16	47.1%	34
别利察	27	77.1%	8	22.9%	35
迪奥	25	73.5%	9	26.5%	34
总计	88	66.7%	44	33.3%	132

在比赛中前锋队员主要是为后卫或者其他前锋队员做掩护，掩护质量比较高，但掩护不到位或不及时也占到了33.3%，这与球员之间不够默契有一定关系，毕竟一些球员只有在重大比赛的时候才参加国家队，更多的时候是在海外打球，平时缺少与队友的配合。

从图1–5中发现，博格达诺维奇的掩护质量不高，从视频中也可以看到他给队友掩护的区域几乎是位于限制区，这个区域人多，而且动作比较大，意图太明显，往往不能很好地为队友做无球掩护；斯科拉的掩护质量不高则是因为在比赛中，他主动为队友做掩护时，队友不能及时地领会其意图，而且配合起来不默契，导致不能完全挡住防守人。

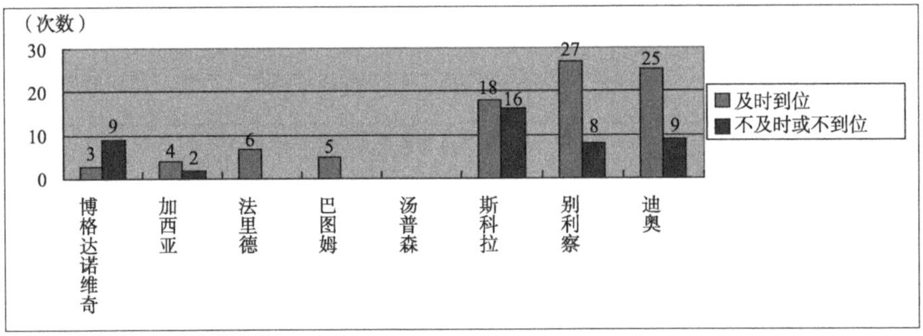

图1–5 优秀前锋队员向人移动的效果

综上所述，优秀前锋队员为其他无球队员做无球掩护比例较低。小前锋最活跃的区域位于三分线外，而这个区域极少会需要同队友做掩护配合，因此大前锋队员为无球队员的掩护会多一些，而且基本上都是位于三分线内的限制区两侧，为反跑提上接球的队员更好地摆脱防守，以获得接球进攻的机会；内线队员兜出来接球时才会需要同伴的掩护，因此位于罚球线附近的大前锋为其他队员的无球掩护多些，质量也更高。

2. 向球移动

在篮球比赛中，球员更多的时间是在无球移动，而基础配合如传切、突分等也都是通过队员有目的的无球移动来完成的。在一次进攻中，无球队员根据布置好的战术以及场上的情况移动跑位，为持球队员提供突分、传切等配合的多种选择。所以，在篮球比赛中运动员只有通过积极跑动，有效地摆脱防守队员的防守，才可使全队的进攻更加流畅，才能更好地掌握比赛的主动权。

随着现代篮球运动的身体接触和对抗强度不断增加，篮球运动员的身体素质也逐渐提高，个人防守能力不断增强；而且各队对防守的重视程度使得篮球运动员不但要有良好的个人技术，还要有协同作战的配合意识。前锋队员与持球队员的联系通常都是前锋与后卫队员的配合。后卫队员是一个球队的大脑，通过后卫队员的调度不断地调整球队的战术，寻找最好的进攻机会。

（1）向球移动的目的。

由表1–7可知，向持球人移动主要为了接应持球队员或者为持球队员做掩护。从整体来看，前锋队员接应持球人的占68.3%，为持球人做掩护的占31.7%。从个体上看，博格达诺维奇接应持球队员的占98.2%，为持球队员做掩护的占1.8%；加西亚接应持球队员的占86.7%，为持球队员做掩护的占13.3%；法里德接应持球队员的占38.5%，为持球队员做掩护的占61.5%；巴图姆接应持球队员的占100.0%；汤普森接应持球队员的也占100.0%；斯科拉接应持球队员的占28.7%，为持球队员做掩护的占71.3%；别利察接应持球队员的占82.6%，为持球队员做掩护的占17.4%；迪奥接应持球队员的占42.6%，为持球队员做掩护的占57.4%。

表 1–7　优秀前锋队员向球移动的目的数据统计

姓名	接应持球队员	百分比	为持球队员做掩护	百分比	总计
博格达诺维奇	55	98.2%	1	1.8%	56
加西亚	52	86.7%	8	13.3%	60
法里德	10	38.5%	16	61.5%	26
巴图姆	110	100.0%	0	0.0%	110
汤普森	47	100.0%	0	0.0%	47
斯科拉	41	28.7%	102	71.3%	143
别利察	95	82.6%	20	17.4%	115
迪奥	49	42.6%	66	57.4%	115
总计	459	68.3%	213	31.7%	672

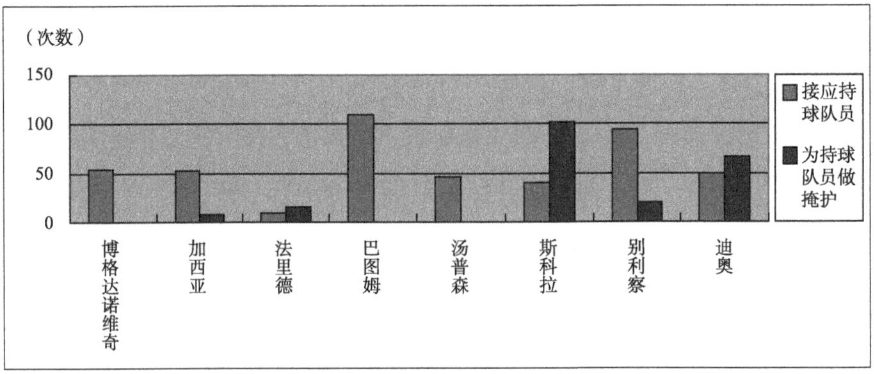

图 1–6　优秀前锋队员向球移动的目的数据统计

观察比赛不难发现，前锋队员出来接应或者为持球队员做掩护还是比较频繁的，某些重点队员更是不断地通过和持球人的配合来调动全队的进攻。大部分前锋队员向球移动是为了接球，然后再传球助攻其他队友或者自己持球进攻，如博格达诺维奇几乎全是接应持球队员，基本不为持球队员做掩护；巴图姆、汤普森则只接应持球队员，不为持球队员做掩护。究其原因，一方面跟全队的战术有关，同时也与个人的进攻特点有关，他们个人能力较强，得分方式非常多，接球之后可以通过一对一单打进攻得分。从表1–7中可见，加西亚、别利察接应占80%以上，他们都是球队的重要得分手。而斯科拉、迪奥则是比较平均，有时接应、有时掩护，作为球队的中心，两个人需要串联全队，不仅需要能得分，更重要的是帮助球队获得胜利。他们两人不是作为外线定点的投手，许多时候会与球队的后卫队员进行一些简单的配合，如通过掩护为后卫队员挡住防守人，使得后卫能够摆脱防守进攻或者协助他人进攻。阵地进攻中，迪奥通常会在三分线外的45°角或弧顶观察，然后为后卫队员做接应或掩护，这是法国队战术的发起点。法国队的巴图姆同样是前锋，但从未为持球队员做掩护，仅仅当需要进攻的时候才会通过各种方式去接应或者直接要球自己完成进攻。

（2）向球移动的方式。

优秀前锋队员向球移动方式的数据统计如表1–8所示。

表 1–8　优秀前锋队员向球移动方式的数据统计

姓名	反跑或提上	百分比	无球掩护	百分比	直接要球或接应	百分比	内线穿插	百分比	总计
博格达诺维奇	30	53.6%	18	32.1%	6	10.7%	2	3.6%	56
加西亚	40	66.7%	6	10.0%	12	20.0%	2	3.3%	60

续表

姓名	反跑或提上	百分比	无球掩护	百分比	直接要球或接应	百分比	内线穿插	百分比	总计
法里德	4	15.4%	0	0.0%	22	84.6%	0	0.0%	26
巴图姆	56	50.9%	27	24.5%	11	10.0%	16	14.5%	110
汤普森	20	42.6%	17	36.2%	6	12.8%	4	8.5%	47
斯科拉	36	25.2%	0	0.0%	104	72.7%	3	2.1%	143
别利察	24	20.9%	3	2.6%	85	73.9%	3	2.6%	115
迪奥	16	13.9%	11	9.6%	87	75.7%	1	0.9%	115
总计	226	33.6%	82	12.2%	333	49.6%	31	4.6%	672

无球队员向持球队员移动的目的，主要是摆脱防守接球或者为持球队员做掩护，在向持球人移动的过程中主要会有以下几种行动：反跑或提上、无球掩护、直接要球或接应、内线穿插等。从统计数据来看，无球队员在向持球人移动的过程中，方式为反跑或提上的占33.6%、无球掩护占12.2%、直接要球或接应的占49.6%、内线穿插的仅仅占到了4.6%。直接要球或接应的最多，其次为反跑或提上，然后是无球掩护，内线穿插的最少。

由图1–7可知，除了法里德向持球队员的移动有限以外，斯科拉、别利察、迪奥的方式为直接要球或接应都在70%之上，他们在球队中不仅是重要的得分手，而且还担负着盘活全队的重任，所以会主动与持球队员，特别是后卫队员做配合或者接应后卫队员。别利察的接应占80%以上，他一般过了半场之后都会去接应一下后卫队员，然后再把球交给后卫队员让其可以原地观察并组织进攻；斯科拉、迪奥会通过接应或者掩护让后卫队员更好地去组织全队进攻，而其他球队的重要得分手通常会通过在底线的反跑或提上接球进攻。无球队员更多的是通过与同伴的掩护来获得球，在外线的直接接应也占了很大的比例。球员的个人移动方式有较大的区别，如斯科拉直接要球或接应的占72.7%；而当后卫队员运球至前场的时候，迪奥有75.7%的概率会去直接要球或接应，然后再传球给后卫队员重新组织或者自己运球寻找新的进攻机会。

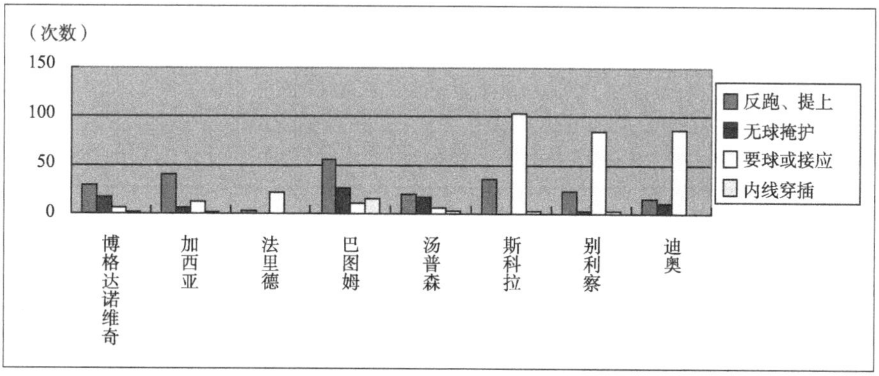

图 1–7　优秀前锋队员向球移动方式的数据统计

（3）向球移动的区域变化。

从表1–9中的数据可知，向持球人移动的区域分布为：罚球线附近占15.2%、弧顶区域占29.9%、两侧45° 角区域占45.8%、其他区域占9.1%。说明优秀前锋为持球人掩护的区域集中在罚球线延长线的以上区域，在这个区域可以为后卫队员的突破拉开空间，也可为其他队友的切入等创造条件。

表 1–9　优秀前锋队员向球移动的区域分布数据统计

姓名	罚球线	百分比	两侧45° 角	百分比	弧顶	百分比	其他	百分比	总计
博格达诺维奇	3	5.4%	34	60.7%	12	21.4%	7	12.5%	56

续表

姓名	罚球线	百分比	两侧45°角	百分比	弧顶	百分比	其他	百分比	总计
加西亚	0	0.0%	50	83.3%	10	16.7%	0	0.0%	60
法里德	12	46.2%	9	34.6%	5	19.2%	0	0.0%	26
巴图姆	17	15.5%	66	60.0%	17	15.5%	10	9.1%	110
汤普森	13	27.7%	20	42.6%	8	17.0%	6	12.8%	47
斯科拉	46	32.2%	36	25.2%	50	35.0%	11	7.7%	143
别利察	7	6.1%	58	50.4%	47	40.9%	3	2.6%	115
迪奥	4	3.5%	35	30.4%	52	45.2%	24	20.9%	115
总计	102	15.2%	308	45.8%	201	29.9%	61	9.1%	672

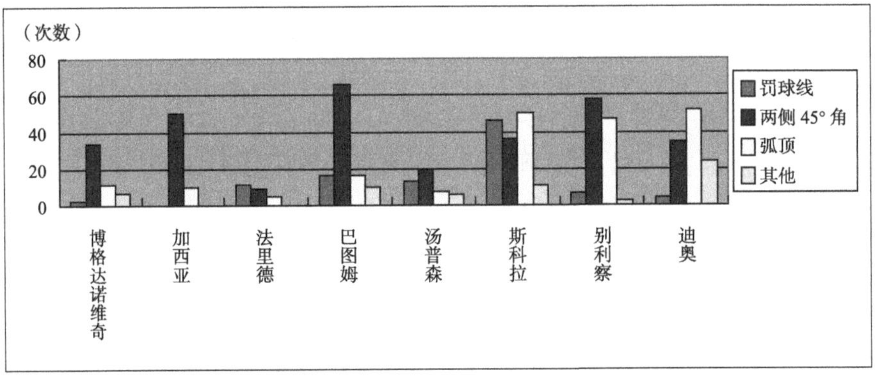

图 1–8 优秀前锋队员向球移动的区域分布数据统计

通过数据可以看出，前锋队员接应持球队员或为持球队员做掩护主要集中在弧顶区域和两侧的45°角，其中两侧45°角接应或掩护超过50%的队员有博格达诺维奇、加西亚、巴图姆、别利察；在弧顶区域超过30%的有斯科拉、别利察、迪奥。不同类型的前锋队员有一定的区别。

（4）向球移动的效果。

由表1-10可知，接应持球队员再进攻或者给持球队员掩护的直接得分、助攻率为17.9%，通过观察比赛录像可知，得分、助攻率较低与球员的特点有着直接的关系。

表1-10　优秀前锋队员向球移动的效果统计

姓名	得分、助攻	百分比	其他[①]	百分比	总计
博格达诺维奇	6	10.7%	50	89.3%	56
加西亚	12	20.0%	48	80.0%	60
法里德	4	15.4%	22	84.6%	26
巴图姆	27	24.5%	83	75.5%	110
汤普森	9	19.1%	38	80.9%	47
斯科拉	18	12.6%	125	87.4%	143
别利察	20	17.4%	95	82.6%	115
迪奥	24	20.9%	91	79.1%	115
总计	120	17.9%	552	82.1%	672

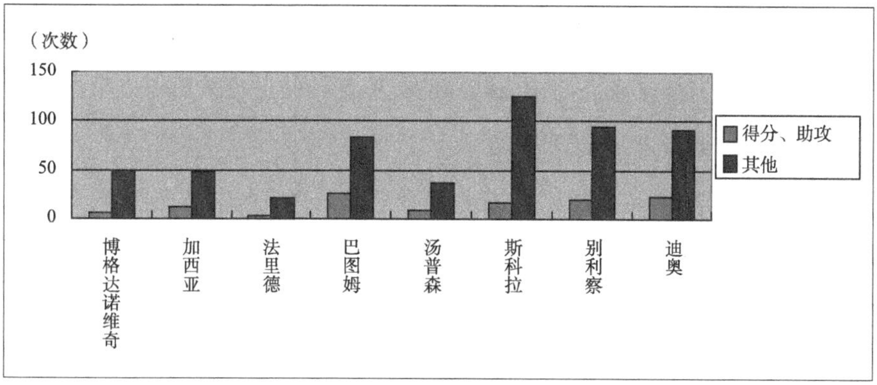

图1-9　优秀前锋队员向球移动的效果数据统计

① “其他”为除了直接得分或者助攻之外的情况。

大部分前锋队员向球移动是为了接球，然后再传球助攻或自己持球进攻，如博格达诺维奇、巴图姆、汤普森几乎全是要球进攻或者接应持球队员，几乎不为持球队员做掩护，这一方面与球队的战术有关，同时也与个人的进攻特点有关。他们个人能力较强，得分方式多，接球之后可以通过一对一单打进攻得分。加西亚、别利察接应持球队员占80%以上，他们都是球队的重要得分手。而斯科拉、迪奥则比较平均，有时接应持球队员、有时为持球队员做掩护，作为球队的中心，他们不仅需要能得分，更重要的是帮助球队获得胜利。他们两人不是作为外线定点的投手，多数情况下是通过掩护使后卫队员摆脱防守，从而达到进攻或助攻的目的。迪奥通常是在三分线外的45°角或者弧顶观察，然后接应后卫队员或为后卫队员做掩护；而巴图姆从未为持球队员做掩护，仅通过各种方式去接应或者直接要球完成进攻。无球队员跑动接应的基本原则是：明确进攻路线，预留接应空间，及时跑位，点面结合。要求无球队员根据本队战术部署明确发起进攻路线，与进攻发起点同侧队员提前拉开空间或者跑到异侧，异侧队员原地伺机，拉空限制区附近区域，为跑动接应进攻留下空间，等到进攻发起后通过调动防守及牵制防守，再通过有规律的跑动，以进攻队员为中心布置两到三个接应点而构成整体的接应面，使进攻队员可以根据具体情况选择传球或者自己投篮进攻。

图1–10为斯科拉最常用的提上为后卫队员做完掩护，然后转身向篮下移动，接球完成进攻的移动，有时也通过提上接应后卫队员。图1–11为迪奥最常用的为后卫队员在三分线内一步的掩护，后卫队员通过掩护直接突破内线完成进攻。

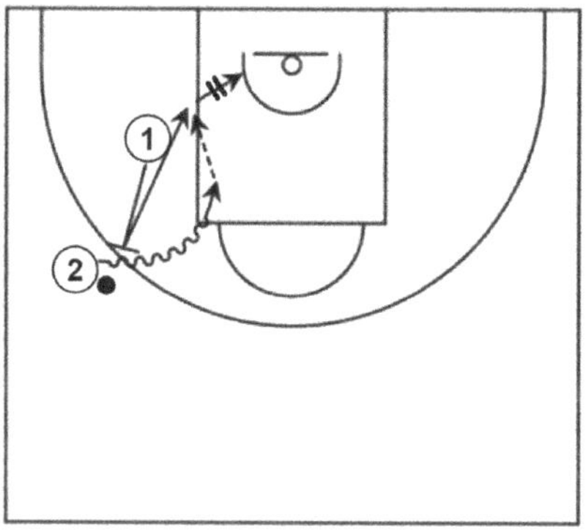

图 1–10　向人移动一

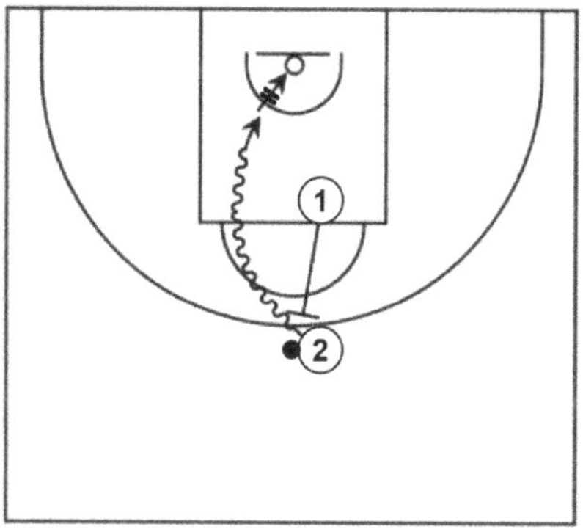

图 1–11　向人移动二

综上，前锋队员在接应持球队员或者为持球队员做掩护时，主要是集中在三分线的45°角以及弧顶区域，多采取直接接应持球队员或者通过观察场上实际情况来为持球队员做掩护，其次通过从底角或者限制区反跑提上来接应持球队员或为持球队员做掩护，最终直接得分或者助攻的仅仅占了17.9%。

3. 向篮移动

抢获进攻篮板球就多一次进攻得分机会；趁防守队员愣神或者突然摆脱防守队员切入篮下往往能获得良好的进攻得分机会；球在上线时，球员溜底线也会给防守者一个措手不及，这都是无球移动的重要得分方式。本专题将向篮移动分为抢篮板球和切入篮下两种情况。

（1）抢篮板球情况。

现代篮球运动对抗激烈，速度快，强度高，尤其体现在进攻篮板球的争夺上。在比赛中一些欧美强队，只要投篮必有两三名队员冲抢进攻篮板球，或利用虚晃摆脱防守队员的堵位，或利用迂回交叉跑动，形成冲抢进攻篮板球的有利局面。一旦抢到进攻篮板球立即再次进攻，甚至在空中得球后直接补篮或扣篮得分，给对方造成极大威胁。随着三分球投篮准确性的提高，使防守区域不断扩大，增加了防守的难度，同时也为进攻一方拼抢进攻篮板球提供了更多的机会。即使是一支优秀的球队，比赛中投篮和罚球的命中率在50%—60%，有40%—50%的抢篮板球机会。现代篮球比赛速度的提高，增加了进攻投篮的次数，每次进攻平均以15秒计算，一场球每队就有80次以上的投篮机会，如果投篮命中率为50%，进攻队将进行40次左右进攻篮板球的争夺。因此，获得更多的篮板球就为争取比赛主动、争取得分创造了机会，争夺进攻篮板球在比赛中的重要性显而易见。

由表1–11和图1–12可知，整体上前锋队员通过冲抢的方式抢篮板占44.4%、通过卡位抢篮板占49.1%，其他方式占6.5%，说明前锋队员主要通过冲抢和卡位拼抢篮板球，其中卡位抢篮板稍微多一些。个体上，加西亚从未抢过进攻篮板球；汤普森几乎也不争抢进攻篮板球，仅在一场比赛中上篮未进直接抢到二次篮板球上篮得分。4号位的前锋队员通过卡位抢篮板球均超过了50%，而3号位的前锋队员通过冲抢获得篮板球的概率更大一些。

表1–11　优秀前锋队员抢篮板球的数据统计（一）

	冲抢	百分比	卡位	百分比	其他	百分比	总计
博格达诺维奇	8	47.1%	6	35.3%	3	17.6%	17
加西亚	0	0.0%	0	0.0%	0	0.0%	0
法里德	20	39.2%	30	58.8%	1	2.0%	51
巴图姆	6	46.2%	3	23.1%	4	30.8%	13
汤普森	0	0.0%	0	0.0%	1	100.0%	1
斯科拉	18	45.0%	22	55.0%	0	0.0%	40

续表

	冲抢	百分比	卡位	百分比	其他	百分比	总计
别利察	8	50.0%	6	37.5%	2	12.5%	16
迪奥	15	48.4%	16	51.6%	0	0.0%	31
总计	75	44.4%	83	49.1%	11	6.5%	169

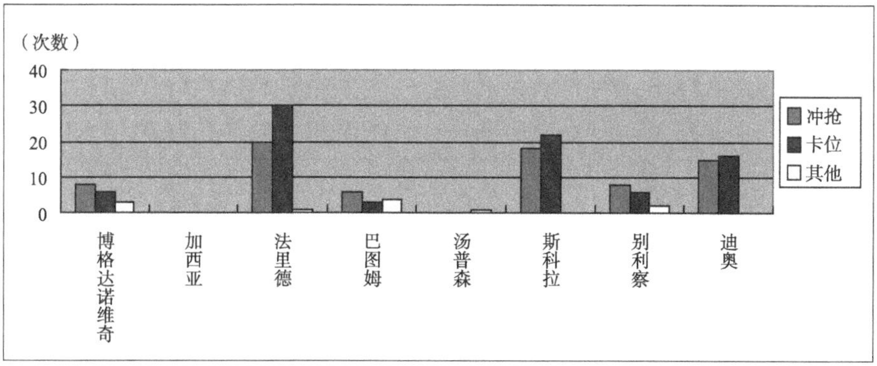

图 1–12　优秀前锋队员抢篮板球的数据统计（一）

从表1–12中可以看到，前锋队员能够获得篮板球的占18.9%、未得到篮板球的占47.3%，抢篮板球过程中队友投篮命中的占33.7%。说明前锋队员在抢篮板的过程中最终获得篮板球或者队友直接投篮命中的占52.6%，还有接近一半的机会是没有抢获篮板球的。

表 1–12　优秀前锋队员抢篮板球的数据统计（二）

姓名	得到	百分比	未得到	百分比	队友投篮命中	百分比	总计
博格达诺维奇	4	23.5%	8	47.1%	5	29.4%	17
加西亚	0	0.0%	0	0.0%	0	0.0%	0

续表

姓名	得到	百分比	未得到	百分比	队友投篮命中	百分比	总计
法里德	9	17.6%	27	52.9%	15	29.4%	51
巴图姆	5	38.5%	4	30.8%	4	30.8%	13
汤普森	1	100.0%	0	0.0%	0	0.0%	1
斯科拉	4	10.0%	20	50.0%	16	40.0%	40
别利察	4	25.0%	6	37.5%	6	37.5%	16
迪奥	5	16.1%	15	48.4%	11	35.5%	31
总计	32	18.9%	80	47.3%	57	33.7%	169

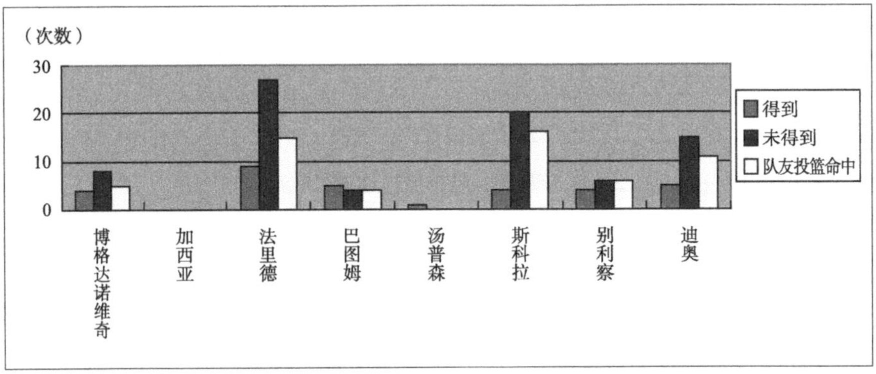

图 1-13 优秀前锋队员抢篮板球的数据统计（二）

小前锋队员在抢进攻篮板球时不占优势，因为小前锋队员更多的时候是位于三分线附近，在保护进攻篮板球方面做得也不太好；大前锋则做得好一些：如美国队的法里德是得到进攻篮板最多的前锋队员，相比于中锋来说，其进攻篮板球数据也不差，他作为前锋队员却经常在内线要位，甚至近篮单打，加上优秀的身体素质，有利于其获得进攻篮板球二次进攻的机会。

从整体上看，8名前锋队员20场比赛一共抢了169次进攻篮板球，说明前锋队员抢进攻篮板球的数量很少，在无球移动中占比较少。大部分前锋队员站位都在三分线外，抢篮板球有一定的难度。世界杯比赛中绝大多数情况是人盯人防守，一旦进攻投篮不中，第一选择是立即回防并找好自己的防守人，以防对手快速反击。而靠近内线的法里德则是例外，他大部分时候位于限制区两侧，经常在这个区域要位或者卡位，一旦有队友投篮，第一反应都是去抢篮板球，通过卡位并利用自身的身体优势，能够获得较多的篮板球，场均进攻篮板球的数量超过了防守篮板球的数量。大部分偏外线进攻的前锋队员对于进攻篮板球是没有欲望的，场均仅4次左右；对于内线型的前锋来说，通过卡位、冲抢则能争取到二次进攻的机会。

（2）切入篮下情况。

传切配合能够充分发挥外线队员的机动性、灵活性，且突然性强，符合现代篮球快速发展的新趋向。传切配合运用得好有利于充分发挥球队内线进攻的优势，空切通过无球队员的突然切入可使对方措手不及，起到出奇制胜的作用。

从表1-13可知，优秀前锋向篮下切入的次数不多，8名前锋20场比赛共切入120次，其中横切21次，占17.5%；斜切46次，占38.3%；纵切53次，占44.2%。队员之间切入次数相差较大，加西亚、汤普森、迪奥切入很少，一场比赛就1次左右；而斯科拉切入篮下的次数最多，4场比赛有32次，平均每场8次；其他几名队员则比较接近，都是在20次左右。

表 1–13　优秀前锋队员切入篮下的数据统计

姓名	横切	百分比	斜切	百分比	纵切	百分比	总计
博格达诺维奇	11	47.8%	10	43.5%	2	8.7%	23
加西亚	0	0.0%	2	50.0%	2	50.0%	4
法里德	2	9.5%	11	52.4%	8	38.1%	21
巴图姆	3	17.6%	10	58.8%	4	23.5%	17
汤普森	1	33.3%	2	66.7%	0	0.0%	3
斯科拉	0	0.0%	2	6.3%	30	93.8%	32
别利察	4	23.5%	6	35.3%	7	41.2%	17
迪奥	0	0.0%	3	100.0%	0	0.0%	3
总计	21	17.5%	46	38.3%	53	44.2%	120

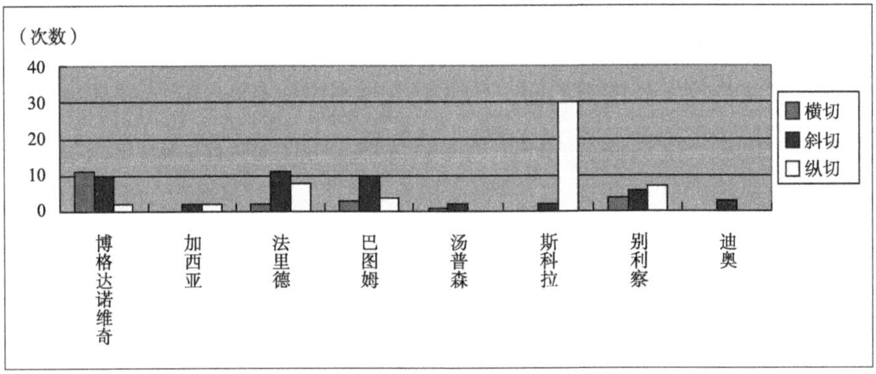

图 1–14　优秀前锋队员切入篮下的数据统计

（3）向篮移动的区域变化。

在前锋队员切入篮下的情况中，通过溜底线切入篮下的占 17.5%，从

45°角观察情况切入篮下的占35.0%，在弧顶区域切入篮下的占44.2%，而从其他区域切入篮下的仅占3.3%。

表 1–14　优秀前锋队员切入篮下的发动区域数据统计

姓名	底角	百分比	两侧45°角	百分比	弧顶	百分比	其他区域	百分比	总计
博格达诺维奇	11	47.8%	10	43.5%	2	8.7%	0	0.0%	23
加西亚	0	0.0%	2	50.0%	2	50.0%	0	0.0%	4
法里德	2	9.5%	7	33.3%	8	38.1%	4	19.0%	21
巴图姆	3	17.6%	10	58.8%	4	23.5%	0	0.0%	17
汤普森	1	33.3%	2	66.7%	0	0.0%	0	0.0%	3
斯科拉	0	0.0%	2	6.3%	30	93.8%	0	0.0%	32
别利察	4	23.5%	6	35.3%	7	41.2%	0	0.0%	17
迪奥	0	0.0%	3	100.0%	0	0.0%	0	0.0%	3
总计	21	17.5%	42	35.0%	53	44.2%	4	3.3%	120

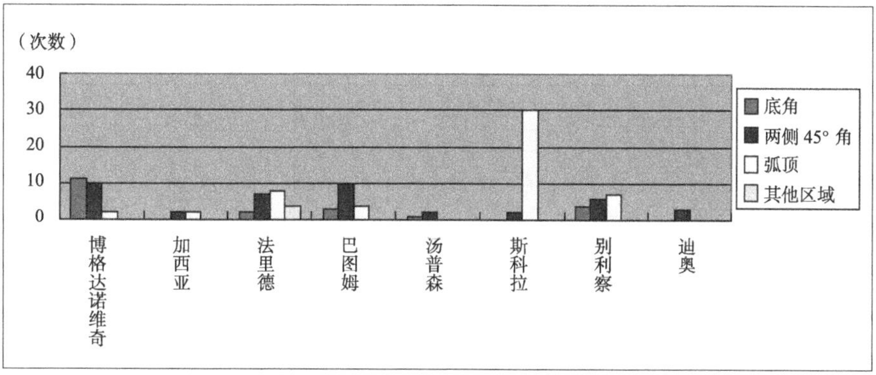

图 1–15　优秀前锋队员切入篮下的发动区域数据统计

从统计数据可以看出，前锋切入篮下的发起点基本都在三分线附近区域，但每名队员又各有特点，如斯科拉主要从弧顶区域切入篮下，巴图姆则更多是从45°角区域切入篮下的，而博格达诺维奇多是从底角及45°角区域切入篮下的，别利察则是通过观察场上的情况从三分线外的任何地方向篮下切入的，加西亚、汤普森、迪奥则很少向篮下切入，平均一场比赛还不足一次。从切入篮下的发动区域可以看出，塞尔维亚的别利察相对平均，通过观察场上的具体情况从不同方向切入篮下寻求进攻机会，其中从弧顶区域切入篮下次数最多、45°角次之、底角最少。

（4）向篮移动的效果。

由表1–15可明显看出，优秀前锋队员切入篮下能够对对方造成威胁的情况只占25.0%，而75.0%是没有直接得分、助攻或者机会不好需要重新组织进攻的。切入篮下得分、助攻效率最高的巴图姆达到了47.1%；其次是斯科拉，得分、助攻占了31.3%；博格达诺维奇的得分、助攻占了21.7%；切入篮下超过15次的其他队员中，切入篮下得分、助攻效率仅为20%左右。

表1–15　优秀前锋队员向篮移动的效果数据统计

姓名	得分、助攻	百分比	其他①	百分比	总计
博格达诺维奇	5	21.7%	18	78.3%	23
加西亚	0	0.0%	4	100.0%	4
法里德	4	19.0%	17	81.0%	21
巴图姆	8	47.1%	9	52.9%	17

① “其他”为除了直接得分或者助攻之外的情况。

续表

姓名	得分、助攻	百分比	其他①	百分比	总计
汤普森	0	0.0%	3	100.0%	3
斯科拉	10	31.3%	22	68.8%	32
别利察	3	17.6%	14	82.4%	17
迪奥	0	0.0%	3	100.0%	3
总计	30	25.0%	90	75.0%	120

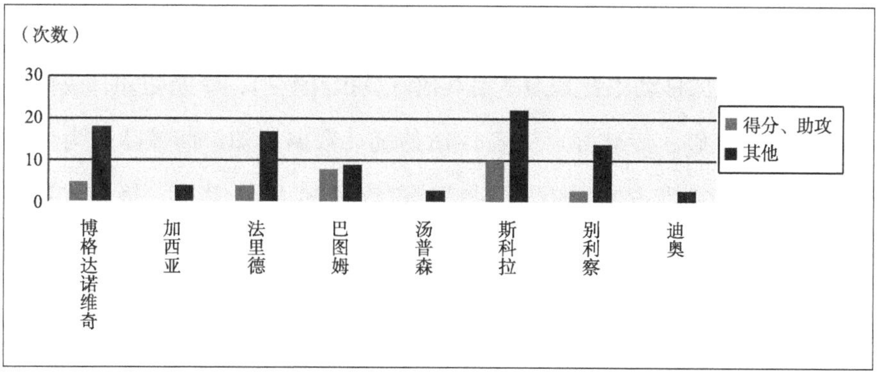

图 1–16　优秀前锋队员向篮移动的效果数据统计

通过分析数据以及观看比赛录像发现，切入篮下直接得分或者助攻的成功率不高，主要原因是切入时机掌握不好，持球队员不能及时将球传出，即使切入队员接到了球，但由于防守队员及时补防而没有得到轻松上篮的机会，然后再运球出去或者传球给其他的队友重新组织进攻。

综上，大前锋通常通过冲抢或卡位来争抢进攻篮板球，最终获得篮板球的比例超过了50%；小前锋争抢进攻篮板球的概率较小。从切入角度来看，前锋队员的纵切远远多于横切，从发动切入的区域也可以看出，弧顶区域最多、45° 角次之，但总体上切入效果一般，仅有25%的概率直接得分或助攻。

4. 向空区移动

篮球运动的魅力是在有限的地面区域和空间进行短兵相接的近身攻防，全方位的对抗已成为现代篮球比赛的特点。随着篮球运动员的身体素质越来越好，身材越来越高大，加上惊人的臂展，场上空间显得越来越小。如何合理利用有限的场地空间，创造出无限的进攻空间是值得深入思考的问题。

（1）向空区移动的目的。

队员向空区移动主要是为了给其他队员拉开空当，牵制防守，或伺机接球投篮、突破、传球等。从表1–16的统计数据可知，前锋队员为了牵制防守、拉开空当占71.6%，伺机接球进攻占28.4%；其中，接球后直接投篮占8.3%、接球后运球观察情况或直接持球突破占9.0%、接球后再直接传球占11.1%。

表 1–16　优秀前锋队员向空区移动的目的数据统计

目的	拉空当、牵制防守	百分比	伺机接球进攻						总计
			直接投篮	百分比	运球、突破	百分比	策应传球	百分比	
博格达诺维奇	180	85.7%	17	8.1%	9	4.3%	4	1.9%	210
加西亚	102	82.3%	6	4.8%	14	11.3%	2	1.6%	124
法里德	73	78.5%	5	5.4%	6	6.5%	9	9.7%	93
巴图姆	123	82.0%	8	5.3%	8	5.3%	11	7.3%	150

续表

目的	拉空当、牵制防守	百分比	伺机接球进攻						总计
			直接投篮	百分比	运球、突破	百分比	策应传球	百分比	
汤普森	97	80.8%	12	10.0%	7	5.8%	4	3.3%	120
斯科拉	80	61.5%	24	18.5%	8	6.2%	18	13.8%	130
别利察	85	57.4%	7	4.7%	20	13.5%	36	24.3%	148
迪奥	83	47.4%	17	9.7%	31	17.7%	44	25.1%	175
总计	823	71.6%	96	8.3%	103	9.0%	128	11.1%	1150

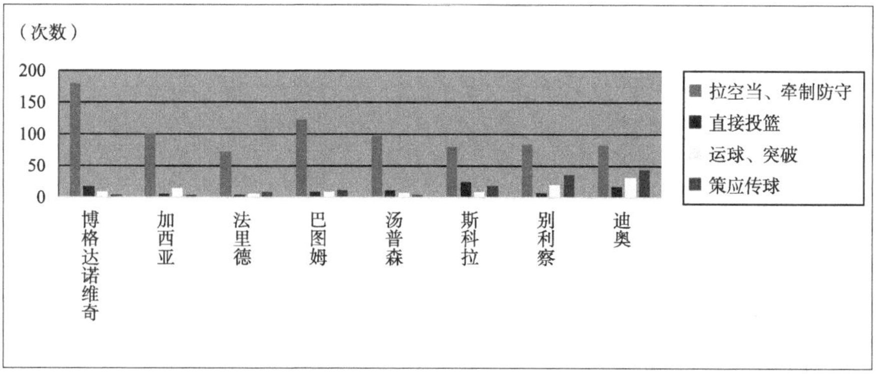

图 1–17　优秀前锋队员向空区移动的目的数据统计

分析统计数据发现，前锋队员多数情况是通过牵制防守为同伴创造进攻空间，但必要时也通过移动后接球创造进攻威胁。在伺机接球进攻方面，投篮、运球、传球所占比例的差别不大，传球比例稍高，直接投篮比例最低，说明前锋队员空位接球后能够根据场上的具体情况选择最好的进攻方式。博格达诺维奇、加西亚、巴图姆、汤普森的牵制防守、为其他队友拉开空间都超过了80%，法里德也将近80%，他们在进攻效率排行榜上的排名都是比较靠前的，表明他们不仅能自己进攻，同时也能牵制对手，为其他同伴创造进攻机会。

（2）向空区移动的方式。

向空区移动的主要方式包括：反跑、提上、溜底线、两三步的小范围移动以及运用两种以上方式等。其中前锋队员两三步之内的小范围移动占91.0%，反跑、提上占3.1%、溜底线占3.1%、运用两种以上方式占2.7%，如表1–17所示。

表1–17　优秀前锋队员向空区移动的方式的数据统计

方式	反跑、提上	百分比	溜底线	百分比	观察并小范围移动	百分比	运用两种以上方式	百分比	总计
博格达诺维奇	9	4.3%	5	2.4%	193	91.9%	3	1.4%	210
加西亚	4	3.2%	4	3.2%	112	90.3%	4	3.2%	124
法里德	2	2.2%	2	2.2%	86	92.5%	3	3.2%	93
巴图姆	3	2.0%	2	1.3%	138	92.0%	7	4.7%	150
汤普森	4	3.3%	5	4.2%	109	90.8%	2	1.7%	120
斯科拉	12	9.2%	14	10.8%	100	76.9%	4	3.1%	130
别利察	2	1.4%	0	0.0%	140	94.6%	6	4.1%	148
迪奥	0	0.0%	4	2.3%	169	96.6%	2	1.1%	175
总计	36	3.1%	36	3.1%	1047	91.0%	31	2.7%	1150

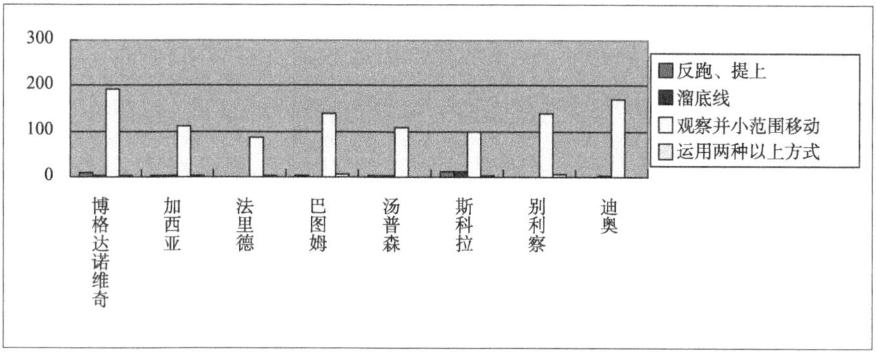

图 1–18　优秀前锋队员向空区移动方式的数据统计

通过以上数据可见，前锋队员牵制防守多是在原地观察而不是随意乱跑，根据场上其他队友的移动情况决定下一步的进攻行动。通过观察比赛录像，前锋队员在空区通过观察而决策行动非常重要，多数情况需要为后卫队员或者其他队员的突破拉开空间，并随时准备接应或者接球投篮，频繁的大范围穿插反而会让场上混乱不堪。所以大部分时间在空区的小范围移动，不仅可以为队友拉空当、牵制防守，还能随时准备接球进攻，以静制动有时更加重要。运用两种以上方式的占2.7%，他们通常是通过不断的反跑、溜底线以及通过队友的掩护，迅速跑到空区接球进攻，如果没有明确的进攻目的，是不会大范围移动的。当前锋队员在紧逼防守下很难获得空位接球机会时，就会通过掩护溜底线再提上获得空位接球机会，但这样消耗会比较大，所以运用得不多。前锋队员不管倾向于内线进攻还是倾向于外线进攻，大部分情况是在很小的范围内不断移动，同时观察场上的攻守情况而决策自己的行动。

（3）向空区移动的区域变化。

前锋队员向空区移动的最终空区主要在三分线外底角、三分线外弧顶、三分线外45° 角以及限制区与三分线之间的区域。其中在三分线外底角的比例为23.3%、在三分线外45° 角的比例为42.0%、在三分线弧顶区域的比例为14.1%、在限制区与三分线之间的区域的比例为20.6%。担任投手的前锋队员在三分线外等待机会接球的比例占80%以上，而法里德、斯科拉则在三分线内限制区外的时候更多，这也与个人技术特点有密切的关系（表1–18）。

表 1–18 优秀前锋队员移动后的最终空区的区域分布的数据统计

姓名	底角	百分比	两侧45° 角	百分比	弧顶	百分比	三分线内限制区外	百分比	总计
博格达诺维奇	75	35.7%	76	36.2%	17	8.1%	42	20.0%	210
加西亚	42	33.9%	68	54.8%	14	11.3%	0	0.0%	124
法里德	2	2.2%	7	7.5%	7	7.5%	77	82.8%	93
巴图姆	69	46.0%	58	38.7%	14	9.3%	9	6.0%	150
汤普森	50	41.7%	68	56.7%	2	1.7%	0	0.0%	120
斯科拉	0	0.0%	32	24.6%	14	10.8%	84	64.6%	130
别利察	13	8.8%	89	60.1%	41	27.7%	5	3.4%	148
迪奥	17	9.7%	85	48.6%	53	30.3%	20	11.4%	175
总计	268	23.3%	483	42.0%	162	14.1%	237	20.6%	1150

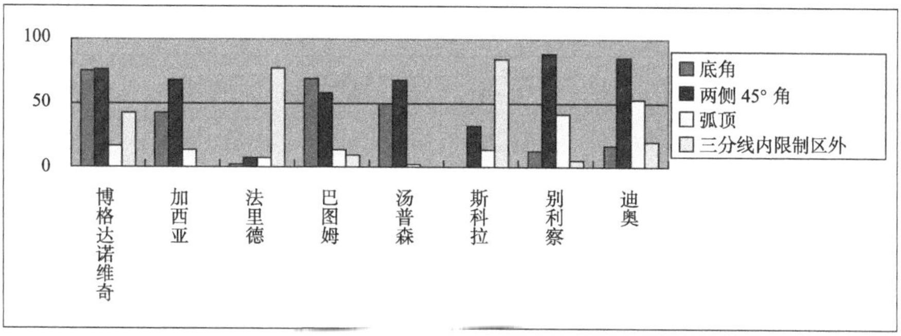

图 1-19　优秀前锋队员移动后的最终空区的区域分布数据统计

从表1-18及图1-19可以看出，博格达诺维奇的移动区域相对均衡一些，两侧45°角及底角各占35%左右，三分线内限制区外为20%，弧顶区域约为8%；他既有三分投射能力，又有一定的低位背身单打的能力，因此不仅在三分线外牵制防守，等待空位接球进攻机会，也会在内线卡位要球或者拼抢进攻篮板球。其他队员的区域分布各有侧重，会根据自身技术特点来选择适合自己的空区站位。有外线投射能力又能突破的前锋更多是位于三分线外底角至三分线外弧顶之间的区域，根据场上情况小范围的移动随时准备接球进攻；而擅长内线进攻的队员，如法里德则会选择三分线与限制区之间的位置。法里德向空区移动的区域约80%的概率都位于三分线内限制区外，要么准备接球单打，要么准备拼抢进攻篮板球。斯科拉作为策应型的前锋，在罚球线附近的威胁更大，既可以直接接球投篮，又可以为持球队员或者无球队员掩护。

（4）向空区移动的效果。

从表1-19可知，向空区移动直接形成有效得分、助攻的占27.1%、其他情况占72.9%。表明队员在空位接球之后的进攻得分仅占四分之一左右。

表 1-19　优秀前锋队员向空区移动效果的数据统计

姓名	得分、助攻	百分比	其他①	百分比	总计
博格达诺维奇	17	56.7%	13	43.3%	30
加西亚	8	33.3%	16	66.7%	24
法里德	5	25.0%	15	75.0%	20
巴图姆	9	33.3%	18	66.7%	27
汤普森	10	43.5%	13	56.5%	23
斯科拉	12	24.0%	38	76.0%	50
别利察	12	19.0%	51	81.0%	63
迪奥	16	17.4%	76	82.6%	92
总计	89	27.1%	240	72.9%	329

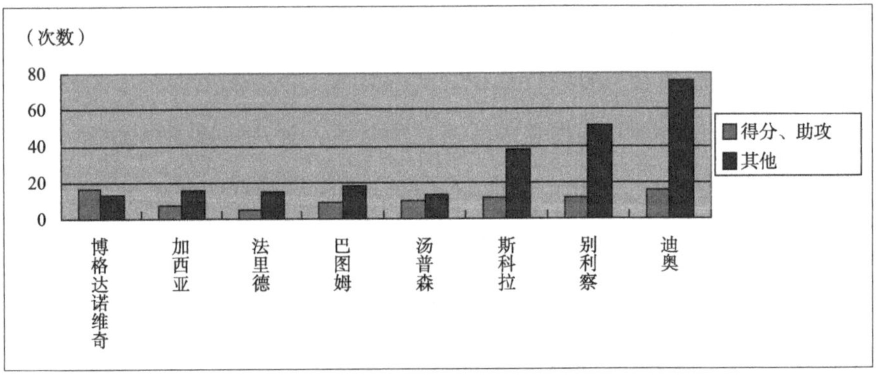

图 1-20　优秀前锋队员向空区移动效果的数据统计

从个体上看，博格达诺维奇的得分和助攻率超过50%，博格达诺维奇

① "其他"为除了直接得分或者助攻之外的情况。

不仅有着非常稳定的得分能力，而且还有很强的持球突破能力，是首届世界杯的得分王。加西亚、汤普森、巴图姆的得分和助攻率超过30%，这三名球员都有很强的外线投射能力，特别是汤普森进步非常大。其他几名前锋队员的得分、助攻率不高，其原因在于他们大多数时候是组织串联球队，为其他队友创造进攻机会，必要时才会自己投篮进攻。

综上所述，优秀前锋队员都十分注重向空区的移动，大多数情况是通过小范围移动并随时观察场上情况，一方面牵制防守队员，另一方面当拉开空间后，通过其他队员的突破打乱防守为其创造有利的进攻机会。当需要前锋队员主动进攻时，则会通过反跑、同伴的掩护甚至是两名以上的同伴掩护接球进攻，但这种方式消耗较大，只在迫不得已的情况下才会运用。在移动的最终位置上，投射能力突出的队员常在三分线外寻找机会，而偏内线的队员则在三分线外限制区内随时准备进攻。首届世界杯的优秀前锋队员在远投上都有不错的发挥，能够通过自身的经验很好地把握进攻机会，既可远投得分又能传球助攻。

三、结论与建议

（一）结论

（1）优秀前锋队员的无球移动技术运用特征明显，以向空区移动为主，向持球人移动次之，向篮移动又次之，向无球人移动最少。

（2）优秀前锋队员向空区移动特征：小前锋队员的空位区域多位于三分线外的底角及45°角，大前锋的空位区域则是位于罚球线的两侧区域，球员稳定的远距离投篮能力为他们向空区移动拉开空间、牵制防守提供了保证；并能够根据场上情况在空区接球后做出比较合理的投、突、传选择，使得战术更加灵活多变。

（3）优秀前锋队员向持球队员移动特征：以接应为主，掩护次之；接应或者掩护区域以三分线外45°角为主、弧顶区域次之，罚球线附近较少；直接转化为得分或者助攻的比例较低，这个阶段一般为战术过渡阶段，为下一步战术的顺利实施做准备。

（4）优秀前锋队员向篮移动特征：在空切篮下时以纵切为主，斜切次之，横切最少；切入篮下直接得分或者助攻的效率较低，一方面是因为有时候切入篮下是为了佯攻从而给其他队友创造机会，另一方面是因为与队友之间的配合不默契；大前锋的抢篮板球移动特征比较明显，能够积极卡位以及冲抢进攻篮板球，抢篮板球效率高，小前锋队员的篮板球特征不明显，很少会主动争抢进攻篮板球，多是在队友投篮不中时积极回防。

（5）优秀前锋队员向无球人移动特征：小前锋为队友做无球掩护很少，大前锋队员一般在限制区两侧为提上接球的同伴做无球掩护，运用得较少，但成功率较高。

（二）建议

（1）技术的运用离不开战术的指导，队员的无球移动是战术的实施与衍生，有必要在此研究基础上以具体运用的战术为指导做更深一步的研究。

（2）本专题旨在研究前锋队员的无球移动特征，仅对前锋队员的无球移动特点进行了探究，对无球移动技术的具体运用没有进行深入分析，对此可以参考其他研究做进一步的深层次研究。

专题二

中锋队员的无球移动技术

在现代篮球比赛中，中锋队员作为球队的内线得分点，进攻效率直接影响球队的成绩。在比赛中不仅要求中锋队员能够持球得分，也需要在无球移动时为队友创造机会，为自己争取空间。目前对于中锋队员进攻时无球移动的研究很少，本专题通过对比赛中中锋队员无球移动技术的运用情况进行统计，分析研究中外优秀中锋队员无球移动技术运用的特征，为我国中锋队员在阵地进攻中无球移动的教学训练和比赛提供理论参考。

一、主要研究方法

（一）问卷调查法

通过查阅文献资料及专家访谈，在理论研究的基础上，设计了中锋队员无球移动技术的相关统计指标，并通过对比赛录像进行初步统计，又对统计指标做了相应的调整。并通过三轮专家问卷，逐步筛选并最后确定了中锋队员无球移动技术运用的统计指标体系。

（二）录像分析法

选取第31届奥运会男篮比赛综合效率前6名的中锋队员和中国队的2名中锋队员为调查对象，以每名中锋队员参加的5场比赛来进行数据收集，最终统计了第31届奥运会男篮的22场比赛，包括1场冠亚军决赛，1场三、四名决赛，2场半决赛，4场四分之一决赛，14场小组赛（表2–1）。由于巴西队和中国队止步于八强，因此各取5场小组赛以统计球员的无球移动情况。前四强的美国队、塞尔维亚队、澳大利亚队及西班牙队的比赛为3场淘汰赛和2场小组赛。由于中国队、美国队、塞尔维亚队及澳大利亚队分在了同一小组，在中国队与澳大利亚队的比赛中，安德鲁·博古特没有出场，所以选取了一场澳大利亚队与法国队的小组赛，其余各选取每队与中国队的一场小组赛进行统计。

表2–1　中锋队员的比赛场次

姓名	国籍	比赛对手
保罗·加索尔	西班牙	美国（半决赛）、澳大利亚（三、四名决赛）、法国（四分之一决赛）、巴西（小组赛）、克罗地亚（小组赛）
安德鲁·博古特	澳大利亚	塞尔维亚（半决赛）、西班牙（三、四名决赛）、立陶宛（四分之一决赛）、法国（小组赛）、美国（小组赛）
内内·希拉里奥	巴西	阿根廷（小组赛）、西班牙（小组赛）、克罗地亚（小组赛）、尼日利亚（小组赛）、立陶宛（小组赛）
德马库斯·考辛斯	美国	塞尔维亚（冠亚军决赛）、西班牙（半决赛）、阿根廷（四分之一决赛）、中国（小组赛）、澳大利亚（小组赛）

续表

姓名	国籍	比赛对手
德安德鲁·乔丹	美国	塞尔维亚（冠亚军决赛）、西班牙（半决赛）、阿根廷（四分之一决赛）、中国（小组赛）、澳大利亚（小组赛）
米罗斯拉夫·拉杜利察	塞尔维亚	美国（冠亚军决赛）、澳大利亚（半决赛）、克罗地亚（四分之一决赛）、中国（小组赛）、委内瑞拉（小组赛）
王哲林	中国	美国（小组赛）、法国（小组赛）、塞尔维亚（小组赛）、澳大利亚（小组赛）、委内瑞拉（小组赛）
周琦	中国	美国（小组赛）、法国（小组赛）、塞尔维亚（小组赛）、澳大利亚（小组赛）、委内瑞拉（小组赛）

（三）逻辑分析法

采用归纳、演绎、对比和综合分析等逻辑方法对采集的数据进行分析，归纳总结中锋队员无球移动技术运用的特征。

二、研究结果及讨论

（一）无球移动的相关理论

1. 无球移动分类的界定

将无球移动分为向人、向篮、向球、向空区四种情况。

（1）无球队员“向人”移动：无球队员向无球人移动，主动为无球队友做掩护，使队友摆脱防守以达到进攻的目的。

（2）无球队员“向篮”移动：无球队员通过各种脚步移动摆脱对手，切入篮下接球投篮或者拼抢篮板球。

（3）无球队员“向球”移动：无球队员主动向持球队员方向移动。

（4）无球队员“向空区”移动：无球队员移动至对方防守中短暂出现的漏洞区域，以牵制防守或者伺机接球进攻。

2. 无球移动相关统计指标及含义

（1）向人移动：强侧掩护的次数、弱侧掩护的次数、各掩护区域的次数、掩护及时到位的次数、掩护不及时或者不到位的次数。

（2）向篮移动：队员冲抢篮板的次数、卡位抢篮板的次数以及其他如捡漏等获得篮板的次数；最终得到篮板的次数、未得到篮板的次数、在队友投篮或者上篮等终结进攻时抢篮板球但是球进的次数；向篮切入时横切的次数、斜切的次数、纵切的次数、移动的发起区域的次数以及最终得分或者助攻的次数、没有形成得分或者助攻的次数；在篮下卡位的次数、卡位区域的次数以及最终得分或助攻的次数、没有形成得分或助攻的次数。

（3）向球移动：接应次数、掩护次数、移动方式上反跑、提上的次数、无球掩护的次数、直接接应或者掩护的次数、内线穿插的次数、各个区域的次数、得分或者助攻的次数、没有得分或者助攻的次数。

（4）向空区移动：拉开空当或牵制防守的次数、直接投篮的次数、运球或者突破的次数、传球的次数、移动方式上顺下或者提上的次数、溜底线的次数、观察并小范围移动调整的次数、运用其他两种及以上方式的次数、各个空区的次数、得分或者助攻的次数、没有形成得分或者助攻的次数。

部分指标的定义：

（1）强侧掩护指掩护队员向持球一侧的队友做无球掩护；弱侧掩护指掩护队员向持球相反一侧的队友做无球掩护，而不考虑距离持球人的远近。掩护效果的及时到位在文中指通过掩护，成功地挡住了防守者的防守路线，使被掩护队员顺利接球或者跑到自己所需的位置；掩护不及时或者不到位主要指掩护队员做了掩护，但是没有能够使被掩护队员摆脱防守。

（2）得分或者助攻是指形成的有效得分，罚球为有效得分，投篮但没有命中不计入统计数据。

（3）提上、反跑、溜底线界定依据为启动区域为底角（图2–1），直接的方式则是从以底角的切线向上的区域、没有任何个人附加的动作所做的移动（图2–2）；小范围的观察移动是指在阵地进攻中球员已经落位，前锋队员在空区不断地观察场上情况，脚步移动在起步的三步范围之内；运用两种以上方式是指一名队员在场上为了摆脱防守队员获得空位接球机会不断通过各种方式所进行的移动。

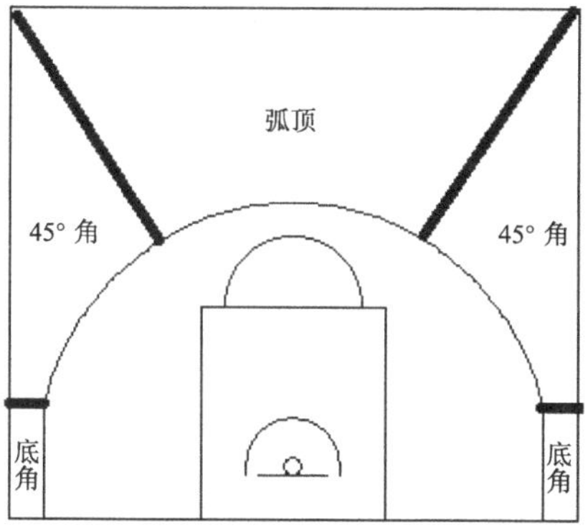

图2–1 基本区域划分

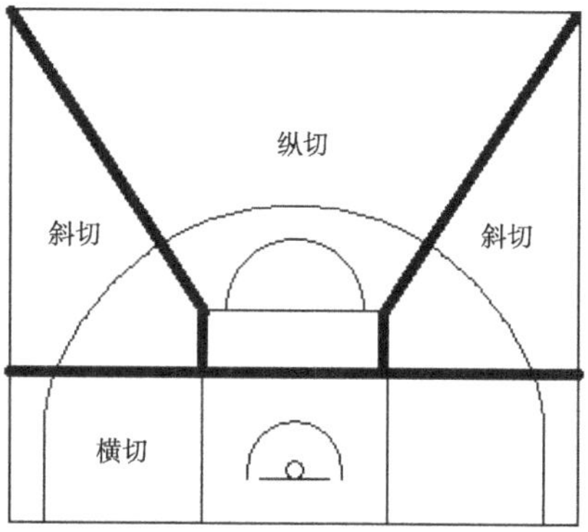

图2–2 切入区域图示

（二）世界优秀中锋队员及中国队两名中锋队员的基本情况

本专题研究的是第31届奥运会男篮运动员表现优异的6名中锋队员和中国队的2名中锋队员。优秀中锋队员中美国队2人，塞尔维亚、澳大利亚、西班牙、巴西队各1人。依次是西班牙队的保罗·加索尔、澳大利亚队的安德鲁·博古特、巴西队的内内·希拉里奥、美国队的德马库斯·考西斯和德安德鲁·乔丹、塞尔维亚队的米洛斯拉夫·拉杜利察以及中国队的周琦和王哲林。在效率方面，保罗-加索尔是所有中锋队员中最高的，他是全队的核心，起到至关重要的作用，有着全面的进攻技术，既能在内线进攻，又可以拉出来投篮、策应和持球突破；博古特有着中锋队员内最好的策应能力，助攻数也是最多的，对球队的进攻战术起到了至关重要的中轴作用；考辛斯的技术也非常全面，攻击范围很大，可以很好地拉开防守空间，有很好的篮板球能力；乔丹是美国队首发中锋队员，篮板球能力和防守能力非常突出，往往能够创造更多的二次进攻机会；拉杜利察和内内有着非常强悍的内线进攻能力，给对手带来很大的内线防守压力。周琦和王哲林是第31届奥运会男篮队员中非常年轻的运动员，没有过多的大赛经验，在与国外优秀的中锋队员对位时常常处于劣势。

由表2-2中可以看出，6名优秀中锋身高为211—213厘米，而周琦和王哲林的身高都在该6名队员之上，中国队中锋队员在身高上有优势。体重方面，6名优秀中锋队员为113—127千克，尤其是拉杜利察、乔丹和考辛斯体重都在120千克以上，而2名中国队队员体重与优秀中锋队员间有差异，对抗能力偏差，尤其是周琦体重仅有95千克，差距较大。中国队2名中锋队员的年龄较小，在比赛经验上与该6名队员也有较大差距。加索尔、博古特和内内年龄较大，比赛经验非常丰富，能够及时把握比赛的动向，在球队需要的时候能及时站出来为球队作贡献。

表2-2　8名中锋队员的基本情况

姓名	国籍	出生年月	身高（厘米）	体重（千克）	球衣号码
保罗·加索尔	西班牙	1980年7月	213	118	4

续表

姓名	国籍	出生年月	身高（厘米）	体重（千克）	球衣号码
安德鲁·博古特	澳大利亚	1984年11月	213	114	6
内内·希拉里奥	巴西	1982年9月	211	113	13
德马库斯·考辛斯	美国	1990年8月	211	123	12
德安德鲁·乔丹	美国	1988年7月	211	120	6
米洛斯拉夫·拉杜利察	塞尔维亚	1988年1月	213	127	13
周琦	中国	1996年1月	217	95	15
王哲林	中国	1994年1月	214	110	31

如表2–3所示，国外6名中锋队员场均得分都要高于中国2名中锋队员，尤其是加索尔、内内和拉杜利察场均得分都在10分以上。在投篮的命中率上，国外6名优秀队员也要高于中国队员。在篮板球方面，加索尔、内内、考辛斯和乔丹都有着很好的控制进攻篮板球能力，在场均篮板球上，2名中国队队员与优秀中锋队员之间也有着明显的差距。在助攻方面，国外6名优秀中锋队员中，乔丹助攻最少，但也高于或等于2名中国中锋队员的助攻数；其中博古特、内内、加索尔都有很好的助攻能力。在效率榜上，6名优秀中锋队员的效率值都在10以上，而2名中国队员的效率值较低。综上可知，中国队的2名中锋队员与优秀中锋队员在得分能力、抢篮板球能力尤其是进攻篮板球能力、组织进攻能力及进攻效率方面都有着明显的差距。

表 2-3 8 名中锋队员在第 31 届奥运会男篮比赛的技术统计数据（场均）

姓名	国籍	得分	投篮	罚球	进攻篮板球	篮板球	助攻	效率
保罗·加索尔	西班牙	19.5	7.5 — 13.8	3.0 — 5.0	2.1	8.9	2.2	19.5
安德鲁·博古特	澳大利亚	9.1	4.1 — 5.4	0.7 — 1.4	1	5.1	3.6	16.3
内内·希拉里奥	巴西	13.0	5.2 — 10.4	2.4 — 4.4	2.2	6.4	3.0	15.6
米洛斯拉夫·拉杜利察	塞尔维亚	14.8	5.1 — 8.4	4.5 — 6.1	1.2	3.2	1.2	14.0
德马库斯·考辛斯	美国	9.1	3.4 — 5.5	2.4 — 2.9	2.9	5.8	1.6	13.4
德安德鲁·乔丹	美国	7.4	2.9 — 3.9	1.6 — 4.0	2	6.1	0.8	11.6
周琦	中国	5.6	1.8 — 3.2	1.8 — 3.2	0.4	1.2	0.8	5.2
王哲林	中国	4.0	1.8 — 3.8	0.4 — 0.8	0.4	2.6	0.4	3.6

（三）中锋队员阵地进攻无球移动的分析

在阵地进攻中，后卫队员持球，根据教练提前设计好的战术以及一些场上的随机应变，其他4名队员有目的的无球移动，通过这种有目的移动打乱对方的防守，使自己处于有利的进攻位置，进而获得较为轻松的得分机会以最终取得比赛的胜利。中锋队员作为全队场上最高，体重最大的队员，进攻手段层出不穷，不仅需要有持球进攻能力，无球进攻也是一项重要的指标，所以本书通过对球员的无球移动技术进行分析探究，使中国中锋队员与世界优秀中锋队员的差距和实践获得一些理论支撑。本书通过对22场比赛视频的反复暂停、回放，统计数据，男篮优秀中锋队员与2名中国队中锋队员在阵地进攻中无球移动的运用数据统计如表2–4和表2–5所示：

表 2–4 优秀中锋队员在阵地进攻中无球移动数据统计

姓名	篮板	百分比	切入	百分比	卡位	百分比	向人	百分比	向球	百分比	向空区	百分比	总计
加索尔	75	16.5%	28	6.2%	61	13.4%	60	13.2%	155	34.1%	75	16.5%	454
博古特	46	16.9%	17	6.3%	19	7.0%	45	16.5%	95	34.9%	50	18.4%	272
内内	63	15.4%	21	5.1%	60	14.6%	62	15.1%	139	33.9%	65	15.9%	410
拉杜利察	50	16.6%	29	9.6%	33	11.0%	34	11.3%	96	31.9%	59	19.6%	301
考辛斯	79	37.3%	17	8.0%	29	13.7%	15	7.1%	46	21.7%	26	12.3%	212
乔丹	83	35.3%	20	8.5%	12	5.1%	28	11.9%	62	26.4%	30	12.8%	235
总计	396	21.0%	132	7.0%	214	11.4%	244	13.0%	593	31.5%	305	16.2%	1884

表 2–5 中国中锋队员在阵地进攻中无球移动数据统计

姓名	篮板	百分比	切入	百分比	卡位	百分比	向人	百分比	向球	百分比	向空区	百分比	总计
周琦	50	19.3%	16	6.2%	18	6.9%	48	18.5%	70	27.0%	57	22.0%	259
王哲林	43	18.7%	13	5.7%	12	5.2%	47	20.4%	60	26.1%	55	23.9%	230
总计	93	19.0%	29	5.9%	30	6.1%	95	19.4%	130	26.6%	112	22.9%	489

由表2-4和表2-5可以看出，从总体方面看，优秀中锋队员在阵地进攻中向篮移动占39.4%、向球移动占31.5%、向人移动占13.0%、向空区移动占16.2%。向篮和向球移动占无球移动的一半以上，说明中锋队员在无球进攻时，主要是以向篮下进攻和为持球队员掩护、策应为主。中国队中锋队员在阵地进攻中向篮移动占31.0%、向球移动占26.6%、向人移动占19.4%、向空区移动占22.9%，与优秀中锋队员相比，对篮板球的拼抢和向篮攻击有明显的差距，向球的移动方面，为持球队员做掩护和策应球方面也存在差距。

在总的移动次数上，球员之间也有很大的差距。加索尔和内内的移动次数较多，这与他们的上场时间有关，加索尔和内内平均每场比赛上场时间在20分钟以上；而考辛斯和乔丹是优秀中锋队员中移动次数较少的，这与美国队的战术打法有很大关系，美国队球员个人能力较为突出，有时不需要中锋队员的掩护就可以突破防守。中国队中锋队员在总的移动次数上与优秀中锋队员没有太大差异。

从个体上来讲，加索尔抢篮板占16.5%、向篮下切入占6.2%、在篮下的卡位占13.4%、向人移动占13.2%、向球移动占34.1%、向空区移动占16.5%；通过观察比赛录像可以看出，加索尔是西班牙队的核心，有着全面的进攻技术，有三分球能力，可以很好地为队友拉开空间，掩护质量也非常高。博古特抢篮板占16.9%、向篮下切入占6.3%、在篮下的卡位占7.0%、向人移动占16.5%、向球移动占34.9%、向空区移动占18.4%；博古特有很好的策应能力，经常为队友传出直接上篮的球，同时还有很好的切入能力。内内抢篮板占15.4%、向篮下切入占5.1%、在篮下的卡位占14.6%、向人移动占15.1%、向球移动占33.9%、向空区移动占15.9%；内内在比赛中经常在篮下卡位，有很好的篮下脚步和强壮的身体。拉杜利察抢篮板占16.6%、向篮下切入占9.6%、在篮下的卡位占11.0%、向人移动占11.3%、向球移动占31.9%、向空区移动占19.6%；拉杜利察在第31届奥运会的比赛中表现非常好，身体对抗能力较强，有着一定的中距离投篮能力。考辛斯抢篮板占37.3%、向篮下切入占8.0%、在篮下的卡位占13.7%、向人移动占7.1%、向球移动占21.7%、向空区移动占12.3%。乔丹抢篮板占35.3%、向篮下切入占8.5%、在篮下的卡位占5.1%、向人移动占11.9%、向球移动占26.4%、向空区移动占12.8%。在比赛中可以看出，考辛斯和乔丹的篮板球能力要远强于其他中锋队员，在二次进攻和气势上很好地帮助了美国队，向球的移动较少的原因是美国队的进攻打法和超强的个人能力。

周琦抢篮板占19.3%、向篮下切入占6.2%、在篮下的卡位占6.9%、向人移动占18.5%、向球移动占27.0%、向空区移动占22.0%。王哲林抢篮板占18.7%、向篮下切入占5.7%、在篮下的卡位占5.2%、向人移动占20.4%、向球移动占26.1%、向空区移动占23.9%。在比赛中可以看到，周琦的身体较为单薄，在与对手强壮的身体对抗中处于劣势，只能在限制区外进行进攻，有时甚至在三分线外；而王哲林的移动速度太慢，往往不能及时有效地到达有利位置。

综上可知，中锋队员向篮移动最多，向球移动次之，向空区移动又次之，向人移动最少，说明优秀中锋队员的无球移动是以自身的技术特点为基础，通过无球移动技术的合理运用帮助球队。中国队的两名中锋运动员在无球移动技术方面与世界优秀中锋运动员有着明显的差距。

1. 向人移动

向人的无球移动即无球掩护。无球队员通过有目的地向队友移动，为队友主动做掩护，可使队友获得空位机会或者轻松接球的机会，进而打破对方的防守部署，打乱对方的防守节奏，为队友创造出最佳的进攻机会或有利的进攻位置。篮球比赛中，绝大多数的球队都会采用人盯人的防守战术，掩护配合在进攻体系中起着不可或缺的作用。稳定的外线投手需要队友为其掩护创造出有利的投篮位置，中锋队员主动与队友之间的无球掩护是中锋进攻技术中非常重要的组成部分。

（1）向人移动的目的。

向无球队员移动的目的就是主动为其做无球掩护。在奥运会男篮比赛中，由于球员的外围投篮能力越来越强，大多数球队都会采取扩大人盯人的防守战术，所以为了能让队友摆脱防守更好地获得有利的接球进攻的机会，阵地进攻时，主动为队友做高质量的掩护能起到很好的作用。

（2）向人移动的区域分布。

通过表2–6可以看出，整体上，优秀中锋队员掩护的区域主要集中在三分线内弧顶以及三分线内两侧45°角的区域。在三分线内弧顶的区域占38.9%，三分线内两侧45°角的区域占33.6%，三分线外的弧顶区域占13.5%，三分线外45°角的区域占7.4%，三分线内底角的区域占6.6%，而三分线外的底角一次掩护都没有。表明优秀中锋运动员在向人移动时，掩护位置主要集中在三分线内的弧顶及两侧的45°角，其他区域不是主要的掩护位置。

表 2-6　优秀中锋队员向人移动的掩护区域数据统计

姓名	三分线外弧顶	百分比	三分线外45°角	百分比	三分线外底角	百分比	三分线内弧顶	百分比	三分线内45°角	百分比	三分线内底角	百分比	总计
加索尔	14	23.3%	3	5.0%	0	0	26	43.3%	15	25.0%	2	3.3%	60
博古特	8	17.8%	4	8.9%	0	0	16	35.6%	14	31.1%	3	6.7%	45
内内	2	3.2%	6	9.7%	0	0	24	38.7%	28	45.2%	2	3.2%	62
拉杜利察	7	20.6%	2	5.9%	0	0	14	41.2%	9	26.5%	2	5.9%	34
考辛斯	2	13.3%	1	6.7%	0	0	2	13.3%	9	60.0%	1	6.7%	15
乔丹	0	0	2	7.1%	0	0	13	46.4%	7	25.0%	6	21.4%	28
总计	33	13.5%	18	7.4%	0	0	95	38.9%	82	33.6%	16	6.6%	244

通过表2-7可以看出，中国队中锋队员掩护位置在三分线内弧顶的区域占45.7%，三分线内两侧45°角的区域占31.9%，三分线外的弧顶区域占11.7%，三分线外45°角的区域占4.3%，三分线内底角的区域占6.4%，而三分线外的底角一次掩护都没有。

表 2-7　中国队中锋队员向人移动的掩护区域数据统计

姓名	三分线外弧顶	百分比	三分线外45°角	百分比	三分线外底角	百分比	三分线内弧顶	百分比	三分线内45°角	百分比	三分线内底角	百分比	总计
周琦	6	12.2%	2	4.1%	0	0	22	44.9%	16	32.7%	3	6.1%	49
王哲林	5	11.1%	2	4.4%	0	0	21	46.7%	14	31.1%	3	6.7%	45
总计	11	11.7%	4	4.3%	0	0	43	45.7%	30	31.9%	6	6.4%	94

综上，中国队与优秀中锋之间在向人移动的掩护位置上没有明显差别，多集中在三分线内弧顶和三分线内的两侧45°角附近；在移动的次数上中国队中锋队员仅次于优秀中锋队员加索尔和内内，说明中国队中锋队员向人移动的积极性很好。

（3）向人移动的效果。

由表2-8可见，优秀中锋的总体掩护质量还是比较高的，掩护不及时或不到位仅占32.4%，掩护及时到位的成功率占67.6%，其中博古特的掩护质量最高，成功率达到了73.3%；拉杜利察掩护成功率最低，但也达到了58.8%。说明优秀中锋队员向人移动的掩护成功率较高，在比赛中能够为队友创造有利的接球进攻机会，达到了打乱防守的目的。

表 2-8　优秀中锋队员向人移动的效果

姓名	及时到位	百分比	不及时或不到位	百分比	总计
加索尔	41	68.3%	19	31.7%	60

续表

姓名	及时到位	百分比	不及时或不到位	百分比	总计
博古特	33	73.3%	12	26.7%	45
内内	42	67.7%	20	32.3%	62
拉杜利察	20	58.8%	14	41.2%	34
考辛斯	10	66.7%	5	33.3%	15
乔丹	19	67.9%	9	32.1%	28
总计	165	67.6%	79	32.4%	244

由表2–9可见，中国队2名中锋队员向人移动的效果及时到位的占56.4%，不及时或不到位的占43.6%；周琦及时到位的掩护略高于王哲林。

表 2–9　中国队中锋队员向人移动的效果

姓名	及时到位	百分比	不及时或不到位	百分比	总计
周琦	29	59.2%	20	40.8%	49
王哲林	24	53.3%	21	46.7%	45
总计	53	56.4%	41	43.6%	94

从图2–3可见，中国队的2名中锋队员的掩护质量较差，主要是因为在体重、力量方面较差，身体对抗能力较差，常常被防守轻松地挤过。在比赛中，周琦和王哲林为队友做掩护时，还没有完全挡住对手就离开了自己的掩护位置，不能很好地为队友创造有利的进攻位置。

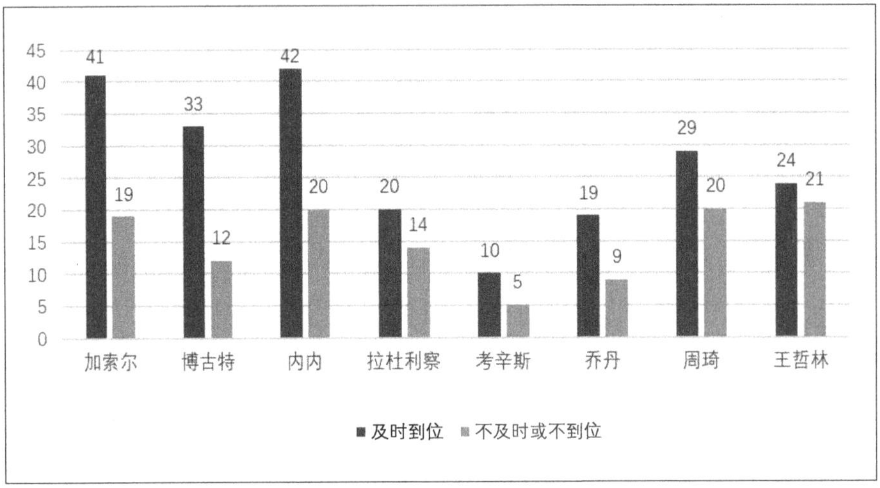

图 2-3 中锋队员向人移动的效果

综上所述，中国队2名中锋队员与世界优秀中锋队员相比，在向人移动为队友做掩护的积极性方面很好，在掩护区域上以三分线内的弧顶及两侧45°角为主，但是在掩护质量上与优秀中锋有着较大的差距。

2. 向篮移动

篮球比赛中，篮板球是球队获得胜利的重要因素之一，中锋队员往往是球队中抢得篮板球最多的球员。如果在进攻时能够抢到进攻篮板球，不仅能在篮下进行连续的攻击，增加进攻的次数和得分机会，还能够增强队友的投篮信心、提高全队的士气。无球切入是篮球进攻体系中不可或缺的战术行动，可为全队制造轻松得分的机会。篮下卡位是中锋队员的重要技术，内线进攻时，强壮的身体和灵活的脚步是必不可少的。向篮移动主要可以分为：（1）中锋队员的拼抢篮板球；（2）中锋队员的无球切入；（3）中锋队员篮下的卡位进攻。

（1）中锋队员的拼抢篮板球。

现代篮球运动对抗越来越激烈，集中表现在进攻篮板球的争夺上。在比赛中，只要投篮出手，在限制区内就会有3—4名球员在卡位，一些在限制区外的球员也会利用脚步、速度和冲击力去拼抢篮板球。现代篮球比赛的进攻节奏越来越快，24秒规则的修改，抢到进攻篮板球只有14秒的进攻时间，更加快了比赛的节奏，增加了投篮的次数。每次进攻平均以15秒计算，一场比赛每队就有80次以上的投篮机会，如果投篮命中率为50%，进攻队必须进行40次左右进攻篮板球的争夺。统计数据表明，更多的得分机会要从拼抢进攻篮板球中获得，如果在进攻篮板球的争夺中取得优势，必能增加本队进攻的次数。因此，获得更多的进攻篮板球就为比赛争取主动、争取得分创造了机会。

由表2–10、表2–11和图2–4可知，在个体上，加索尔冲抢篮板球占18.7%，卡位抢篮板球占81.3%；博古特冲抢篮板球占21.7%，卡位抢篮板球占78.3%；内内冲抢篮板球占9.5%，卡位抢篮板球占90.5%，是卡位抢篮板球占抢篮板球数最多的中锋队员；拉杜利察冲抢篮板球占30.0%，卡位抢篮板球占70.0%，是冲抢篮板球占抢篮板球数最多的中锋队员；考辛斯冲抢篮板球占29.1%，卡位抢篮板球占70.9%；乔丹冲抢篮板球占16.9%，卡位抢篮板球占83.1%；周琦冲抢篮板球占22.0%，卡位抢篮板球占78.0%；王哲林冲抢篮板球占27.9%，卡位抢篮板球占72.1%。总体上，中国队2名中锋队员冲抢篮板球占24.7%，卡位抢篮板球占75.3%；世界优秀中锋队员冲抢篮板球占20.7%，卡位抢篮板球占79.3%，中国队中锋队员与世界优秀中锋队员在拼抢篮板球的方式上没有太大差别，通过卡位的方式抢篮板球都在70%以上，通过冲抢的方式抢篮板球都在30%以下，说明中锋队员主要通过卡位的方式获得篮板球。

表 2-10　优秀中锋队员篮板球拼抢方式的数据统计

姓名	冲抢	百分数	卡位	百分数	其他	百分数	总计
加索尔	14	18.7%	61	81.3%	0	0	75
博古特	10	21.7%	36	78.3%	0	0	46
内内	6	9.5%	57	90.5%	0	0	63
拉杜利察	15	30.0%	35	70.0%	0	0	50
考辛斯	23	29.1%	56	70.9%	0	0	79
乔丹	14	16.9%	69	83.1%	0	0	83
总计	82	20.7%	314	79.3%	0	0	396

表 2-11　中国队中锋队员篮板球拼抢方式的数据统计

姓名	冲抢	百分数	卡位	百分数	其他	百分数	总计
周琦	11	22.0%	39	78.0%	0	0	50
王哲林	12	27.9%	31	72.1%	0	0	43
总计	23	24.7%	70	75.3%	0	0	93

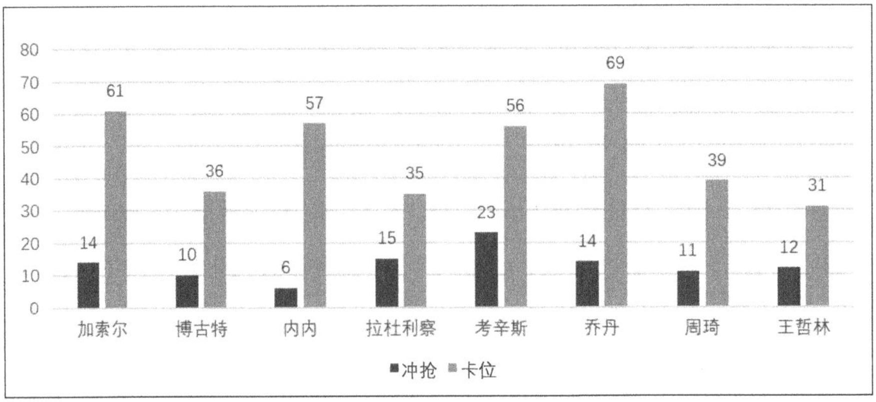

图 2-4　拼抢篮板球的方式

从表2–12可见，优秀中锋队员总体上获得篮板球占了拼抢篮板球的16.9%，未获得篮板球占50.3%，队友投篮命中占32.8%。在个人上，考辛斯获得篮板球比率最高，达到了22.8%，观看比赛可以看到考辛斯对抢篮板球的冲击很大，往往给对手造成很大的压力，二次进攻能力较强，可以为球队获得更多的进攻机会。其他优秀中锋虽然没有美国队中锋对篮板球的冲击力大，但是获得篮板球的比例也都在10%以上。

表 2–12　优秀中锋抢篮板球的效果数据统计

姓名	得到	百分比	未得到	百分比	队友投篮命中	百分比	总计
加索尔	11	14.7%	42	56.0%	22	29.3%	75
博古特	5	10.9%	26	56.5%	15	32.6%	46
内内	12	19.0%	33	52.4%	18	28.6%	63
拉杜利察	8	16.0%	22	44.0%	20	40.0%	50
考辛斯	18	22.8%	36	45.6%	25	31.6%	79
乔丹	13	15.7%	40	48.2%	30	36.1%	83
总计	67	16.9%	199	50.3%	130	32.8%	396

由表2–13可见，中国队的中锋队员总体上获得篮板球占拼抢篮板球的6.5%，队友投篮命中占30.1%，未得到篮板球占63.4%。中国队中锋队员在面对世界强队时，由于身体条件上的差距，在拼抢进攻篮板球时不占优势，没有很好的二次进攻能力。

表 2-13 中国队中锋抢篮板球的效果数据统计

姓名	得到	百分比	未得到	百分比	队友投篮命中	百分比	总计
周琦	4	8.0%	31	62.0%	15	30.0%	50
王哲林	2	4.7%	28	65.1%	13	30.2%	43
总计	6	6.5%	59	63.4%	28	30.1%	93

由表2-12、表2-13及图2-5可以看出，中国队在拼抢进攻篮板球方面与世界优秀中锋队员有明显的差距，博古特获得篮板球占抢篮板球总数的10.9%，是优秀中锋队员中最低的；而周琦获得篮板球仅占抢篮板球总数的8.0%，王哲林获得篮板球仅占抢篮板球总数的4.7%。6名优秀中锋队员平均获得篮板球占抢篮板球总数的16.9%，而中国队中锋仅有6.5%，说明中国队的中锋队员与世界优秀中锋队员在篮板球能力上有较大差距。

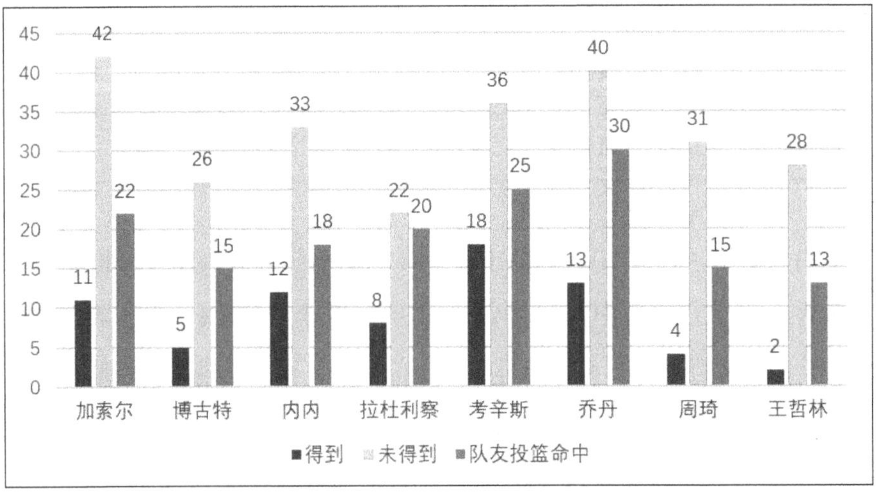

图 2-5 中锋队员拼抢篮板球效果

综上所述，中锋队员是拼抢进攻篮板球最多的队员，可为球队获得更多进攻机会，提高球队士气及增强队友投篮的信心。在拼抢进攻篮板球上，中国队中锋队员在积极性上有待提高，抢篮板球的能力也与优秀中锋队员有明显的差距。

（2）中锋队员的无球切入。

向篮的切入即传切配合，是最基础、最常用、最灵活的战术，形式多样，变化多端，是一种迅速直接的得分方式。传切配合在组织进攻、突破防守和创造投篮机会中发挥着积极的作用。球到人到是传切配合的关键，考验队友之间的默契程度和战术意识。传切配合在比赛中可以为全队带来很好的“化学作用”，利用防守队员的短暂性失位，打对手一个措手不及。随着篮球比赛防守强度的增加，特别是人盯人及全场紧逼等压迫式、攻击性防守的运用，传切配合的运用就更为重要，可为防守队员制造更大的防守压力。

① 向篮切入的方式。

由表2–14可以看出，优秀中锋向篮切入的方式中纵切79次，占59.8%，斜切42次，占31.8%，横切方式最少，11次，占8.3%，说明优秀中锋主要采用纵切的方式，斜切次之，横切最少。

表2–14　优秀中锋向篮切入方式的数据统计

姓名	横切	百分比	斜切	百分比	纵切	百分比	总计
加索尔	2	7.1%	7	25.0%	19	67.9%	28
博古特	0	0	8	47.1%	9	52.9%	17
内内	1	4.8%	6	28.6%	14	66.7%	21

续表

姓名	横切	百分比	斜切	百分比	纵切	百分比	总计
拉杜利察	1	3.4%	11	37.9%	17	58.6%	29
考辛斯	3	17.6%	5	29.4%	9	52.9%	17
乔丹	4	20.0%	5	25.0%	11	55.0%	20
总计	11	8.3%	42	31.8%	79	59.8%	132

由表2–15可见，中国队中锋队员向篮切入主要采用纵切的方式，占了65.5%，斜切占20.7%，横切占13.8%，与世界优秀中锋向篮切入的方式没有太大区别。

表2–15　中国队中锋向篮切入方式的数据统计

姓名	横切	百分比	斜切	百分比	纵切	百分比	总计
周琦	1	6.3%	3	18.8%	12	75.0%	16
王哲林	3	23.1%	3	23.1%	7	53.8%	13
总计	4	13.8%	6	20.7%	19	65.5%	29

由表2–14、表2–15及图2–6可知，中国队中锋队员向篮切入的总次数没有优秀中锋队员次数多，但在切入方式上没有明显区别。总体上看，中锋队员向篮下切入的次数不多，每场比赛2—5次，这与各球队的进攻战术有很大的关系。在优秀中锋无球移动中，切入篮下仅占总移动次数的7.0%，而中国队员是5.9%，说明这不是中锋队员的主要进攻方式。

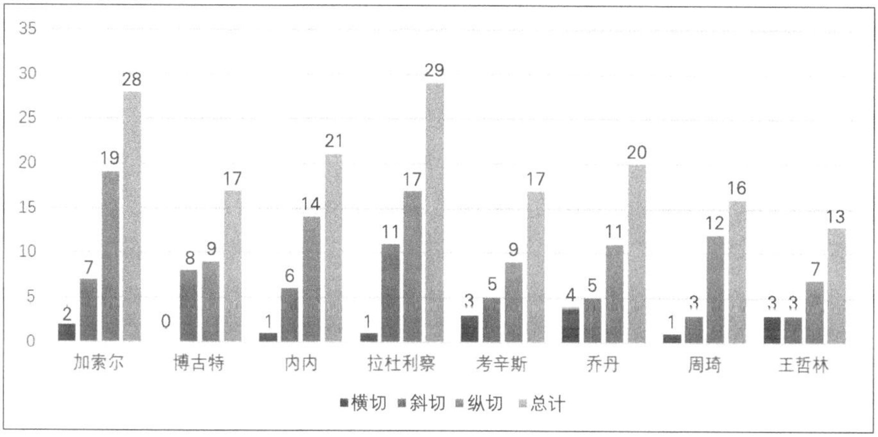

图 2-6　中锋队员切入方式的数据

② 向篮切入发起的区域。

由表2-16可知，优秀中锋切入篮下的发起区域底角占6.8%，两侧45°角占34.1%，弧顶区域占59.1%，超过总数一半。

表 2-16　优秀中锋切入篮下的发动区域数据统计

姓名	底角	百分比	两侧 45°角	百分比	弧顶	百分比	其他	百分比	总计
加索尔	1	3.6%	8	28.6%	19	67.9%	0	0	28
博古特	0	0	8	47.1%	9	52.9%	0	0	17
内内	1	4.8%	5	23.8%	15	71.4%	0	0	21
拉杜利察	2	6.9%	10	34.5%	17	58.6%	0	0	29
考辛斯	2	11.8%	7	41.2%	8	47.1%	0	0	17

续表

姓名	底角	百分比	两侧45°角	百分比	弧顶	百分比	其他	百分比	总计
乔丹	3	15.0%	7	35.0%	10	50.0%	0	0	20
总计	9	6.8%	45	34.1%	78	59.1%	0	0	132

由表2-17可知，中国队切入篮下的发起区域底角占13.8%，两侧45°角占20.7%，弧顶区域占65.5%，超过总数一半。

表2-17　中国队中锋切入篮下的发动区域数据统计

姓名	底角	百分比	两侧45°角	百分比	弧顶	百分比	其他	百分比	总计
周琦	1	6.3%	1	6.3%	14	87.5%	0	0	16
王哲林	3	23.1%	5	38.5%	5	38.5%	0	0	13
总计	4	13.8%	6	20.7%	19	65.5%	0	0	29

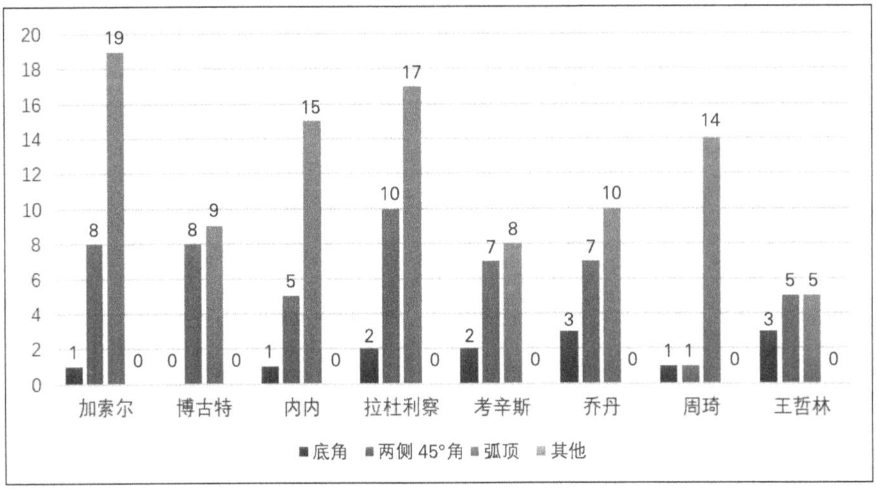

图2-7　中锋切入篮下的发动区域数据统计

从统计数据可以看出，中锋队员切入篮下主要的发起区域是在弧顶的位置，超过总数一半；底角区域最少，博古特甚至没有一次是从底角切入篮下，说明底角不是切入篮下的主要区域，中国队的中锋队员与世界优秀中锋在切入篮下的发动区域上没有明显差别。

③ 向篮切入的效果。

由表2–18可知，从整体上看，优秀中锋运动员切入篮下时得分、助攻占到了总数的48.5%，而另外的51.5%则是没有直接得分或者机会不好而重新组织进攻的。从个体上看，切入篮下得分、助攻效率最高的是博古特，达到了76.5%，在比赛中博古特多次利用队友的掩护切入篮下扣篮；乔丹和拉杜利察的得分助攻次数在平均水平以下，其余队员均超过了50%，这跟球员的个人技术特点和能力有关。尤其是乔丹，在美国队的进攻体系中，他作为球队的“蓝领”球员，是球队篮板球的保障，但是他的个人进攻技术在6名优秀中锋运动员中是最差的。

表 2–18 优秀中锋向篮切入的效果数据统计

姓名	得分、助攻	百分比	其他	百分比	总计
加索尔	14	50.0%	14	50.0%	28
博古特	13	76.5%	4	23.5%	17
内内	11	52.4%	10	47.6%	21
拉杜利察	12	41.4%	17	58.6%	29
考辛斯	10	58.8%	7	41.2%	17
乔丹	4	20.0%	16	80.0%	20
总计	64	48.5%	68	51.5%	132

由表2-19可知，中国队2名中锋队员切入篮下时得分、助攻仅占总数的17.2%，其他方面占了82.8%，成功率较低。

表 2-19　中国队中锋向篮切入的效果数据统计

姓名	得分、助攻	百分比	其他	百分比	总计
周琦	2	12.5%	14	87.5%	16
王哲林	3	23.1%	10	76.9%	13
总计	5	17.2%	24	82.8%	29

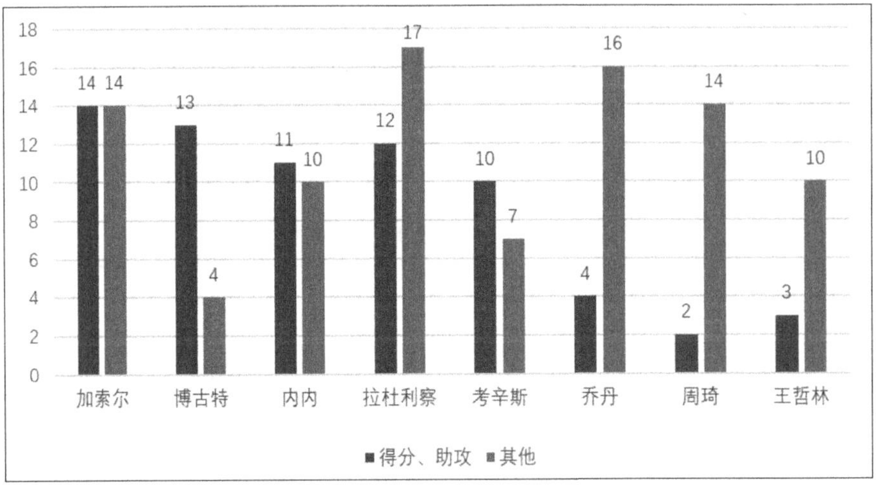

图 2-8　中锋队员切入效果统计

通过分析数据及观察比赛录像可知，优秀中锋队员通过切入直接得分或者助攻其他队友的成功率较高，中国队2名中锋队员的成功率较低，仅与美国队的乔丹水平相近，这与队员的切入时机、配合的默契程度、传球的质量和防守的强度有很大关系，在这些方面，中国队的中锋队员与世界优秀的中锋队员之间存在较大差距。

（3）中锋队员篮下的卡位进攻。

卡位是中锋进攻时利用身体躯干把防守者挡在身后，面向持球队员以获得球为目的的一项技术。卡位能力包括身体和技术两方面：身体优势是指队员运用自己出色的身体，利用转身、挤靠直接在自己的进攻区域要位接球进攻；技术优势是指中锋队员在身体不占优势的情况下，通过各种假动作、跑动和队友的掩护，利用自己的灵活性进行要位接球进攻。一名身体条件和技术兼备的中锋队员会给对方的内线防守造成很大压力。

① 向篮下卡位的区域。

由表2–20可知，总体上，优秀中锋队员在两侧45°角卡位的次数最多，占59.8%；其次是在限制区内，占21.5%；在限制区外的底角卡位次数占15.9%，而在弧顶区域仅占了2.8%。在个人数据方面，加索尔总的卡位次数最多，作为西班牙队的核心，拥有身高优势及非常好的内线进攻技术，两侧45°角卡位占70.5%，在限制区内占13.1%，在限制区外的底角卡位次数占16.4%，弧顶区域一次都没有；博古特两侧45°角卡位占63.2%，在限制区内占21.1%，在限制区外的底角卡位次数占10.5%，在弧顶区域占5.3%，博古特通常在三分线外策应，是澳大利亚战术系统的中轴；内内在两侧45°角卡位占70.0%，在限制区内占3.3%，在限制区外的底角卡位次数占26.7%，在弧顶一次没有，内内有着强壮的身体和灵活的脚步，比赛中经常去内线卡位单打对手；拉杜利察在两侧45°角卡位占42.4%，在限制区内占36.4%，在限制区外的底角卡位次数占12.1%，在弧顶占9.1%；考辛斯在两侧45°角卡位占51.7%，在限制区内占37.9%，在限制区外的底角卡位次数占6.9%，在弧顶仅有一次，占了3.4%；乔丹在两侧45°角卡位占16.7%，在限制区内占75.0%，在限制区外的底角卡位一次也没有，在弧顶也仅有一次，乔丹身体强壮，弹跳力出众，却没有背身技术，所以他与其他优秀中锋略有差别，在限制区卡位的次数最多，主要利用有利的身体条件进攻得分。

表2–20 优秀中锋队员卡位的区域

姓名	底角	百分比	两侧45°角	百分比	弧顶	百分比	限制区内	百分比	总计
加索尔	10	16.4%	43	70.5%	0	0	8	13.1%	61
博古特	2	10.5%	12	63.2%	1	5.3%	4	21.1%	19
内内	16	26.7%	42	70.0%	0	0	2	3.3%	60
拉杜利察	4	12.1%	14	42.4%	3	9.1%	12	36.4%	33
考辛斯	2	6.9%	15	51.7%	1	3.4%	11	37.9%	29
乔丹	0	0	2	16.7%	1	8.3%	9	75.0%	12
总计	34	15.9%	128	59.8%	6	2.8%	46	21.5%	214

由表2–21可知，中国队2名中锋队员在两侧45°角最多，占了76.7%，在限制区占23.3%，在底角和弧顶一次都没有。

表 2-21　中国队中锋队员卡位的区域

姓名	底角	百分比	两侧45°角	百分比	弧顶	百分比	限制区内	百分比	总计
周琦	0	0	12	66.7%	0	0	6	33.3%	18
王哲林	0	0	11	91.7%	0	0	1	8.3%	12
总计	0	0	23	76.7%	0	0	7	23.3%	30

从图2-9、表2-20和表2-21可以看出，中国队的2名中锋队员在篮下的卡位次数较少，在卡位的区域上，比世界优秀中锋队员卡位的区域范围要小，没有在弧顶和底角进行过卡位。总体上，中锋队员在篮下的卡位区域主要是两侧45°角，其次是限制区，再其次是底角，弧顶区域不是主要的卡位位置。

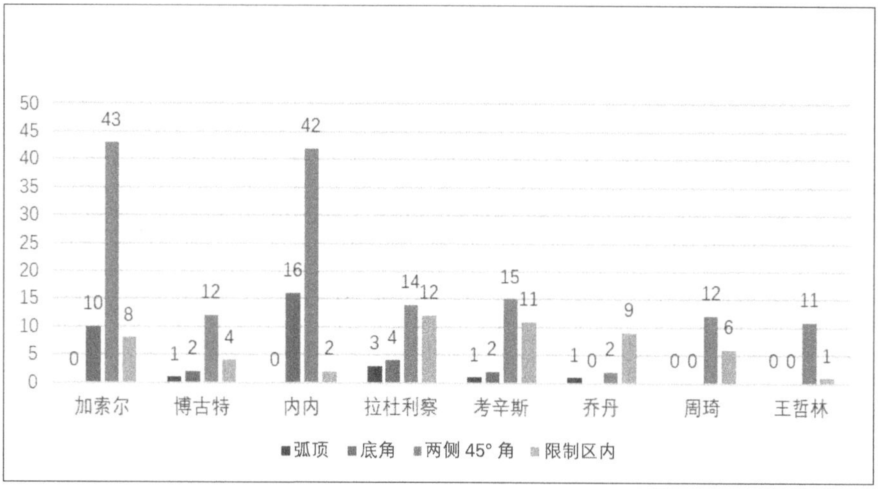

图 2-9　中锋队员卡位区域的数据

② 向篮下卡位的效果。

从表2-22可见，总体上，优秀中锋队员在篮下卡位的得分、助攻占34.6%，其他占65.4%。在个人数据方面，加索尔和内内是在篮下卡位次数较多的队员，大约是其他球员的两倍甚至以上，比赛中加索尔和内内经常在篮下要位接球，然后策应或者利用脚步技术自己进攻；篮下卡位最少的是乔丹，这是他进攻技术的短板，导致篮下的攻击次数较少。

表 2-22　优秀中锋队员向篮下卡位的效果

姓名	得分、助攻	百分比	其他	百分比	总计
加索尔	20	32.8%	41	67.2%	61
博古特	6	31.6%	13	68.4%	19
内内	21	35.0%	39	65.0%	60
拉杜利察	12	36.4%	21	63.6%	33
考辛斯	10	34.5%	19	65.5%	29
乔丹	5	41.7%	7	58.3%	12
总计	74	34.6%	140	65.4%	214

由表2-23可知，中国队的2名中锋队员篮下卡位的得分、助攻占16.7%，其他占83.3%。其中王哲林的得分、助攻占25.0%，要高于周琦，说明王哲林的篮下进攻更好。

表 2-23　中国队中锋队员向篮下卡位的效果

姓名	得分、助攻	百分比	其他	百分比	总计
周琦	2	11.1%	16	88.9%	18
王哲林	3	25.0%	9	75.0%	12
总计	5	16.7%	25	83.3%	30

由图2-10可见，在篮下的卡位次数上，中国队中锋队员与优秀中锋队员之间有较大差距，在得分、助攻上也要少于优秀中锋队员。说明中国队中锋队员在内线进攻方面与优秀中锋之间有较大的差距。

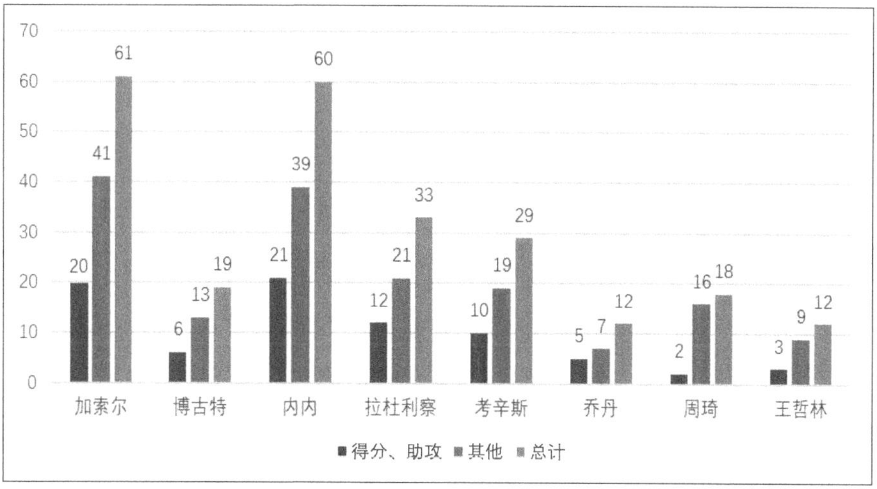

图 2-10　中锋队员篮下卡位的效果

综上所述，中外优秀中锋队员主要通过卡位的方式拼抢进攻篮板球，中国队中锋球员拼抢篮板球的积极性和成功率较低。切入时以纵切为主，斜切次之，横切最少；切入的发起区域以弧顶为主，超过总数的一半，两侧45°角次之，底角最少。世界优秀中锋队员切入篮下得分或助攻的成功率较高，中国队中锋队员成功率较低，主要是因为球员之间的配合不够默契，切入的时机掌握不好。中锋队员篮下卡位的区域主要是两侧45°角，其次是限制区，再其次是底角，弧顶区域不是主要的卡位位置。中国队中锋队员在篮下背打的成功率与世界优秀中锋队员有明显的差距。

3. 向球移动

在篮球比赛中，球员大多数时间处于无球的状态，球队的战术配合是通过队员有目的的无球移动来完成的，中锋队员常常根据战术要求以及场上的具体情况主动向持球队员移动进行配合。中锋队员不仅要在内线进攻为球队作出贡献，还应积极与持球队员进行配合，调动防守，创造进攻机会。

（1）向球移动的目的。

中锋队员向持球队员的移动分为为持球队员做掩护和接应持球队员。

由表2–24可知，从整体上看，优秀中锋队员接应持球队员占20.2%，为持球队员做掩护占79.8%。从个体上看，加索尔接应持球队员占14.2%，为持球队员做掩护占85.8%；博古特接应持球队员占56.8%，为持球队员做掩护占43.2%；内内接应持球队员占7.9%，为持球队员做掩护占92.1%；拉杜利察接应持球队员占25.0%，为持球队员做掩护占75.0%；考辛斯接应持球队员占10.9%，为持球队员做掩护占89.1%；乔丹接应持球队员占6.5%，为持球队员做掩护占93.5%。优秀中锋队员向球移动的主要目的是为持球队员做掩护，以达到进攻的目的。但博古特却主要以接应持球队员为目的，这与澳大利亚的阵地进攻战术有很大关系，而且博古特的个人特点是策应传球能力比较强。

表 2–24　优秀中锋队员向球移动的目的数据统计

姓名	接应持球队员	百分比	为持球队员做掩护	百分比	总计
加索尔	22	14.2%	133	85.8%	155
博古特	54	56.8%	41	43.2%	95
内内	11	7.9%	128	92.1%	139
拉杜利察	24	25.0%	72	75.0%	96
考辛斯	5	10.9%	41	89.1%	46
乔丹	4	6.5%	58	93.5%	62
总计	120	20.2%	473	79.8%	593

由表2–25可知，中国队2名中锋向球移动时接应持球队员占26.9%，为持球队员做掩护占73.1%；周琦和王哲林区别不大，这与中国队的进攻战术体系有关。

表 2–25　中国队中锋队员向球移动的目的数据统计

姓名	持球队员接应	百分比	为持球队员做掩护	百分比	总计
周琦	23	32.9%	47	67.1%	70
王哲林	12	20.0%	48	80.0%	60
总计	35	26.9%	95	73.1%	130

通过图2-11及表2-24、表2-25可知，除博古特外，中锋队员向球移动主要是去为持球队员做掩护，因为中锋队员利用身体上的优势，有利于挡住防守队员，为持球队员下一步进攻创造有利的条件。向球移动次数最多的是加索尔，其次是内内，他们上场时间较长，几乎每次阵地进攻中都会向球移动1—2次，有时会更多，可见中锋队员向球移动在进攻战术配合中的重要作用。博古特是唯一接应持球队员次数多于为持球队员做掩护的队员，比赛中博古特常在三分线外为队友送出高质量的传球，他策应传球能力强，是澳大利亚队的核心，澳大利亚队的进攻战术往往围绕他来组织。中锋队员向球移动的目的一方面与球队战术有关，另一方面与球员的自身特点也有很大关系。

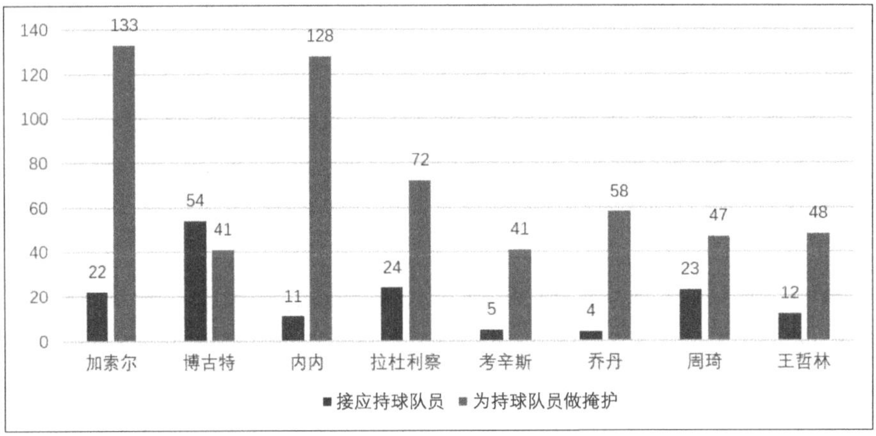

图2-11 中锋队员向球移动的目的数据统计

（2）向球移动的区域。

从表2-26可知，从总体上看，优秀中锋向持球人移动的区域分布：三分线弧顶附近占79.8%、三分线外45°角区域占16.2%、三分线外底角区域占0.8%、三分线内占3.2%，说明优秀中锋队员向持球队员移动的区域集中在三分线外的弧顶和45°角附近；在此区域可以拉开空间，为持球队员的突破创造空间，并为队友的切入创造条件。从个体上看，加索尔向持球队员移动的区域分布：三分线外弧顶附近占80.0%、三分线外45°角区域占15.5%、三分线外底角区域占2.6%、三分线内的区域占1.9%；博古特向持球队员移动的区域分布：三分线外弧顶附近占83.2%、三分线外45°角区域占12.6%、三分线内的区域占4.2%；内内向持球队员移动的区域分布：三分线外弧顶附近占84.9%、三分线外45°角区域占12.2%、三分线内的区域占2.9%；拉杜利察向持球队员移动的区域分布：三分线外弧顶附近占78.1%、三分线外45°角区域占17.7%、三分线外底角区域占1.0%、三分线内的区域占3.1%；考辛斯向持球队员移动的区域分布：三分线外弧顶附近占78.3%、三分线外45°角区域占19.6%、三分线内的区域占2.2%；乔丹向持球队员移动的区域分布：三分线外弧顶附近占66.1%、三分线外45°角区域占27.4%、三分线内的区域占6.5%。其中博古特、内内、考辛斯和乔丹没有一次是向三分线外底角移动的，只有加索尔移动了4次，拉杜利察移动了1次；加索尔和拉杜利察向三分线底角移动是为了接应发边线球。所以，优秀中锋队员向球移动的区域主要是在三分线外弧顶和45°角附近。

表2–26　优秀中锋向球移动的区域分布数据统计

姓名	三分线外弧顶	百分比	三分线外45°角	百分比	三分线外底角	百分比	三分线内	百分比	总计
加索尔	124	80.0%	24	15.5%	4	2.6%	3	1.9%	155
博古特	79	83.2%	12	12.6%	0	0	4	4.2%	95

续表

姓名	三分线外弧顶	百分比	三分线外45°角	百分比	三分线外底角	百分比	三分线内	百分比	总计
内内	118	84.9%	17	12.2%	0	0	4	2.9%	139
拉杜利察	75	78.1%	17	17.7%	1	1.0%	3	3.1%	96
考辛斯	36	78.3%	9	19.6%	0	0	1	2.2%	46
乔丹	41	66.1%	17	27.4%	0	0	4	6.5%	62
总计	473	79.8%	96	16.2%	5	0.8%	19	3.2%	593

从表2-27可知，从个体上看，周琦向持球队员移动的区域分布：三分线外弧顶附近占77.1%、三分线外45°角区域占22.9%，三分线外底角区域和三分线内的区域一次都没有；王哲林向持球队员移动的区域分布：三分线外弧顶附近占81.7%、三分线外45°角区域占18.3%，三分线外底角区域和三分线内的区域一次都没有。从总体上看，中国队中锋向持球队员移动的区域分布：三分线外弧顶附近占79.2%、三分线外45°角区域占20.8%、三分线外底角区域和三分线内的区域一次都没有。

表2–27　中国队中锋向球移动的区域分布数据统计

姓名	三分线外弧顶	百分比	三分线外45°角	百分比	三分线外底角	百分比	三分线内	百分比	总计
周琦	54	77.1%	16	22.9%	0	0	0	0	70
王哲林	49	81.7%	11	18.3%	0	0	0	0	60
总计	103	79.2%	27	20.8%	0	0	0	0	130

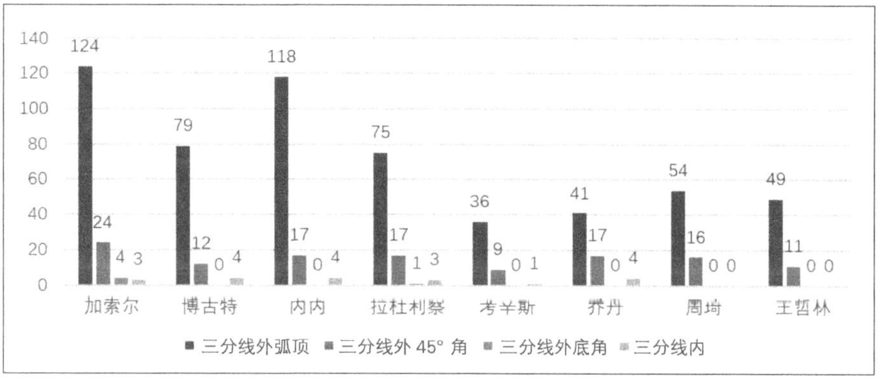

图 2–12　中锋队员向球移动的区域数据统计

通过分析以上数据可知，中国队中锋与优秀中锋在向球移动的区域上没有显著的差别，只是因为球员的技术特点不一样而稍有不同。中锋队员向球移动的区域主要分布在三分线外弧顶附近区域，其次是三分线外45°角附近区域，三分线底角和三分线内均不是主要移动区域。

（3）向球移动的方式。

由于无球队员向持球队员移动的目的明确，主要就是为了摆脱防守接球或者为持球队员做掩护，所以无球队员向持球队员移动主要有以下几种方式：反跑或提上、无球掩护、直接要球或接应、内线穿插等。

由表2–28可见，优秀中锋队员向球移动的方式中反跑、提上占59.4%、直接要球或接应占40.0%，内线穿插仅占0.7%，无球掩护的方式一次都没有。

表 2-28 优秀中锋向球移动方式的数据统计

姓名	反跑或提上	百分比	无球掩护	百分比	直接要球或接应	百分比	内线穿插	百分比	总计
加索尔	89	57.4%	0	0	64	41.3%	2	1.3%	155
博古特	51	53.7%	0	0	43	45.3%	1	1.1%	95
内内	80	57.6%	0	0	59	42.4%	0	0	139
拉杜利察	68	70.8%	0	0	27	28.1%	1	1.0%	96
考辛斯	30	65.2%	0	0	16	34.8%	0	0	46
乔丹	34	54.8%	0	0	28	45.2%	0	0	62
总计	352	59.4%	0	0	237	40.0%	4	0.7%	593

从表2-29可知，中国队的2名中锋队员在移动方式上反跑、提上占70.0%，直接要球或接应占了29.2%，内线穿插仅有0.8%。

表 2-29 中国队中锋向球移动方式的数据统计

姓名	反跑或提上	百分比	无球掩护	百分比	直接要球或接应	百分比	内线穿插	百分比	总计
周琦	45	64.3%	0	0	24	34.3%	1	1.4%	70
王哲林	46	76.7%	0	0	14	23.3%	0	0	60
总计	91	70.0%	0	0	38	29.2%	1	0.8%	130

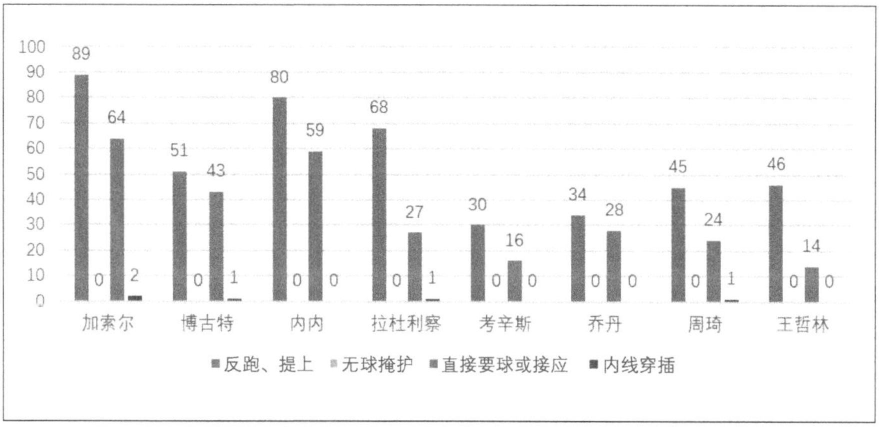

图 2-13　中锋队员向球移动的方式数据统计

总体来看，中国队中锋队员与优秀中锋队员在向球的移动方式上没有显著差别，中锋队员向球移动的方式主要是反跑、提上，其次是直接要球或接应，很少在内线穿插，没有利用同伴的无球掩护。

（4）向球移动的效果。

由表2-30和表2-31可知，优秀中锋队员接应持球队员再进攻或者给持球队员掩护的直接得分、助攻率占8.6%，中国队中锋队员接应持球队员再进攻或者给持球队员掩护的直接得分、助攻率为5.4%，表明其效果并不是很好，这是因为中锋队员向球移动只是战术的过渡阶段。

表 2-30　优秀中锋队员向球移动的效果统计

姓名	得分、助攻	百分比	其他	百分比	总计
加索尔	8	5.2%	147	94.8%	155
博古特	10	10.5%	85	89.5%	95

续表

姓名	得分、助攻	百分比	其他	百分比	总计
内内	6	4.3%	133	95.7%	139
拉杜利察	9	9.4%	87	90.6%	96
考辛斯	7	15.2%	39	84.8%	46
乔丹	11	17.7%	51	82.3%	62
总计	51	8.6%	542	91.4%	593

表 2-31　中国队中锋队员向球移动的效果统计

姓名	得分、助攻	百分比	其他	百分比	总计
周琦	2	2.9%	68	97.1%	70
王哲林	5	8.3%	55	91.7%	60
总计	7	5.4%	123	94.6%	130

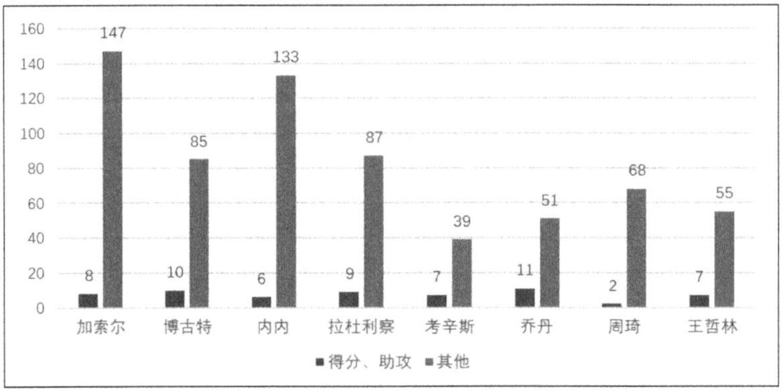

图 2-14　中锋队员向球移动的效果数据统计

通过观察比赛可知，中锋队员向球移动一般都是为持球队员做掩护或者去接应持球队员，向球移动的区域一般都在三分线外弧顶及45° 角区域。中锋队员很少有外线的投篮进攻能力，一般是以球队的战术为核心，为队友创造有利的进攻空间。无球队员跑位接应的基本原则是明确进攻路线，预留接应空间，及时跑位，点面结合。这就要求无球队员应根据进攻战术的进攻路线，与进攻发起点同侧队员提前拉开空间或者跑到异侧，异侧队员原地伺机，拉空限制区附近区域，为跑位接应进攻留下空间；等到进攻发起后通过调动防守和牵制防守注意，再进行有规律的跑位，以进攻队员为中心布置两到三个接应点从而构成一个整体的接应面，使进攻队员可以根据具体情况选择传球或者自己投篮完成进攻。

综上所述，中锋队员向球移动的目的主要是为持球队员掩护或接应持球队员，以为持球队员掩护的目的为主；向球移动的区域主要是三分线外的弧顶及三分线外45° 角附近；向球移动的方式主要是反跑、提上和直接要球或接应；向球移动的效果一般，因为中锋队员向球移动主要是为了使球运转起来，从而使球队能得到更好的进攻机会，是战术体系的一个过渡过程。

4. 向空区移动

随着篮球运动员的身体素质越来越好，防守队员的防守面积也越来越大。篮球战术的运用是以为球队进攻创造出防守空区为目的，为进攻队员创造好的空位投篮机会。进攻队员要充分利用防守队员出现的短暂性空区位置进行进攻，在有限的进攻时间和空间内，创造出更多更好的进攻机会。

（1）向空区移动的目的。

中锋队员向空区移动主要是为了牵制防守、拉开空间以及伺机接球进行投篮、持球突破、传球等。

由表2-32可知，优秀中锋队员向空区移动为了牵制防守或拉开空当占31.1%，伺机接球进攻占68.9%，其中接球直接投篮的占14.8%、接球之后运球观察情况或者直接持球突破的占8.9%、策应传球的占45.2%。但球员之间的差别较大，加索尔为了牵制防守或拉开空当占8.0%、接球直接投篮占24.0%、接球之后运球观察情况或者直接持球突破占8.0%、策应传球占60.0%；博古特为了牵制防守或拉开空当占32.0%、接球直接投篮占8.0%、接球之后运球观察情况或者直接持球突破占6.0%、策应传球占54.0%；内内为了牵制防守或拉开空当占41.5%、接球直接投篮占21.5%、接球之后运球观察情况或者直接持球突破占13.8%、策应传球占23.1%；拉杜利察为了牵制防守或拉开空当占16.9%、接球直接投篮占11.9%、接球之后运球观察情况或者直接持球突破占6.8%、策应传球占64.4%；考辛斯为了牵制防守或拉开空当占50.0%、接球直接投篮占到7.7%、接球之后运球观察情况或者直接持球突破占19.2%、策应传球占23.1%；乔丹为了牵制防守或拉开空当占76.7%、策应传球占23.3%，没有投篮和持球突破。

表2-32　优秀中锋队员向空区移动的目的

目的	拉空当、牵制防守	百分比	伺机接球进攻						总计
			直接投篮	百分比	运球、突破	百分比	策应传球	百分比	
加索尔	6	8.0%	18	24.0%	6	8.0%	45	60.0%	75
博古特	16	32.0%	4	8.0%	3	6.0%	27	54.0%	50
内内	27	41.5%	14	21.5%	9	13.8%	15	23.1%	65
拉杜利察	10	16.9%	7	11.9%	4	6.8%	38	64.4%	59
考辛斯	13	50.0%	2	7.7%	5	19.2%	6	23.1%	26
乔丹	23	76.7%	0	0	0	0	7	23.3%	30

续表

目的	拉空当、牵制防守	百分比	伺机接球进攻						总计
			直接投篮	百分比	运球、突破	百分比	策应传球	百分比	
总计	95	31.1%	45	14.8%	27	8.9%	138	45.2%	305

由表2–33可知，中国队中锋队员向空区移动为了牵制防守或拉开空当占44.6%、伺机接球进攻占55.4%，其中接球直接投篮占16.1%、接球之后运球观察情况或者直接持球突破占6.3%、策应传球占33.0%。在个体上两名球员没有显著差别，周琦为了牵制防守或拉开空当占47.4%、接球直接投篮占17.5%、接球之后运球观察情况或者直接持球突破占3.5%、策应传球占31.6%；王哲林为了牵制防守或拉开空当占41.8%、接球直接投篮占14.5%、接球之后运球观察情况或者直接持球突破占9.1%、策应传球占34.5%。

表2–33　中国队中锋队员向空区移动的目的

目的	拉空当、牵制防守	百分比	伺机接球进攻						总计
			直接投篮	百分比	运球、突破	百分比	策应传球	百分比	
周琦	27	47.4%	10	17.5%	2	3.5%	18	31.6%	57
王哲林	23	41.8%	8	14.5%	5	9.1%	19	34.5%	55
总计	50	44.6%	18	16.1%	7	6.3%	37	33.0%	112

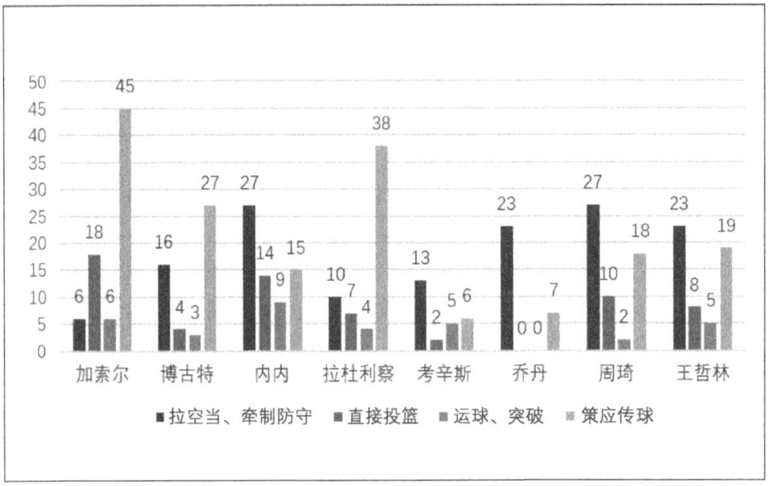

图 2–15　中锋队员向空区移动的目的数据统计

通过观察比赛及分析以上数据可知，美国队的考辛斯和乔丹牵制防守的次数较多，中国队两名球员之间也没有太大差别。总体来说，不同国家的中锋队员之间有较大差别，这是由各自不同的战术要求决定的；同队的两名中锋之间只有较小的差异，这是由于球员之间的特点不同。不同的进攻战术和球员特点是影响向空区移动目的的主要因素。

（2）向空区移动的方式。

无球移动中向空区的移动方式主要有：反跑、提上、溜底线、两三步的小范围移动、运用两种以上方式等。由表2–34可见，优秀中锋队员的小范围观察移动占到了58.4%，反跑、提上占27.9%、溜底线占4.3%、运用两种以上方式占9.5%。

表 2-34　优秀中锋队员向空区移动的方式的数据统计

方式	反跑、提上	百分比	溜底线	百分比	观察并小范围移动	百分比	运用两种以上方式	百分比	总计
加索尔	23	30.7%	0	0	47	62.7%	5	6.7%	75
博古特	14	28.0%	2	4.0%	32	64.0%	2	4.0%	50
内内	15	23.1%	6	9.2%	42	64.6%	2	3.1%	65
拉杜利察	17	28.8%	3	5.1%	30	50.8%	9	15.3%	59
考辛斯	9	34.6%	1	3.8%	11	42.3%	5	19.2%	26
乔丹	7	23.3%	1	3.3%	16	53.3%	6	20.0%	30
总计	85	27.9%	13	4.3%	178	58.4%	29	9.5%	305

由表2-35看到，中国队中锋队员的小范围观察移动占49.1%，反跑、提上占29.5%、溜底线占18.8%、运用两种以上方式占2.7%，与优秀中锋队员之间的差距主要体现在观察后的小范围移动上。

表 2-35　中国队中锋队员向空区移动的方式的数据统计

方式	反跑、提上	百分比	溜底线	百分比	观察并小范围移动	百分比	运用两种以上方式	百分比	总计
周琦	16	28.1%	12	21.1%	28	49.1%	1	1.8%	57
王哲林	17	30.9%	9	16.4%	27	49.1%	2	3.6%	55
总计	33	29.5%	21	18.8%	55	49.1%	3	2.7%	112

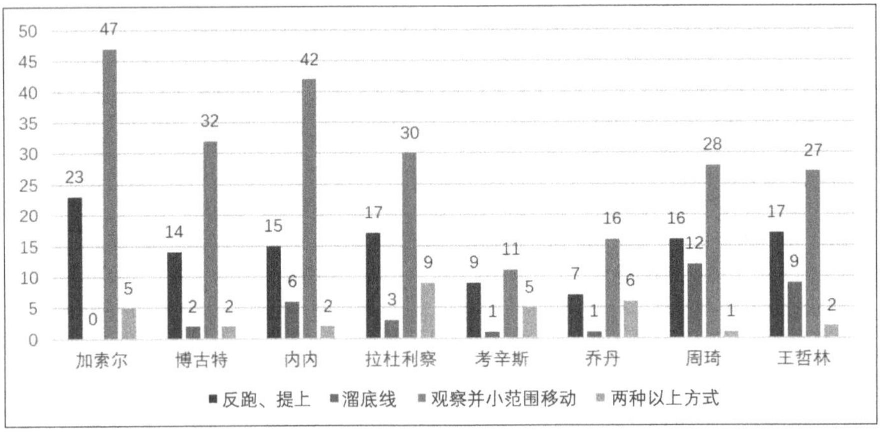

图 2-16　中锋队员向空区移动方式的统计数据

通过分析以上数据可知，中锋队员在比赛中牵制防守更多的时候是在原地观察场上的情况并小范围地移动调整位置，而不是在场上随意乱跑，在目的明确的情况下，根据场上其他队友的移动情况做出判断，决定如何进行下一步的进攻。中锋队员向空区移动主要是为持球队员突破创造空间或准备接球投篮及策应。中国队的中锋队员与优秀中锋之间在向空区的移动方式上没有明显差别，主要都是以观察后的小范围移动为主。

（3）向空区移动的区域分布。

由表2–36可知，总体上，优秀中锋队员向空区移动的位置以限制区外的弧顶区域最多，占了40.7%，限制区外底角占28.5%，三分线外占25.2%，限制区外45° 角最少，占5.6%。但是队员的个体性差异较大，加索尔向空区移动的位置分布：限制区外底角占20.0%，限制区外45° 角占5.3%，限制区外弧顶占42.7%，三分线外占32.0%，加索尔有着不错的外线投篮能力；博古特向空区移动的位置分布：限制区外底角占28.0%，限制区外45° 角占4.0%，限制区外弧顶占38.0%，三分线外占30.0%，博古特的外线投篮技术不好，但是策应能力非常突出，在空区接球后往往采用持球突破或传球的方式；内内向空区移动的位置分布：限制区外底角占23.1%，限制区外45°角占9.2%，限制区外弧顶占52.3%，三分线外占15.4%；拉杜利察向空区移动的位置分布：限制区外底角占18.6%，限制区外45°角占5.1%，限制区外弧顶占44.1%，三分线外占32.2%，拉杜利察有较强的中距离投篮能力，在弧顶的移动次数较多；考辛斯向空区移动的位置分布：限制区外底角占57.7%，限制区外弧顶占26.9%，三分线外占15.4%；乔丹向空区移动的位置分布：限制区外底角占56.7%，限制区外45°角占6.7%，限制区外弧顶占20.0%，三分线外占16.7%。

表2–36　优秀中锋队员向空区移动的区域分布的数据统计

姓名	限制区外底角	百分比	限制区外45°角	百分比	限制区外弧顶	百分比	三分线外	百分比	总计
加索尔	15	20.0%	4	5.3%	32	42.7%	24	32.0%	75
博古特	14	28.0%	2	4.0%	19	38.0%	15	30.0%	50
内内	15	23.1%	6	9.2%	34	52.3%	10	15.4%	65
拉杜利察	11	18.6%	3	5.1%	26	44.1%	19	32.2%	59
考辛斯	15	57.7%	0	0	7	26.9%	4	15.4%	26
乔丹	17	56.7%	2	6.7%	6	20.0%	5	16.6%	30
总计	87	28.5%	17	5.6%	124	40.7%	77	25.2%	305

由表2–37可见，中国队中锋队员向空区移动的位置分布：限制区外底角占29.5%，限制区外45°角占11.6%，限制区外弧顶占39.3%，三分线外占19.6%。观察比赛看到周琦的外线投篮能力不错，在内线的对抗性较差；王哲林外线投篮不稳定，持球突破次数较多。

表 2-37 中国队中锋队员向空区移动的区域分布的数据统计

姓名	限制区外底角	百分比	限制区外45°角	百分比	限制区外弧顶	百分比	三分线外	百分比	总计
周琦	19	33.3%	5	8.8%	21	36.8%	12	21.1%	57
王哲林	14	25.5%	8	14.5%	23	41.8%	10	18.2%	55
总计	33	29.5%	13	11.6%	44	39.3%	22	19.6%	112

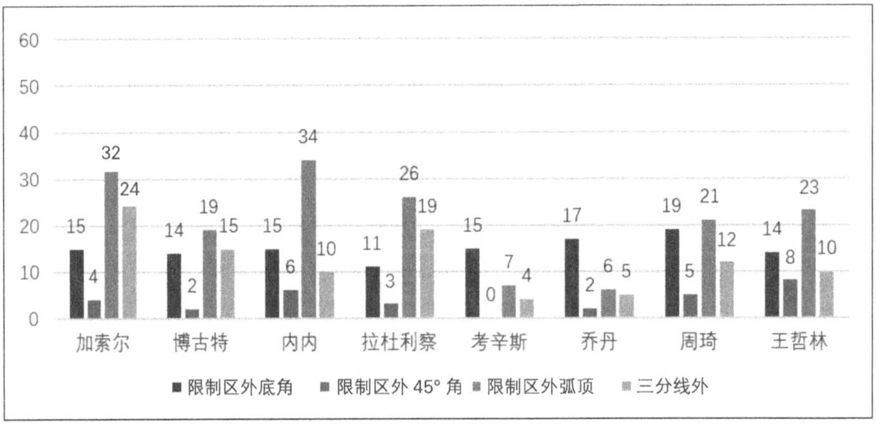

图 2-17 中锋队员向空区移动的区域分布

通过分析数据统计可知，总体上中国队中锋与优秀中锋在向空区移动的区域分布上没有太大的差异。由于球员的特点各异，在向空区移动的区域上球员之间的差异较大；考辛斯和乔丹都是美国队中锋球员，他们之间的差异不大；中国队的两名中锋之间也没有明显差异，说明中锋队员向空区移动的区域分布与球队的进攻战术有很大关系。

（4）向空区移动的效果。

由表2-38可知，总体上优秀中锋队员向空区移动直接形成得分或助攻只占17.0%，其他情况占到了83.0%。

表 2-38　优秀中锋队员向空区移动效果的数据统计

姓名	得分、助攻	百分比	其他	百分比	总计
加索尔	14	18.7%	61	81.3%	75
博古特	13	26.0%	37	74.0%	50
内内	10	15.4%	55	84.6%	65
拉杜利察	8	13.6%	51	86.4%	59
考辛斯	4	15.4%	22	84.6%	26
乔丹	3	10.0%	27	90.0%	30
总计	52	17.0%	253	83.0%	305

从表2-39可见，中国队中锋队员向空区移动直接形成得分或助攻占13.4%，其他占86.6%，但周琦的移动效果要强于王哲林，这是由于周琦在外线有较强的投篮能力。

表 2-39　中国队中锋队员向空区移动效果的数据统计

姓名	得分、助攻	百分比	其他	百分比	总计
周琦	12	21.1%	45	78.9%	57
王哲林	3	5.5%	52	94.5%	55
总计	15	13.4%	97	86.6%	112

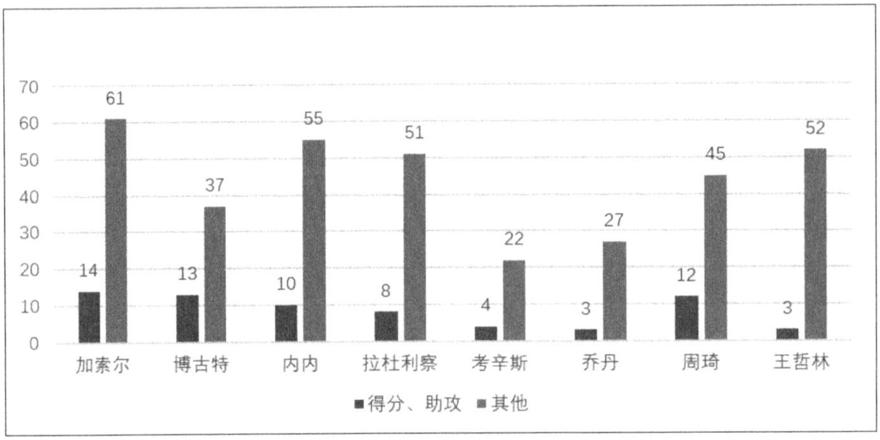

图 2-18 中锋队员向空区移动效果的数据统计

通过分析以上数据可知，中锋队员向空区移动直接得分及助攻的比例不高，这是因为中锋队员在战术体系中向空区移动主要是为牵制防守，为持球队员的突破创造空间，或者在空区接球后进行策应，中锋队员的身高优势能有效地将球传到最佳进攻位置的队友手中。

综上所述，中锋队员向空区移动主要通过小范围的观察移动，移动区域主要在限制区外底角区域和限制区外弧顶区域。在限制区的底角区域移动，一方面可以为队友突破创造空间，另一方面持球队员突破压缩防守后又为中锋队员创造进攻的机会；在限制区外弧顶区域接到球后都会合理地选择投篮、突破或传球。球员个人技术特点不同，向空区的移动方式和区域也不同，各队的战术体系也是影响球员向空区移动的重要因素。

三、结论与建议

（一）结论

（1）中外优秀中锋队员的无球移动技术运用特征明显，以向篮移动为主，向球移动次之，向空区移动又次之，向人移动最少。

（2）中外优秀中锋队员向人移动的掩护区域以三分线内的弧顶和三分线内45°角为主，中国队中锋球员的掩护质量不如国外几名优秀中锋队员。

（3）中外优秀中锋队员抢篮板特征明显，主要通过卡位的方式拼抢进攻篮板球，但中国队中锋球员拼抢篮板的积极性和成功率较低。切入方面以纵切为主、斜切次之、横切最少，切入的发起区域以弧顶为主，超过总数的一半；两侧45°角次之，底角最少。世界优秀中锋队员切入篮下的成功率较高，中国队中锋队员成功率较低，一方面是球员之间的配合不够默契，另一方面是切入的时机掌握不好。中锋队员篮下卡位的区域主要是两侧45°角，其次是限制区内，再其次是底角，弧顶区域不是主要的卡位位置，中国队中锋队员在篮下进攻能力上与世界优秀中锋队员有明显的差距。

（4）中外优秀中锋队员向球移动主要以掩护为主，接应次之；掩护区域主要是三分线外弧顶，三分线外45°角次之，其他区域较少；移动方式主要是反跑、提上或直接要球和接应，这个阶段一般为战术的发起或过渡阶段，是为下一步战术的顺利实施做准备。

（5）中外中锋队员向空区移动，在移动方式上主要以小范围的移动为主；主要的移动区域在限制区底角附近和限制区的弧顶位置，球员的自身特点和球队战术的差异是影响向空区移动的主要因素。

（二）建议

（1）无球移动技术的运用是球队技战术的体现，是战术实施的关键，体现了球员个人的战术配合意识，由于条件限制，有必要在本专题的基础上结合各球队的进攻战术做深一步的研究。

（2）本专题仅对中锋无球移动做了基础性的研究，在一些无球移动技术的具体运用上没有做深入透彻的分析，对此可以参考其他的研究文献或者对本专题做进一步的深层次剖析。

专题三

内线队员进攻“位置模糊”的特征

随着运动员的身体素质和技术水平不断提高，内线队员的身高不再是绝对的优势，传统的打法已不能适应现代篮球快速的攻守转换方式。传统的内线队员在近篮区域接到球后容易遭到包夹，不能形成有效的进攻，而远离篮筐投篮能力差没有进攻威胁。例如，美国队的钱德勒在美职篮赛场上如鱼得水，但在奥运会的赛场上的表现却不尽如人意。技术全面的内线队员，有出色的投篮能力，能在远离篮筐的区域给对手造成进攻威胁，不受进攻区域的限制，进攻中的位置出现“模糊”。例如，西班牙的加索尔脚步灵活，在保证内线单打能力的基础上，还有一定的中、远距离投篮和策应传球能力，在外线接球时能突破能投篮，能吸引防守，将对手的防线扩大，给队友创造到篮下进攻的机会，还能参与到快攻中，丰富球队的进攻手段。

内线队员进攻“位置模糊”能为教练员提供更多的战术选择，能为球队创造更多的得分方式，能在比赛决胜时刻扮演终结者角色。本专题在“位置模糊”理论研究和对比赛数据进行统计的基础上，分析归纳当代世界男篮优秀内线队员进攻“位置模糊”的特征，为我国男篮内线队员在比赛中改变传统位置打法，全面掌握进攻技术，灵活运用战术提供理论和实践参考。

一、主要研究方法

（一）问卷调查法

通过大量查阅文献资料，咨询相关专家教授，针对选题所涉及的“位置模糊”概念、具有代表性的内线队员、反映进攻能力的得分方式、传接球方式、基础配合方式等统计指标，设计专家问卷，以此来确定调查对象和统计指标。并通过三轮专家问卷，逐步筛选并最后确定了内线队员进攻“位置模糊”特征的统计指标体系。

（二）录像观察法

根据确定的调查对象和统计指标体系，对第30届奥运会男篮相关比赛进行反复观看，采集数据。调查对象及统计的比赛场次如表3-1所示。

统计录像的方法，采取正常速度、慢放暂停和倒退等各种方式，对比赛录像反复观察。本专题将内线队员进攻中的活动区域划分为近、中、远三个区域。近区为限制区，中区为限制区和三分线之间的区域，远区为三分线外的球场区域。对球员在近、中、远三个区域的投篮、传球、接球、基础配合等进攻能力技术指标进行统计分析。

表 3-1　11 名内线队员比赛场次统计

姓名	国籍	比赛对手
钱德勒	美国	西班牙（决赛）、阿根廷（半决赛）、澳大利亚（四分之一决赛）、法国（小组赛）
乐福	美国	西班牙（决赛）、阿根廷（半决赛）、澳大利亚（四分之一决赛）、法国（小组赛）
P.加索尔	西班牙	美国（决赛）、俄罗斯（半决赛）、法国（四分之一决赛）、巴西（小组赛）
M.加索尔	西班牙	美国（决赛）、俄罗斯（半决赛）、法国（四分之一决赛）、巴西（小组赛）
考恩	俄罗斯	阿根廷（三、四名决赛）、西班牙（半决赛）、立陶宛（四分之一决赛）、巴西（小组赛）
莫兹戈夫	俄罗斯	阿根廷（三、四名决赛）、西班牙（半决赛）、立陶宛（四分之一决赛）、巴西（小组赛）
斯科拉	阿根廷	俄罗斯（三、四名决赛）、美国（半决赛）、巴西（四分之一决赛）、法国（小组赛）
斯普利特	巴西	阿根廷（四分之一决赛）、西班牙（小组赛）、俄罗斯（小组赛）、澳大利亚（小组赛）
迪奥	法国	西班牙（四分之一决赛）、阿根廷（小组赛）、美国（小组赛）、立陶宛（小组赛）
安德森	澳大利亚	美国（四分之一决赛）、西班牙（小组赛）、俄罗斯（小组赛）、巴西（小组赛）
瓦兰丘纳斯	立陶宛	俄罗斯（四分之一决赛）、美国（小组赛）、阿根廷（小组赛）、法国（小组赛）

（三）数理统计法

运用Excel软件对队员在三个不同区域的投篮次数、传接球次数、基础配合次数等进攻能力技术统计指标进行求和处理，算出各区域的统计指标所占的百分比，比较不同队员、不同区域之间百分比的高低，以此得出相关结论。

（四）逻辑分析法

采用归纳、演绎、对比和综合分析等逻辑方法对采集的数据进行分析，归纳总结出世界男篮优秀内线队员进攻“位置模糊”的特征。

二、研究结果与讨论

（一）内线队员进攻“位置模糊”等相关概念的界定

1.“位置模糊”概念的界定

“位置”指人或事物所占据的地方或所处的地位。“模糊”亦作“模胡”，意思是不分明或不清楚。在篮球运动中，“位置模糊”主要是指球员在球场上打破传统的位置意识、技术与职责，运用一些其他位置球员的技术，具备不同位置的攻守能力。

2.“内线队员”概念的界定

本专题的“内线队员”指中锋和大前锋。

3. 其他技术统计指标概念的界定

（1）近区：限制区。

（2）中区：限制区和三分线之间的区域。

（3）远区：三分线以外的球场区域。

（4）移动抢位接球：内线队员在进攻中通过快速移动并在移动中接球。

（5）固定抢位接球：内线队员在进攻中站位于固定地点抢位要球，要球过程中离开自己固定位置不超过两步。

（6）空位接球：内线队员在进攻中接到球时防守队员在离自己两步距

离之外。

（二）内线队员进攻技战术与进攻“位置模糊”的相关分析

1. 投篮

（1）投篮区域。

从总体上看，由表3-2和图3-1可知，第30届奥运会男篮比赛11名内线队员的投篮总次数是361次，其中近区投篮239次，中区投篮77次，远区投篮45次，分别占投篮总次数的66.2%、21.3%、12.5%。近区投篮最多，中区投篮次之，远区投篮较少。说明内线队员的投篮不再集中于离篮筐较近的近篮区域，在近距离投篮的基础上，有了一定的中、远距离投篮能力，能像其他位置球员一样在远区投篮，投篮区域扩大，具有进攻“位置模糊”的特征。

表3-2　11名内线队员近、中、远区投篮情况统计

姓名	总数	近区	比例	中区	比例	远区	比例
钱德勒	13	13	100.0%	0	0.0%	0	0.0%
乐福	26	17	65.4%	1	3.8%	8	30.8%
P.加索尔	47	27	57.4%	11	23.4%	9	19.1%
M.加索尔	38	27	71.1%	9	23.7%	2	5.3%
考恩	20	20	100.0%	0	0.0%	0	0.0%
莫兹戈夫	28	21	75.0%	7	25.0%	0	0.0%
斯科拉	52	30	57.7%	22	42.3%	0	0.0%
斯普利特	34	32	94.1%	2	5.9%	0	0.0%

续表

姓名	总数	近区	比例	中区	比例	远区	比例
迪奥	35	18	51.4%	6	17.1%	11	31.4%
安德森	53	20	37.7%	18	34.0%	15	28.3%
瓦兰丘纳斯	15	14	93.3%	1	6.7%	0	0.0%
总数	361	239	66.2%	77	21.3%	45	12.5%

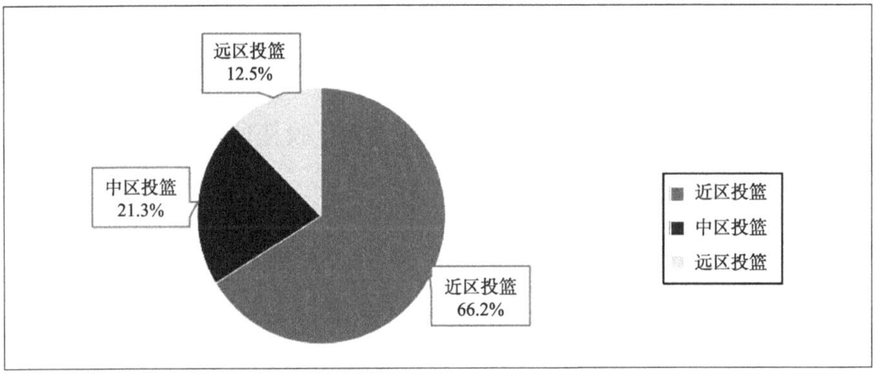

图 3-1　11 名内线队员近、中、远区投篮总体情况

从个体上看，由表3-2和图3-2可知，钱德勒和考恩的投篮全部集中在近区，没有中、远区投篮；莫兹戈夫、斯科拉、斯普利特、瓦兰丘纳斯这四名队员的投篮以近区和中区为主，没有远区投篮，其中斯普利特和瓦兰丘纳斯的近区投篮比例高于90%；乐福、P.加索尔、M.加索尔、迪奥、安德森这五名队员在近区投篮为主的基础上，有了远区投篮，其中乐福、迪奥的远区投篮多于中区投篮，P.加索尔、M.加索尔、安德森的中区投篮多于远区；说明不同内线队员不同区域的投篮次数不同，各区域的投篮比例也不相同。

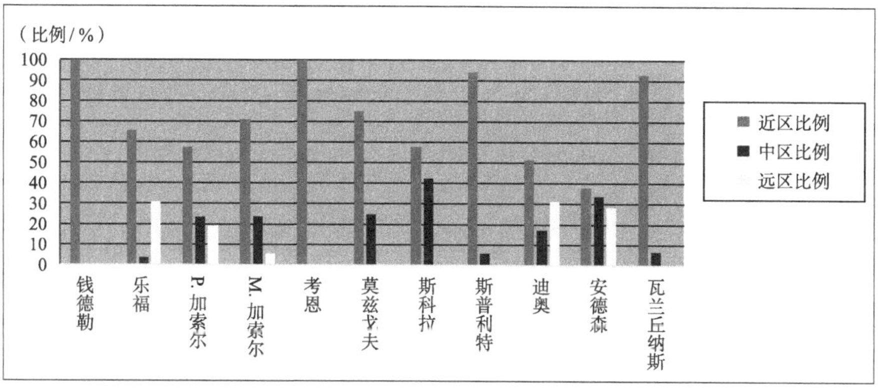

图3-2 11名内线队员近、中、远区投篮个体情况

总体上看，第30届奥运会男篮比赛的11名内线队员以近区投篮为主，中区投篮次之、远区投篮较少，在近区投篮为主的基础上有了中、远区投篮。从个体上看，不同内线队员在近、中、远区的投篮次数各不相同，各区域的投篮比例不同，有的队员投篮全在近区，有的队员投篮在近区和中区，有的队员近、中、远区都有投篮，远区投篮只在一部分队员身上体现。说明第30届奥运会男篮比赛中，一部分内线队员的投篮不受区域限制，能像其他位置球员那样到远区进行投篮，具有进攻“位置模糊”的特征。

（2）投篮方式。

由表3–3和图3–3可知，从总体上看，11名内线队员的投篮总次数是361次，其中跳投158次、勾手投篮108次、低手投篮34次、扣篮35次、补篮25次，分别占投篮总次数的43.8%、30.2%、9.4%、9.7%、6.9%，说明内线队员的投篮方式比较全面，主要以跳投和勾手为主，跳投稍多，低手投篮、扣篮、补篮相差不大；跳投成为内线队员的主要投篮方式，为到远离篮下区域进攻打下基础。

表 3-3 11 名内线队员的投篮方式情况

姓名	总数	跳投	比例	勾手	比例	低手	比例	扣篮	比例	补篮	比例
钱德勒	13	0	0.0%	3	23.1%	0	0.0%	5	38.5%	5	38.5%
乐福	26	16	61.5%	4	15.4%	0	0.0%	4	15.4%	2	7.7%
P.加索尔	47	26	55.3%	9	19.1%	3	6.4%	6	12.8%	3	6.4%
M.加索尔	38	24	63.2%	11	28.9%	1	2.6%	2	5.3%	0	0.0%
考恩	20	0	0.0%	13	65.0%	0	0.0%	7	35.0%	0	0.0%
莫兹戈夫	28	8	28.6%	10	35.7%	1	3.6%	7	25.0%	2	7.1%
斯科拉	52	26	50.0%	15	28.8%	11	21.2%	0	0.0%	1	0.0%
斯普利特	34	0	0.0%	20	58.8%	6	17.6%	2	5.9%	6	17.6%
迪奥	35	19	54.3%	9	25.7%	7	20.0%	0	0.0%	0	0.0%
安德森	53	34	64.2%	8	15.1%	4	7.5%	1	1.9%	6	11.3%
瓦兰丘纳斯	15	5	33.3%	7	46.7%	1	6.7%	1	6.7%	1	6.7%
总数	361	158	43.8%	109	30.2%	34	9.4%	35	9.7%	25	6.9%

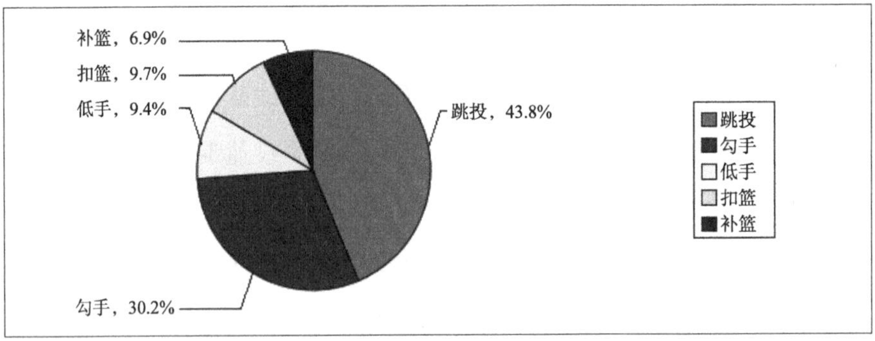

图 3-3 11 名内线队员投篮方式总体情况

由表3–3和图3–4可知，从个体上看，钱德勒、考恩和斯普利特这三名队员主要是勾手，没有跳投；其他队员有跳投，其中乐福、P.加索尔、M.加索尔、斯科拉、迪奥、安德森这六名队员的跳投多于勾手，莫兹戈夫、瓦兰丘纳斯的勾手多于跳投；说明内线队员在投篮方式上存在异同，有的队员较为全面，有的队员比较单一。

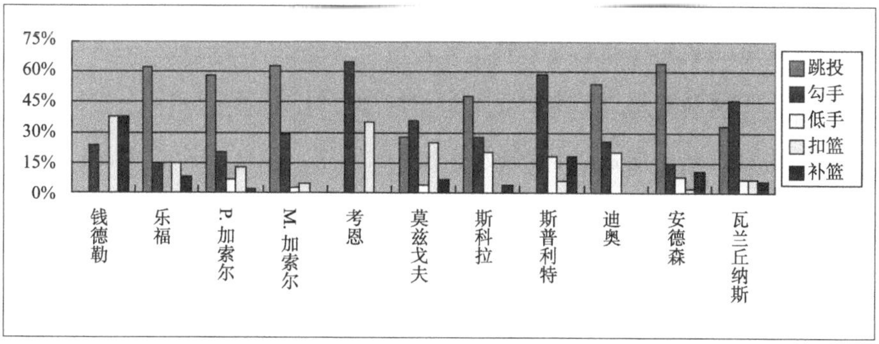

图3–4　11名内线队员投篮方式个体情况

在内线队员的投篮方式方面，总体上看，内线队员以跳投和勾手为主要投篮方式，跳投为内线队员远距离投篮打下了基础。个体上看，内线队员的投篮方式存在不同，有的队员没有跳投，有的队员跳投多于勾手，有的队员勾手多于跳投，具有跳投能力的队员才能到远离篮下的区域投篮。说明内线队员投篮方式的运用不同，对投篮方式的掌握程度不一，跳投是到远离篮下区域投篮的前提，具有跳投能力是内线队员出现“位置模糊”的前提。

（3）投篮命中率。

由表3–4可知，从总体上看，11名内线队员近区投篮命中率为57%、中区投篮命中率为35%、远区投篮命中率为27%、罚球命中率为60%，近、中、远区的投篮命中率依次降低，罚球命中率只有六成。说明内线队员在自己固有位置的投篮命中率较高，远离篮下的投篮命中率较低，出现了远区投篮，但是远区投篮命中率较低，与其他位置球员差距较大。虽然内线队员表现出了其他位置球员那样的远投能力，但是总体的投篮能力弱于其他位置的球员。从个体上看，P.加索尔的近距离投篮命中率和罚球命中率都高于70%，斯科拉和莫兹戈夫的中距离投篮命中率高于40%，考恩、钱德勒、迪奥的罚球命中率低于35%，考恩和钱德勒没有中区和远区的投篮，安德森的近区、中区、远区的投篮命中率都在30%左右，相差不大。说明11名队员的各区域投篮命中率不同，个体上存在差异，少部分队员出现了远区投篮，但是命中率较低。

表3-4　11名内线队员投篮命中率情况

姓名	近区命中率	中区命中率	远区命中率	罚球命中率
P.加索尔	78%	27%	22%	78%
M.加索尔	67%	33%	50%	81%
斯科拉	47%	45%	—	53%
莫兹戈夫	57%	57%	—	64%
考恩	60%	—	—	13%
斯普利特	41%	0%	—	40%
钱德勒	69%	—	—	33%
瓦兰丘纳斯	57%	0%	—	50%
迪奥	67%	17%	27%	33%

续表

姓名	近区命中率	中区命中率	远区命中率	罚球命中率
安德森	30%	33%	33%	75%
乐福	71%	0%	13%	69%
平均数	57%	35%	27%	60%

一部分内线队员具有了一定远区投篮能力，但是命中率较低，还不足以给对手造成较大的威胁。中距离投篮和罚球的命中率较低，个别球员稍高一些，说明内线队员除了近距离的投篮命中率较高，其他区域的投篮命中率相对于其他位置的球员比较差，提高投篮的命中率才能为“位置模糊”提供可能。

（4）小结。

综上所述，从总体和个体两个方面对11名内线队员的投篮区域、投篮方式、投篮命中率进行了分析，第30届奥运会男篮比赛的内线队员在近距离和中距离投篮的基础上，有了一定的远距离投篮能力，投篮区域扩大，投篮方式比较全面，跳投和勾手成为主要的投篮方式，还能利用一些低手、补篮等其他投篮方式，近区的投篮命中率较高，这与自身的位置技术有关，中距离投篮命中率较低，远区投篮命中率较低，不同队员的投篮区域、方式、命中率不同，只有个别队员比较全面，有一定的远区投篮能力，运用跳投比较多，能体现出“位置模糊”的特征，在跳投能力和命中率上与其他位置的球员存在一定的差距，对其他位置技术掌握不够娴熟。

2. 得分方式

由表3-5和图3-5可知，从总体上看，11名内线队员的总得分是453分，其中近距离投篮230分，中距离投篮54分，远距离投篮36分，罚球

81分，突破上篮22分，快攻30分，分别占总得分的50.8%、11.9%、7.9%、17.9%、4.9%、6.6%；近距离投篮得分较多，罚球得分次之，远距离投篮、突破上篮、快攻次数较少。说明内线队员以近距离投篮为主要得分方式，罚球成为内线队员的第二得分方式，有了三分远投、突破上篮、快攻得分方式；内线队员有了像前锋那样突破、远投、参与快攻的能力，能胜任两个位置，体现出了“位置模糊”的特征。

表 3–5　11 名内线队员得分方式情况

姓名	总得分	近距离投篮	比例	中距离投篮	比例	远距离投篮	比例	罚球	比例	突破上篮	比例	快攻	比例
钱德勒	20	18	90.0%	0	0.0%	0	0.0%	2	10.0%	0	0.0%	0	0.0%
乐福	42	24	57.1%	0	0.0%	3	7.1%	11	26.2%	0	0.0%	4	9.5%
P.加索尔	75	32	42.7%	6	8.0%	6	8.0%	21	28.0%	4	5.3%	6	8.0%
M.加索尔	62	34	54.8%	6	9.7%	3	4.8%	17	27.4%	0	0.0%	2	3.2%
考恩	25	22	88.0%	0	0.0%	0	0.0%	1	4.0%	0	0.0%	2	8.0%
莫兹戈夫	39	22	56.4%	8	20.5%	0	0.0%	7	17.9%	0	0.0%	2	5.1%
斯科拉	59	24	40.7%	20	33.9%	0	0.0%	9	15.3%	4	6.8%	2	3.4%
斯普利特	32	14	43.8%	0	0.0%	0	0.0%	6	18.8%	2	6.3%	10	31.3%
迪奥	36	12	33.3%	2	5.6%	9	25.0%	1	2.8%	12	33.3%	0	0.0%
安德森	42	10	23.8%	12	28.6%	15	35.7%	3	7.1%	0	0.0%	2	4.8%
瓦兰丘纳斯	21	18	85.7%	0	0.0%	0	0.0%	3	14.3%	0	0.0%	0	0.0%
总数	453	230	50.8%	54	11.9%	36	7.9%	81	17.9%	22	4.9%	30	6.6%

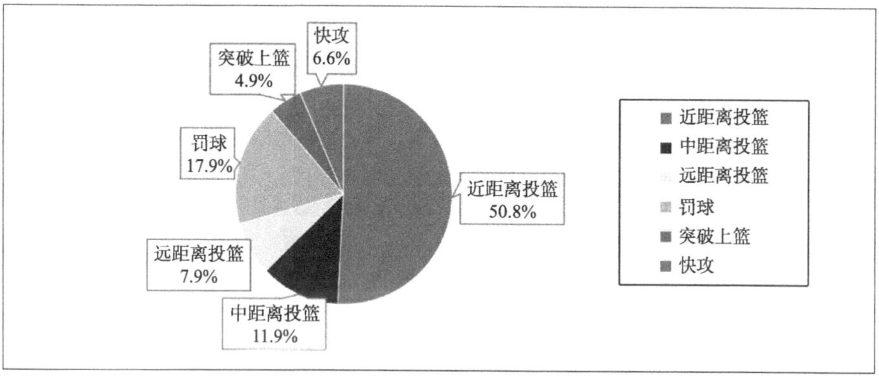

图 3-5　11 名内线队员得分方式总体情况

由表3-5和图3-6可知，从个体上看，钱德勒、考恩、斯普利特、瓦兰丘纳斯这四名队员主要是近距离投篮得分，没有中、远距离投篮得分，得分集中于近区，得分方式比较单一，不具有打破传统位置打法的可能；迪奥、安德森、乐福、P.加索尔、M.加索尔这五名队员具有远距离得分能力，其中乐福、P.加索尔、M.加索尔这三名队员以近距离投篮得分为主；莫兹戈夫和斯科拉具有中距离投篮能力，其中斯科拉的中距离投篮得分比例较高；说明内线队员的得分方式存在不同，有的队员得分方式单一，主要是近距离投篮得分，有的队员得分方式较全面，在以近距离投篮得分为基础的前提下，有了中距离、远距离投篮得分，个别还有了快攻和突破上篮得分。

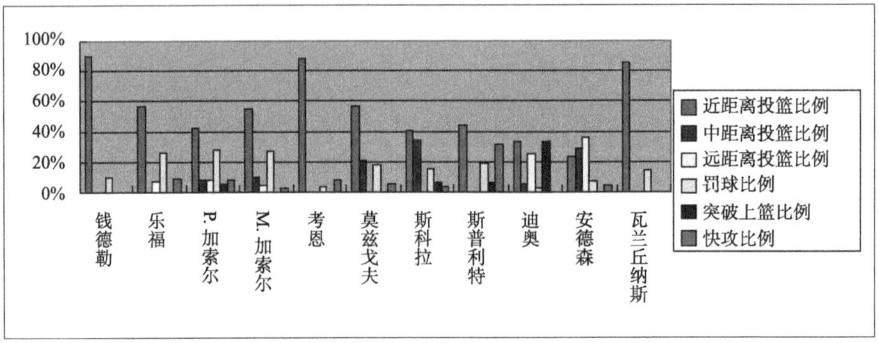

图 3-6 11 名内线队员得分方式个体情况

在内线队员的得分方式方面，总体上看，内线队员主要以近距离投篮为主，罚球成为第二得分方式，中、远距离投篮所占比例较大，有了快攻和突破上篮得分，得分方式较全面，为“位置模糊”提供了可能。个体上看，内线队员的得分方式有所不同，各种得分方式的比例不同，有的队员得分方式多，技术全面，有的队员得分方式少，技术单一。说明“位置模糊”的特征只在个别技术比较全面的队员身上有所体现。

3. 接球

（1）接球区域。

由表3-6和图3-7可知，从总体上看，11名内线队员的总接球次数是866次，其中近区接球201次，中区接球366次，远区接球299次，分别占接球总数的23.2%、42.3%、34.5%，中区接球次数最多，远区次之，近区较少。说明内线队员在进攻中不再集中于近区接球，更多地远离篮下到中、远区接球活动，接球区域扩大，进攻区域扩大。

表 3-6　11 名内线队员近、中、远区接球情况

姓名	总数	近区	比例	中区	比例	远区	比例
钱德勒	11	8	72.7%	2	18.2%	1	9.1%
乐福	39	13	33.3%	9	23.1%	17	43.6%
P.加索尔	123	20	16.3%	59	48.0%	44	35.8%
M.加索尔	106	31	29.2%	56	52.8%	19	17.9%
考恩	47	25	53.2%	12	25.5%	10	21.3%
莫兹戈夫	60	25	41.7%	22	36.7%	13	21.7%
斯科拉	121	28	23.1%	74	61.2%	19	15.7%
斯普利特	75	19	25.3%	40	53.3%	16	21.3%
迪奥	137	8	5.8%	53	38.7%	76	55.5%
安德森	118	9	7.6%	37	31.4%	72	61.0%
瓦兰丘纳斯	29	15	51.7%	2	6.9%	12	41.4%
总数	866	201	23.2%	366	42.3%	299	34.5%

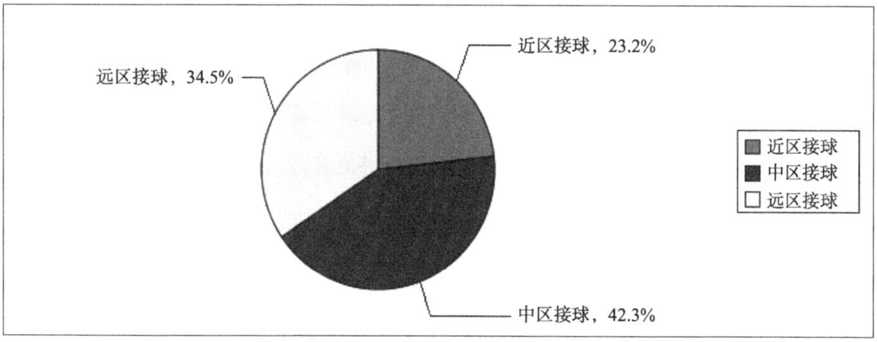

图 3-7　11 名内线队员近、中、远区接球总体情况

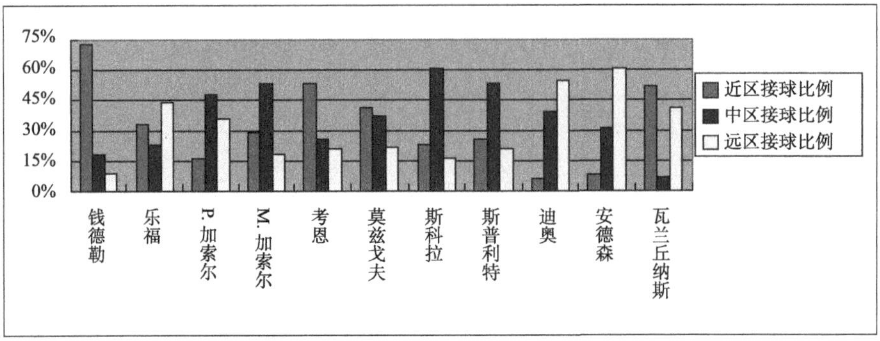

图 3-8　11 名内线队员近、中、远区接球个体情况

由表3-6和图3-8可知，从个体上看，钱德勒、考恩、莫兹戈夫、瓦兰丘纳斯这四名队员的近区接球较多，其中瓦兰丘纳斯的远区接球多于中区，剩下的三名队员中区接球多于远区；乐福、迪奥、安德森这三名队员的远区接球较多，其中乐福的近区接球多于中区，迪奥和安德森的中区接球多于近区；P.加索尔、M.加索尔、斯科拉、斯普利特这四名队员的中区接球较多，其中P.加索尔的远区接球多于近区接球，剩下的三名队员近区接球多于远区；说明内线队员在不同区域的接球次数不同，不同区域接球的比例大体分为三种情况，近区为主、中区为主、远区为主。

在内线队员的接球区域方面，总体上看，内线队员中区接球最多，远区次之，近区较少，中、远区接球大约占到接球总数的四分之三，接球区域外围化。个体上看，不同内线队员在近、中、远区的接球比例不同。说明内线队员接球区域外围化，在进攻中不再局限于自己篮下的固定位置接球，可以向其他位置球员那样到中、远区接球活动，活动区域扩大，位置出现模糊，但仅局限于一部分队员身上。

（2）接球方式。

由表3-7和图3-9可知，从总体上看，11名内线队员的总接球次数是

866次，其中背筐接球436次，面筐接球430次，分别占总次数的50.3%、49.7%，背筐接球和面筐接球次数相差不大。说明内线队员面筐接球的次数增加，不再是仅用身体挤靠住对手后的背筐接球，而是可以像其他位置球员那样在移动中面对篮筐接球。

表 3–7　11 名内线队员背筐和面筐接球情况

姓名	总数	背筐	比例	面筐	比例
钱德勒	11	2	18.2%	9	81.8%
乐福	39	12	30.8%	27	69.2%
P.加索尔	123	67	54.5%	56	45.5%
M.加索尔	106	55	51.9%	51	48.1%
考恩	47	30	63.8%	17	36.2%
莫兹戈夫	60	28	46.7%	32	53.3%
斯科拉	121	65	53.7%	56	46.3%
斯普利特	75	43	57.3%	32	42.7%
迪奥	137	60	43.8%	77	56.2%
安德森	118	57	48.3%	61	51.7%
瓦兰丘纳斯	29	17	58.6%	12	41.4%
总数	866	436	50.3%	430	49.7%

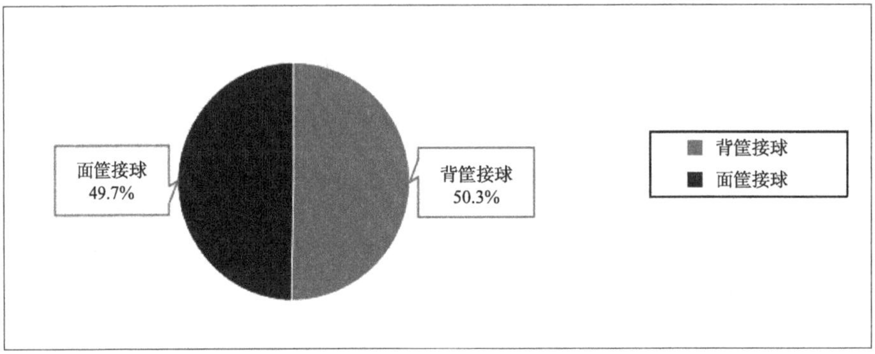

图 3-9 11 名内线队员背筐和面筐接球总体情况

由表3-7和图3-10可知，从个体上看，钱德勒、乐福、莫兹戈夫、迪奥、安德森这五名队员的面筐接球多于背筐接球，其中钱德勒和乐福的面筐与背筐比例相差较大；P.加索尔、M.加索尔、考恩、斯科拉、斯普利特、瓦兰丘纳斯的背筐接球多于面筐接球，其中考恩和瓦兰丘纳斯的比例相差较大。说明不同内线队员背筐和面筐接球在总接球次数中所占的比例不同，分为面筐多于背筐和背筐多于面筐两种情况。

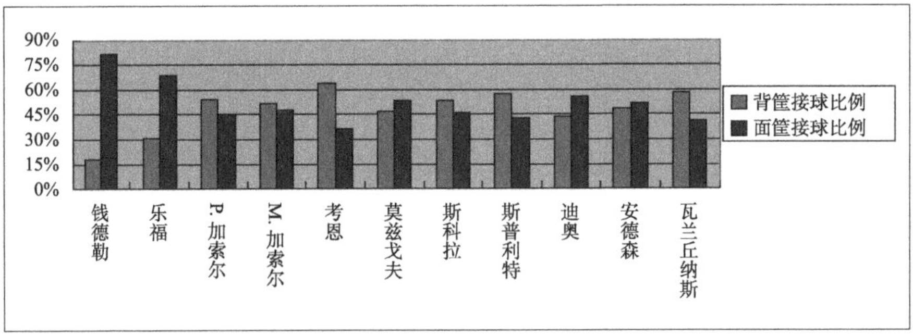

图 3-10 11 名内线队员背筐和面筐接球个体情况

在内线队员的背筐接球和面筐接球方面，总体上，背筐和面筐接球比例相当，不再是单纯地依靠身体抢位在近篮区域背筐接球，更多的是到远离篮下的区域面筐接球。个体上，不同内线队员的背筐接球和面筐接球比例不同，说明内线队员面筐接球的比例不断提高，背筐接球的次数不断减少，在进攻过程中更多的是离开自己的固定位置在移动中面筐接球。

由表3-8和图3-11可知，从总体上看，11名内线队员的接球总次数是866次，其中固定抢位接球163次，移动抢位接球535次，空位接球168次，分别占总次数的18.9%、61.8%、19.4%，移动抢位接球最多，固定抢位接球和空位接球相差不大。说明内线队员在比赛中以移动抢位接球为主，固定抢位接球和空位接球较少。

表3-8　11名内线队员固定抢位、移动抢位、空位接球情况

姓名	总数	固定抢位接球	比例	移动抢位接球	比例	空位接球	比例
钱德勒	11	1	9.1%	10	90.9%	0	0.0%
乐福	39	3	7.7%	23	59.0%	13	33.3%
P.加索尔	123	38	30.9%	62	50.4%	23	18.7%
M.加索尔	106	28	26.4%	67	63.2%	11	10.4%
考恩	47	4	8.5%	41	87.2%	2	4.3%
莫兹戈夫	60	10	16.7%	35	58.3%	15	25.0%
斯科拉	121	24	19.8%	77	63.6%	20	16.5%
斯普利特	75	22	29.3%	41	54.7%	12	16.0%
迪奥	137	19	13.9%	72	52.6%	46	33.6%

续表

姓名	总数	固定抢位接球	比例	移动抢位接球	比例	空位接球	比例
安德森	118	11	9.3%	82	69.5%	25	21.2%
瓦兰丘纳斯	29	3	10.3%	25	86.2%	1	3.4%
总数	866	163	18.9%	535	61.8%	168	19.4%

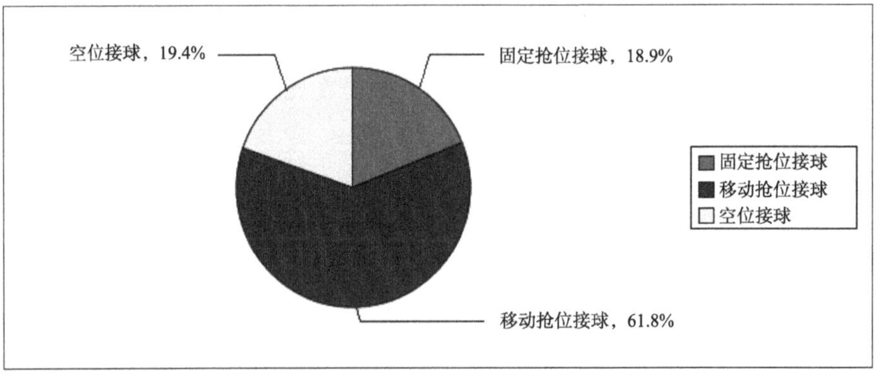

图 3-11 11 名内线队员固定抢位、移动抢位、空位接球总体情况

由表3-8和图3-12可知，从个体上看，钱德勒、考恩、瓦兰丘纳斯这三名队员的移动抢位接球比例高于80%，固定抢位接球和空位接球较少；乐福、莫兹戈夫、迪奥、安德森这四名队员的空位接球比固定抢位接球多；P.加索尔、M.加索尔、斯科拉这三名队员的固定抢位接球比空位接球多。说明内线队员在进攻过程中更多的是以移动抢位接球为主，固定抢位接球和空位接球所占的比例高低有所不同。

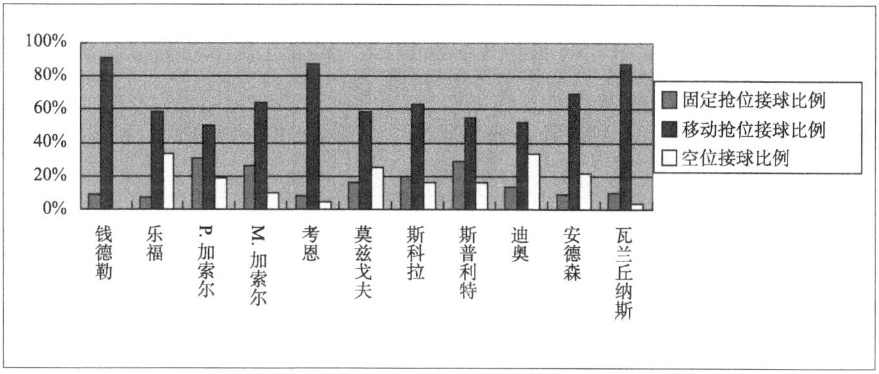

图 3-12 11 名内线队员固定抢位、移动抢位、空位接球个体情况

在内线队员的固定抢位接球、移动抢位接球和空位接球方面，总体上看，内线队员移动抢位接球最多，固定抢位接球和空位接球相差不大。个体上看，内线队员移动抢位接球最多，不同内线队员固定抢位接球和空位接球比例不同，说明在现代篮球比赛中，内线队员依靠身体优势挤住对手固定抢位接球不再容易，更多的是像其他位置球员那样在移动的过程中抢位接球，体现出了“位置模糊”的特征。

（3）小结。

综上所述，从总体和个体两个方面对11名内线队员的接球区域和接球方式进行了分析，内线队员的接球区域扩大，在进攻的过程中更多地离开自己篮下固定位置到中、远区接球与队友进行配合；接球方式以面筐居多，背筐接球较少，移动抢位接球占多数，固定抢位接球较少，空位接球的机会只出现在远离篮下的区域，与传统的在近篮区域固定抢位背筐接球相差较大。接球方式、接球区域与自己的位置技术出现转变，出现了其他位置球员的一些接球技术，位置出现“模糊”，不同内线队员的接球区域和接球方式有所不同，“位置模糊”只在个别队员的身上体现。

4. 传球

（1）传球区域。

由表3-9和图3-13可知，从总体看，11名内线队员的传球总次数是465次，其中近区传球52次，中区传球183次，远区传球230次，分别占总次数的11.2%、39.4%、49.5%，远区传球次数最多，中区次之，近区较少。说明内线队员在进攻过程中，能离开篮下区域到中、远区进行传接球，进攻时不再集中在篮下区域，传球区域扩大，可以到远离篮下的区域与队友进行传接球。

表3-9　11名内线队员近、中、远区传球情况

姓名	总数	近区	比例	中区	比例	远区	比例
钱德勒	4	1	25.0%	2	50.0%	1	25.0%
乐福	19	1	5.3%	9	47.4%	9	47.4%
P.加索尔	64	8	12.5%	28	43.8%	28	43.8%
M.加索尔	56	5	8.9%	32	57.1%	19	33.9%
考恩	26	5	19.2%	7	26.9%	14	53.8%
莫兹戈夫	30	2	6.7%	12	40.0%	16	53.3%
斯科拉	58	15	25.9%	26	44.8%	17	29.3%
斯普利特	34	4	11.8%	20	58.8%	10	29.4%
迪奥	95	10	10.5%	34	35.8%	51	53.7%
安德森	66	1	1.5%	12	18.2%	53	80.3%
瓦兰丘纳斯	13	0	0.0%	1	7.7%	12	92.3%
总数	465	52	11.2%	183	39.4%	230	49.5%

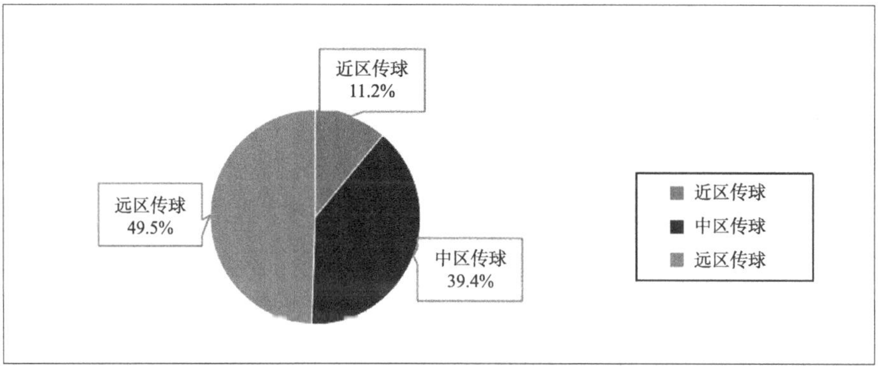

图 3-13　11 名内线队员近、中、远区传球总体情况

由表3-9和图3-14可知，从个体上看，钱德勒、M.加索尔、斯科拉、斯普利特这四名队员的中区传球次数最多，远区次之，近区最少；考恩、莫兹戈夫、迪奥、安德森、瓦兰丘纳斯这五名队员的远区传球最多，中区传球次之，近区传球最少；乐福和P.加索尔的中区和远区传球次数相当，近区传球次数较少。说明不同内线队员在近、中、远区传球比例不同，有的以中区传球为主，有的以远区传球为主。

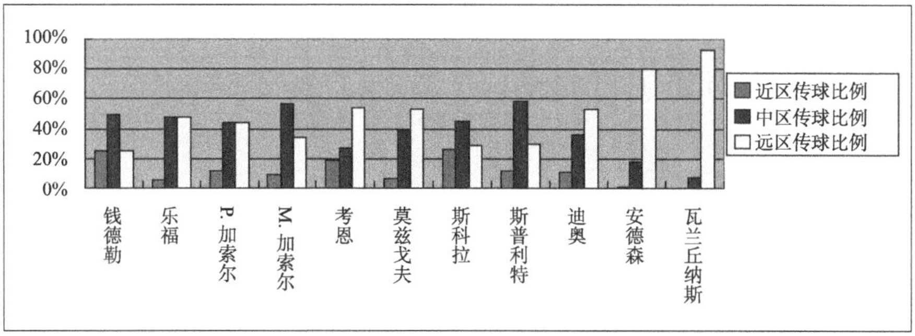

图 3-14　11 名内线队员近、中、远区传球个体情况

在内线队员的传球区域方面，总体上，内线队员远区传球最多，中区传球次之，近区传球较少。个体上，近区传球次数最少，中区和远区传球次数因人而异。说明内线队员在比赛中，可以离开篮下区域，到中、远区进行传接球，进攻时的活动区域扩大。

（2）传球方式。

由表3–10和图3–15可知，从总体上看，11名内线队员传球的总次数是465次，其中胸前传球171次，头上传球138次，体侧传球125次，击地传球31次，分别占总次数的36.8%、29.7%、26.9%、6.7%，胸前传球最多，头上传球次之，体侧传球又次之，击地传球较少。说明内线队员主要以胸前、头上、体侧传球为主，传球方式上与其他位置球员没有太大区别。

表 3–10　11 名内线队员传球方式情况

姓名	总数	胸前	比例	头上	比例	体侧	比例	击地	比例
钱德勒	4	4	100.0%	0	0.0%	0	0.0%	0	0.0%
乐福	19	4	21.1%	5	26.3%	9	47.4%	1	5.3%
P.加索尔	64	23	35.9%	16	25.0%	24	37.5%	1	1.6%
M.加索尔	56	13	23.2%	24	42.9%	9	16.1%	10	17.9%
考恩	26	16	61.5%	6	23.1%	3	11.5%	1	3.8%
莫兹戈夫	30	11	36.7%	4	13.3%	9	30.0%	6	20.0%
斯科拉	58	23	39.7%	19	32.8%	14	24.1%	2	3.4%
斯普利特	34	10	29.4%	9	26.5%	12	35.3%	3	8.8%
迪奥	95	35	36.8%	24	25.3%	30	31.6%	6	6.3%
安德森	66	25	37.9%	30	45.5%	10	15.2%	1	1.5%
瓦兰丘纳斯	13	7	53.8%	1	7.7%	5	38.5%	0	0.0%
总数	465	171	36.8%	138	29.7%	125	26.9%	31	6.7%

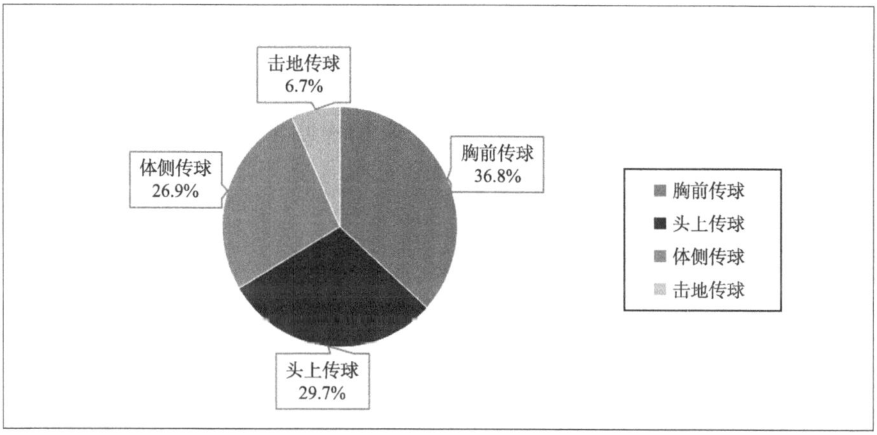

图 3-15　11 名内线队员传球方式总体情况

由表3-10和图3-16可知，从个体上看，钱德勒全是胸前传球，没有其他传球方式，瓦兰丘纳斯没有击地传球，剩下的队员传球方式较全面，但是各种传球方式的次数和所占的比例不同。说明内线队员的击地传球较少，胸前、头上、体侧传球是主要的传球方式，各种传球方式的比例不同。

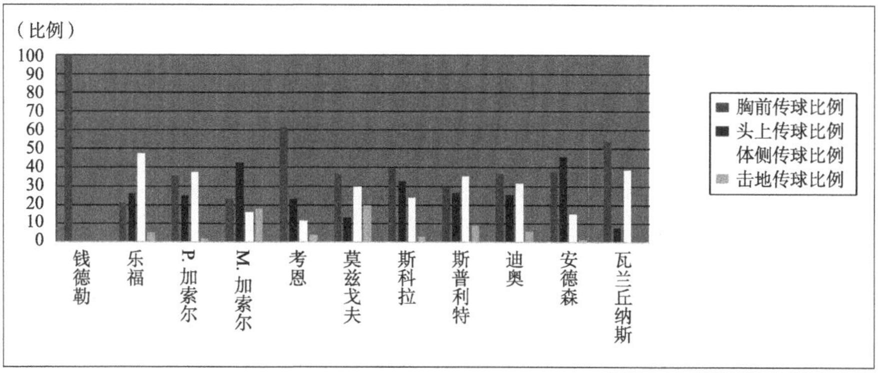

图 3-16　11 名内线队员传球方式个体情况

在内线队员的传球方式方面，总体上，内线队员以胸前、头上、体侧为主要传球方式，击地传球较少。个体上，不同内线队员胸前、头上、体侧传球比例不同，击地传球较少。说明内线队员的传球方式主要是胸前、头上、体侧传球，而击地传球较少，在近区接球后面对对手的包夹更多的是采用头上传球；在中区接球策应传球时，更多的是利用头上传球；在远区接球时，更多的是利用胸前和体侧传球；内线队员在传球方式上与其他位置的球员没有明显区别。

（3）小结。

综上所述，从总体和个体两个方面对11名内线队员的传球区域和传球方式进行了分析，内线队员的传球区域扩大，在进攻的过程中可以更多地离开自己篮下的固定位置到中、远区与队友进行配合，丰富球队进攻的技战术，给防守施加更大的压力，传球区域扩大。传球方式都是基本的传球方式，以胸前传球、头上传球、体侧传球为主，击地传球较少，传球方式没有变化。

5. 基础配合

（1）基础配合区域。

由表3–11和图3–17可知，从总体上看，11名队员的基础配合总次数是1126次，其中近区配合次数70次，中区配合次数729次，远区配合次数327次，分别占总次数的6.2%、64.7%、29.0%，中区最多，远区次之，近区非常少。说明内线队员在进攻过程中，不仅仅局限于近篮区域的固定位置，可以更多地到远离篮下区域与队友进行配合，增加了自己在进攻中的作用，进攻中的活动区域扩大。

表 3-11 11 名内线队员近、中、远区基础配合情况

姓名	总数	近区	比例	中区	比例	远区	比例
钱德勒	42	1	2.4%	31	73.8%	10	23.8%
乐福	68	1	1.5%	51	75.0%	16	23.5%
P.加索尔	126	13	10.3%	80	63.5%	33	26.2%
M.加索尔	103	4	3.9%	68	66.0%	31	30.1%
考恩	117	5	4.3%	86	73.5%	26	22.2%
莫兹戈夫	113	5	4.4%	68	60.2%	40	35.4%
斯科拉	162	15	9.3%	101	62.3%	46	28.4%
斯普利特	120	11	9.2%	77	64.2%	32	26.7%
迪奥	105	9	8.6%	68	64.8%	28	26.7%
安德森	111	5	4.5%	68	61.3%	38	34.2%
瓦兰丘纳斯	59	1	1.7%	31	52.5%	27	45.8%
总数	1126	70	6.2%	729	64.7%	327	29.0%

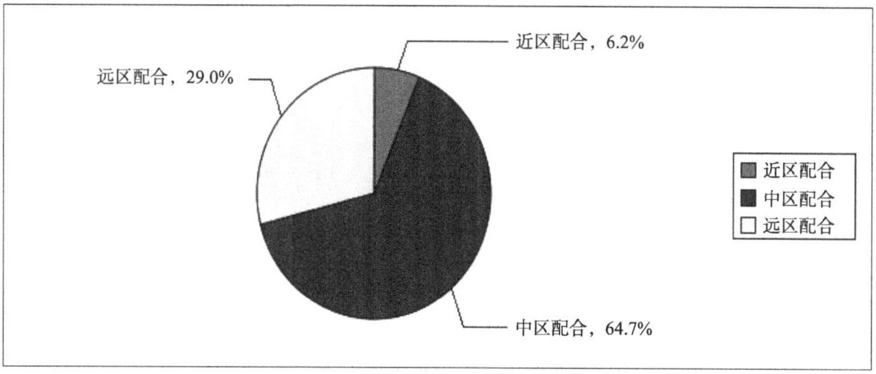

图 3-17 11 名内线队员近、中、远区基础配合总体情况

由表3-11和图3-18可知，从个体上看，瓦兰丘纳斯的中区配合比率低于60%，其他球员的比例都高于60%，所有内线队员的远区比例都高于20%，瓦兰丘纳斯、钱德勒和乐福的近区配合比例较低。说明内线队员的配合区域中区最多，远区次之，近区较少，不同内线队员近、中、远区配合比例不同。

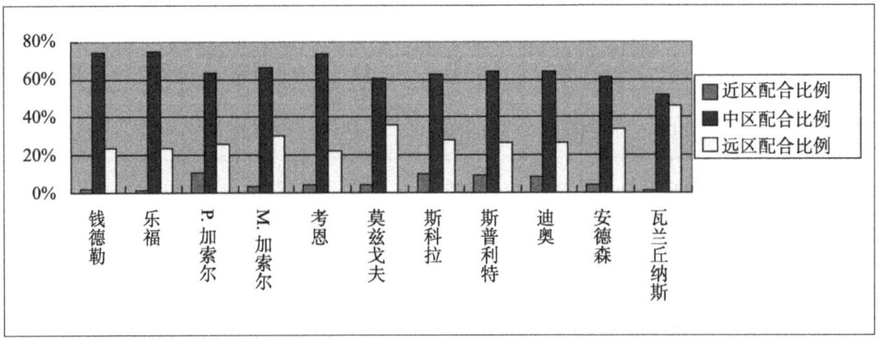

图3-18　11名内线队员近、中、远区基础配合个体情况

在内线队员的基础配合区域方面，总体上，中区最多，远区次之，近区较少。个体上，中区最多，远区次之，近区较少。说明所有内线队员在进攻中更多的是到远离篮下的中、远区与队友进行配合，活动区域扩大，增大了自己在进攻中的威胁，给球队提供了更多的战术选择。

（2）基础配合方式。

由表3-12和图3-19可知，从总体上看，11名内线队员的配合总次数是1126次，其中掩护配合978次，策应配合120次，传切配合11次，突分配合17次，分别占总次数的86.9%、10.7%、1.0%、1.5%，掩护配合占主要，策应配合次之，传切和突分配合较少。说明内线队员主要是以掩护配合为主，策应配合次之，传切和突分配合非常少。

表 3-12　11 名内线队员掩护、策应、传切、突分配合情况

姓名	总数	掩护	比例	策应	比例	传切	比例	突分	比例
钱德勒	42	42	100.0%	0	0.0%	0	0.0%	0	0.0%
乐福	68	64	94.1%	4	5.9%	0	0.0%	0	0.0%
P.加索尔	126	94	74.6%	27	21.4%	2	1.6%	3	2.4%
M.加索尔	103	84	81.6%	18	17.5%	1	1.0%	0	0.0%
考恩	117	113	96.6%	3	2.6%	1	0.9%	0	0.0%
莫兹戈夫	113	108	95.6%	5	4.4%	0	0.0%	0	0.0%
斯科拉	162	127	78.4%	28	17.3%	7	4.3%	0	0.0%
斯普利特	120	106	88.3%	13	10.8%	0	0.0%	1	0.8%
迪奥	105	81	77.1%	11	10.5%	0	0.0%	13	12.4%
安德森	111	102	91.9%	9	8.1%	0	0.0%	0	0.0%
瓦兰丘纳斯	59	57	96.6%	2	3.4%	0	0.0%	0	0.0%
总数	1126	978	86.9%	120	10.7%	11	1.0%	17	1.5%

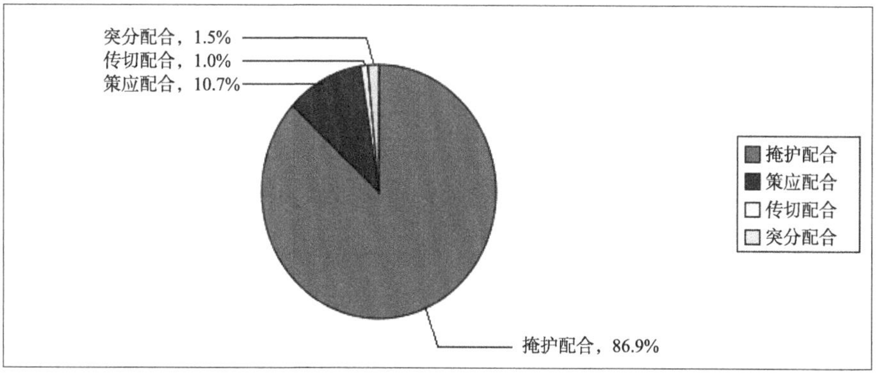

图 3-19　11 名内线队员掩护、策应、传切、突分配合总体情况

由表3-12和图3-20可知，从个体上看，钱德勒全部是掩护配合，乐福、莫兹戈夫、安德森、瓦兰丘纳斯主要是掩护配合，策应配合较少，没有传切和突分配合，只有P.加索尔、斯普利特和迪奥有突分配合；11名内线队员的掩护配合比例都高于70%，策应配合较少。说明所有的内线队员都是以掩护配合为主，掩护配合是内线队员主要采用的配合方式，这与自己的身体素质和位置技术有关，其他配合只在一部分队员身上有所体现，传切和突分配合的出现证明内线队员也能像其他位置球员那样参与到配合中，但是运用比较少。

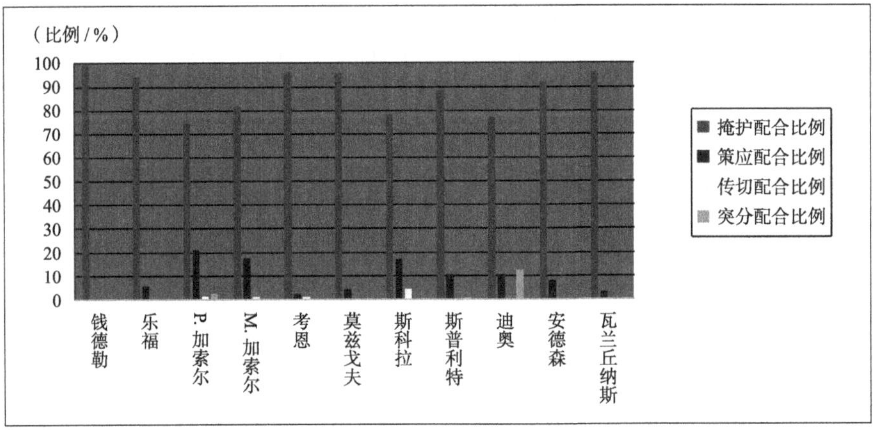

图3-20　11名内线队员掩护、策应、传切、突分配合个体情况

在内线队员的基础配合方式方面，总体上，内线队员的掩护配合最多，策应配合次之，传切和突分配合较少。个体上，内线队员掩护配合最多，策应、传切、突分配合只出现在一部分队员的身上。说明内线队员在进攻的过程中更多的是利用自己的身体优势去和同伴进行掩护配合，其他配合次数较少，只在一部分队员身上有所体现，从配合方式上看，内线队

员几乎没有体现出其他位置球员的技术。

（3）小结。

综上所述，从总体和个体两方面对11名内线队员的基础配合区域和基础配合方式进行了分析，内线队员到中、远区进行配合的次数增加，配合方式以掩护配合为主，其他配合方式较少。内线队员在进攻中，更多的是到中、远区与队员进行掩护配合，突分配合和传切配合只在一部分队员的身上有所体现，但是都较少。

6. 总结

根据上述的分析研究，从近、中、远区的投篮次数、传接球次数、基础配合次数来反映第30届奥运会男篮比赛11名内线队员的活动区域。总体上，内线队员在进攻中能离开自己篮下的固定位置，打破传统的位置区域，到中、远区进行投篮、传接球、与队友进行配合，进攻不受区域的限制，活动区域扩大，丰富了球队的进攻手段，增大了自己在进攻中的威胁，体现出了“位置模糊”的特征。个体上，只有一部分队员的投篮区域和传接球区域扩大，有远距离投篮能力。说明只有部分队员具有“位置模糊”的特征。

从投篮方式、得分方式、传接球方式、基础配合方式来反映第30届奥运会男篮比赛11名内线队员个人的技战术能力的运用，总体上，投篮方式主要以跳投为主，勾手次之，低手、扣篮、补篮较少，投篮方式较全面，出现了一些其他位置球员的技术。得分方式主要是近距离投篮，罚球得分第二，远距离投篮、快攻、突破上篮得分较少，得分方式较全面，出现了一些其他位置球员的技术。传球方式主要是胸前、头上、体侧传球，击地传球较少。基础配合方式主要是掩护配合，策应配合较少，传切和突分配合非常少，传球方式和基础配合方式没有变化。个体上，不同队员之间各种技术的运用存在差异，少数队员没有跳投能力，快攻、突破上篮、远距离投篮得分只在一部分队员身上有所体现。说明只有一部分内线队员的技术较全面，有了跳投能力，在近距离投篮得分的基础上有了快攻、突破上篮、远距离投篮得分能力，得分方式较全面，具有胜任两个位置的能力，能体现出“位置模糊”的特征。

根据统计结果和比赛视频分析，将第30届奥运会男篮比赛的11名内线队员分为三种类型，全面型、偏内型和偏外型。全面型队员有P.加索尔、M.加索尔、斯科拉；偏内型队员有钱德勒、考恩、莫兹戈夫、斯普利特、瓦兰丘纳斯；偏外型队员有乐福、迪奥、安德森。本专题根据前面的研究，从投篮、得分方式、接球、传球、基础配合这五个方面，总结归纳各种类型内线队员的特征。

全面型内线队员的特征：投篮以近区的投篮为主，中、远区投篮较多，以跳投和勾手为主，跳投居多，低手上篮、扣篮、补篮较少，较为全面。得分方式以近距离投篮为主，罚球得分较多，有一定的中、远距离投篮、快攻、突破上篮得分，较为全面。传球以中区和远区为主，中区较多，近区传球次数较少，胸前、头上、体侧传球为主要传球方式，击地传球较少。接球以中区为主，背筐接球多于面筐接球，移动抢位接球最多，固定抢位接球次之，空位接球最少。基础配合以中区为主，远区配合次之，近区配合很少，主要是掩护配合，策应配合较少，传切和突分配合非常少。

偏内型内线队员的特征：投篮以近区为主，中区较少，无远区投篮，以勾手为主，扣篮较多，跳投较少，个别队员没有跳投，投篮能力差，较单一。得分方式以近距离投篮为主，中距离投篮、罚球、快攻得分较少，没有远距离投篮和突破上篮得分，较单一。传球在中、远区较多，近区较少，以胸前和头上传球为主，体侧和击地传球较少。接球以近区为主，中、远区接球较少，背筐接球多于面筐接球，移动抢位接球最多，固定抢位次之，空位接球较少。配合以中区配合为主，远区次之，近区较少，以掩护配合为主，策应配合较少，没有突分和传切配合。

偏外型内线队员的特征：投篮以近区为主，中、远区投篮比例较大，以跳投为主，勾手、低手、扣篮、补篮较少，投篮能力强。得分方式，近距离投篮为主，三分投篮得分比例高，其他得分方式较少。传球集中在远区，中区和近区传球较少，以头上和胸前传球为主，体侧和击地传球较少。接球集中在远区，中区次之，近区较少，面筐接球多于背筐接球，移动抢位接球最多，空位接球次之，固定抢位接球较少。配合以中区为主，远区次之，近区较少，以掩护配合为主，策应配合较少，突分和传切配合较少。

（三）内线队员进攻“位置模糊”特征的综合分析

1. 全面型内线队员与偏内型内线队员的对比分析

（1）基本统计分析。

由表3-13可知，全面型内线队员与偏内型内线队员在上场时间、得分、助攻、被侵次数上存在较明显差距；进攻篮板次数上差距不大。全面型内线队员上场时间长，得分多，助攻次数多，被侵次数多。偏内型内线队员上场时间短，得分少，助攻次数少，被侵次数少。说明全面型内线队员比偏内型内线队员上场时间长，得分能力强，助攻能力强，造犯规能力强，对防守方的杀伤力大。

表 3-13　全面型与偏内型内线队员基本技术统计

类型	姓名	时间	得分	助攻	篮板	被侵
全面型	P.加索尔	121	75	12	7	24
	M.加索尔	104	62	8	4	24
	斯科拉	127	59	8	6	21

续表

类型	姓名	时间	得分	助攻	篮板	被侵
偏内型	莫兹戈夫	63	39	1	5	9
	考恩	76	25	2	5	8
	斯普利特	95	32	9	6	15
	钱德勒	39	20	3	7	9
	瓦兰丘纳斯	45	21	0	4	5

（2）进攻技战术分析。

① 投篮。

由表3–2和图3–2可知，从投篮区域看，全面型内线队员在以近篮区投篮为主的基础上，中、远距离投篮经常出现。偏内型内线队员主要以近区投篮为主，中、远区投篮几乎没有；全面型内线队员的投篮区域比偏内型内线队员的投篮区域更广。

由表3–3和图3–4可知，从投篮方式看，全面型内线队员以跳投为主，勾手次之，其他投篮方式较少。偏内型内线队员以勾手为主，跳投较少，其他投篮方式也较少。全面型内线队员的跳投能力优于偏内型内线队员，为远离篮下到远区投篮打下基础。

由表3–4可知，从投篮命中率看，全面型内线队员的近区投篮命中率与偏内型内线队员相差不大，中区投篮命中率全面型内线队员优于偏内型内线队员，但是全面型内线队员的中区命中率也较低，全面型内线队员的远区投篮命中率较低，偏内型内线队员没有远区投篮，罚球命中率全面型内线队员明显好于偏内型内线队员。

以上从投篮的区域、投篮的方式、投篮命中率三个方面进行了分析，全面型内线队员的投篮区域广，投篮方式全面，投篮命中率高，投篮能力强于偏内型的内线队员，为远离篮下区域到中、远区进攻打下基础，为“位置模糊”提供了可能。

② 得分方式。

由表3-5和图3-6可知，从得分方式看，全面型内线队员以近距离投篮为主，罚球得分较多，中、远距离投篮得分占据一定比例，有快攻和突破上篮得分，较为全面。偏内型内线队员主要是近距离投篮得分，其他得分方式较少。结合比赛录像进行分析，全面型的内线队员在进攻中，面对单人防守时能利用自己全面的技术单打得分，面对包夹时能快速地分球给队友，经常与队友进行掩护配合，接队友的回传球在中、远距离跳投得分；面对移动慢的内线防守队员时，能利用自己灵活的脚步突破上篮得分，抢到篮板球后还能参与到快攻中得分，罚球得分也较多。例如，P.加索尔面对钱德勒的防守，能背身单打勾手投篮和突破上篮，得分方式全面。偏内型的内线队员，得分方式主要依靠与队友的掩护配合，在中、远距离接球后不敢投篮，突破能力也较差，投篮能力差，罚球得分也较少，得分方式较单一。全面型内线队员比偏内型内线队员的得分方式全面，位置趋于模糊，更能适应现代的篮球比赛。

③ 传球。

由表3-13和图3-14可知，从传球的区域看，全面型内线队员的传球集中在中、远区，近区较少。偏内型队员的传球集中在近区和中区，远区较少。全面型内线队员的传球区域比偏内型内线队员广。

由表3-14和图3-16可知，从传球方式看，全面型内线队员以胸前、头上、体侧传球为主要传球方式，击地传球较少。偏内型内线队员以胸前头上、体侧传球较多，击地传球较少。全面型内线队员与偏内型内线队员在传球方式上没有明显区别。

以上从传球区域和传球方式两方面进行了分析，全面型的内线队员传球方式和偏内型内线队员没有明显区别，都是以胸前传球、头上传球、体侧传球为主要的传球方式；全面型内线队员比偏内型内线队员的传球区域广，到远离篮下区域传接球的能力强，能较好地与队友进行基础配合完成进攻。

④ 接球。

由表3–6和图3–8可知，从接球区域看，全面型内线队员以中区接球为主，近区和远区较少。偏内型内线队员以近区接球为主，中、远区接球较少。全面型内线队员接球区域比偏内型内线队员广。

由表3–7、表3–8和图3–10、图3–12可知，从接球方式看，全面型内线队员，背筐和面筐接球相差不大，移动抢位接球最多，固定抢位接球次之，空位接球最少。偏内型内线队员背筐接球多于面筐接球，移动抢位接球最多，固定抢位接球次之，空位接球较少。全面型内线队员与偏内型内线队员在接球方式上没有太大区别。

⑤ 基础配合。

由表3–15和图3–18可知，从配合区域看，全面型内线队员以中区和远区的配合为主，近区的配合较少。偏内型内线队员以中区和远区的配合为主，近区的配合较少。全面型内线队员与偏内型内线队员在配合区域上没有明显区别。

由表3–16和图3–20可知，从基础配合方式上看，全面型内线队员以掩护配合为主，策应配合次之，传切和突分配合较少。偏内型内线队员以掩护配合最多，策应配合较少，传切和突分配合几乎没有。全面型内线队员比偏内型内线队员配合方式全面。

综上所述，从基本技术统计和技战术两方面对全面型内线队员和偏内型内线队员进行对比分析，全面型内线队员与偏内型内线队员相比，全面型内线队员上场时间长，得分多，助攻次数多，被侵次数多，投篮区域广，得分方式全面，传接球区域广，进攻活动区域大，在进攻中进攻手段的选择丰富，给对手的防守造成的威胁大。偏内型内线队员进攻技术较单一，远区进攻能力弱，近区进攻容易遭到包夹，外围接球后，不能投篮往往不能吸引防守队员，处于尴尬的境地，进攻中的作用减弱，在进攻上不能给球队带来足够的支持。全面型内线队员优于偏内型内线队员，更能适应现代篮球比赛。

2. 全面型内线队员与偏外型内线队员的对比分析

（1）基本统计分析。

由表3-14可知，全面型内线队员与偏外型内线队员在得分、被侵次数上存在较明显差距；上场时间、助攻次数、进攻篮板次数上差距不大；全面型内线队员得分多，被侵次数多；反之，偏外型内线队员得分少，被侵次数少。说明全面型内线队员比偏外型内线队员得分能力强，对对方近篮区域的杀伤力大。

表3-14　全面型与偏外型内线队员基本技术统计

类型	姓名	时间	得分	助攻	篮板	被侵
全面型	P.加索尔	121	75	12	7	24
	M.加索尔	104	62	8	4	24
	斯科拉	127	59	8	6	21

续表

类型	姓名	时间	得分	助攻	篮板	被侵
偏外型	迪奥	113	36	17	6	7
	安德森	102	42	6	10	5
	乐福	70	42	1	16	14

（2）进攻技战术分析。

①投篮。

由表3-6和图3-2可知，从投篮区域看，全面型内线队员以近篮区域投篮为主，中、远距离投篮较少。偏外型内线队员以近区投篮为主，中、远区投篮较多。全面型内线队员的近区投篮比偏外型内线队员多，偏外型内线队员比全面型内线队员中、远区投篮多。偏外型内线队员比全面型内线队员投篮区域广，全面型内线队员的投篮更靠近篮下，给对方造成的防守压力更大。

由表3-7和图3-4可知，从投篮方式看，全面型内线队员以跳投为主，勾手次之，其他投篮方式较少。偏外型内线队员以跳投为主，勾手次之，其他投篮方式较少。全面型内线队员与偏外型内线队员投篮方式都较全面，没有明显区别，都是以跳投和勾手为主。

由表3-8可知，从投篮命中率看，全面型内线队员的近区投篮命中率和中区投篮命中率高于偏外型内线队员，远区投篮命中率和罚球命中率没有明显差距。

以上从投篮区域、投篮方式、投篮命中率三个方面进行了分析，偏外型内线队员的投篮区域比全面型内线队员的投篮区域广，投篮方式没有明显区别，近区和中区投篮命中率全面型内线队员好于偏外型内线队员，远区投篮命中率没有明显区别，都较低。

② 得分方式。

由表3–9和图3–6可知，从得分方式看，全面型内线队员以近距离投篮为主，中、远距离投篮和罚球得分也是重要的得分手段，快攻和突破上篮得分较少，技术较全面。偏外型内线队员近距离投篮得分较少，中、远距离投篮得分较多，突破上篮和快攻得分较少。全面型内线队员与偏外型内线队员的得分方式都较全面，全面型内线队员比偏外型内线队员近距离投篮得分能力强，偏外型内线队员比全面型内线队员远距离投篮得分能力强。

③ 传球。

由表3–9和图3–14可知，从传球区域看，全面型内线队员的传球集中在中区最多，近区和远区相差不大。偏外型内线队员远区传球较多，中区次之，近区较少。全面型内线队员的传球区域更靠近篮下，偏外型内线队员的传球区域更加靠近外围。

由表3–10和图3–16可知，从传球方式看，全面型内线队员以胸前、头上、体侧传球为主要传球方式，击地传球较少。偏外型内线队员以胸前、头上、体侧传球为主要传球方式，击地传球较少。全面型内线队员与偏外型内线队员在传球方式上没有明显区别。

以上从传球区域和传球方式上对全面型内线队员和偏外型内线队员进行了对比分析，全面型内线队员的传球区域集中在中区，偏外型内线队员的传球区域集中在远区，偏外型内线队员的传球区域比全面型内线队员的传球区域广。反之，全面型内线队员的传球区域更靠近篮下，更能压缩对方的防守，给对手造成的威胁更大，作用也大。

④ 接球。

由表3–10和图3–8可知，从接球区域上看，全面型内线队员以中区接球为主，近区接球和远区接球相差不大。偏外型内线队员以远区接球为主，中区接球次之，近区接球较少。全面型内线队员比偏外型内线队员的接球区域更靠近篮下，偏外型内线队员的接球区域更加外围化。

由表3–11、表3–12和图3–10、图3–12可知，从接球方式看，全面型内线队员背筐接球和面筐接球相差不大，移动抢位接球最多，固定抢位接球次之，空位接球最少。偏外型内线队员背筐接球少于面筐接球，移动抢位最多，空位次之，固定抢位较少。全面型内线队员的背筐接球和固定抢位接球多于偏外型内线队员，接球更具有对抗性，给对手造成的防守压力更大。

以上从接球区域和接球方式上对全面型内线队员和偏外型内线队员进行了对比分析，全面型内线队员和偏外型内线队员的接球区域都有外移的趋势，但是全面型内线队员的接球区域更靠近篮下一些，给对方的防守压力更大，偏外型内线队员接球靠外，对对方的防守构成的威胁较小，作用也较小。接球方式上，全面型内线队员的接球更具有对抗性，移动过程中的抢位接球较多，偏外型内线队员的空位接球较多，全面型内线队员给对手的杀伤力更大。

⑤基础配合。

由表3–11和图3–18可知，从基础配合区域看，全面型内线队员中区的配合最多，远区次之，近区较少。偏外型内线队员中区的配合较多，远区次之，近区较少。全面型内线队员与偏外型内线队员配合区域上没有明显区别。

由表3–12和图3–20可知，从基础配合方式上看，全面型内线队员以掩护配合为主，策应配合次之，其他配合较少。偏外型内线队员以掩护配合为主，策应配合次之，其他配合较少。全面型内线队员与偏内型内线队员在配合方式上没有明显区别。

综上所述，从基本技术统计和技战术两方面对全面型内线队员与偏外型内线队员进行了对比分析，全面型内线队员和偏外型内线队员进攻的活动区域都比较广，技战术比较全面。全面型内线队员比偏外型内线队员得分多、被侵次数多，近距离得分能力强，给对手内线的杀伤力大。偏外型内线队员远区进攻能力强于全面型内线队员，但近区的进攻能力较弱，进攻威胁小。全面型内线队员在保证自己位置技术的基础上，有了一定的远区进攻能力，位置出现“模糊”；偏外型内线队员的远区进攻能力强于全面型的内线队员，虽然位置出现“模糊”，近区进攻能力较弱，不能保证自己原有的位置技术，给对手的内线造成足够的杀伤，存在自己的不足之处；全面型内线队员优于偏外型内线队员，在保证自己位置技术的前提下，能利用一些其他的位置技术，丰富自己的进攻手段，使对手防不胜防，更能适应现代的篮球比赛。

3. 小结

通过观看比赛录像发现，全面型的内线队员，P.加索尔和M.加索尔作为西班牙的核心，能同时在场，配合非常默契，给对手造成很大的杀伤。P.加索尔在对阵美国队的比赛中，在面对钱德勒的防守时，拉到中、远距离接球，策应传球或突破上篮得分；面对安东尼、杜兰特、乐福、詹姆斯等人的轮番防守时，充分利用自己的身体优势，到内线单打得分，被包夹的时候能及时分球给空位的队友完成投篮；在面对斯普利特、莫兹戈夫、考恩的防守时，身体素质没有绝对优势时，能利用自己的出色的投篮，在中、远距离跳投得分。M.加索尔身体优势明显，在篮下能给对手造成很大的威胁，拥有出色的投篮和策应能力，能到中、远距离活动。斯科拉作为阿根廷重要的内线进攻点，在身高不占优势的情况下，能利用自己的灵活脚步晃开对手投篮，利用自己出色的中距离投篮能力，给同伴做掩护后拉开接球投篮，能参与到快攻中去，利用快攻得分。偏内型内线队员，钱德勒不能适应美国队的快速打法，没有投篮，只有几次掩护后顺下的空中接力灌篮得分，进攻时的活动区域较小，在场上作用不大，上场时间短。考恩和莫兹戈夫作为俄罗斯队的内线支柱，由于技术不全面，不能同时在场上。考恩在进攻过程中自己创造机会的能力差，主要是给同伴做掩护后顺下接球扣篮得分，没有中、远区的投篮得分。莫兹戈夫有一定的中距离投篮能力，与队友传接球、策应能力较差。斯普利特在比赛中主要是运用勾手投篮，投篮能力较差，罚球命中率低，不能在远区进行投篮，形成进攻威胁。瓦兰丘纳斯年轻，经验少，上场时间较短，在面对同位置的队员时，身体不占优势，掩护后顺下接球投篮是主要的得分方式。偏外型内线队员，乐福在美国队中的上场时间比钱德勒多，进攻过程中多是在三分线外接其他队友的突破分球投篮或掩护后的顺下接球投篮，很少到篮下进攻。迪奥在比赛中更多的是在远区传接球，远距离投篮或突破上篮。安德森在比赛中经常到远区传接球，在中、远距离投篮，很少到近区背身单打。

综上所述，从基本技术统计、技战术能力两方面并结合比赛录像将全面型内线队员与偏内型内线队员、全面型内线队员与偏外型内线队员分别进行了对比分析，得出以下结论:（1）全面型内线队员比偏内型内线队员的中、远距离进攻能力强，比偏外型内线队员的近距离攻击能力强，全面型内线队员同时具有偏内型内线队员的近距离攻击能力和偏外型内线队员具有的远距离攻击能力，个人技术比较全面，与队友的基础配合比较娴熟，进攻活动区域大，上场时间长，得分多，对防守方的杀伤力大，在球队中的作用明显。（2）全面型内线队员优于偏内型内线队员和偏外型内线队员，在比赛中运用了一些其他位置球员的技术，出现了一些位置“模糊”的特征，能较好地适应现代篮球比赛。

三、结论与建议

（一）结论

（1）11名内线队员整体上进攻活动区域扩大，可以到中、远区进行投篮、传接球、与队友进行基础配合。得分方式以近距离投篮为主，罚球得分成为第二得分方式，中距离投篮和三分投篮得分较多，突破上篮和快攻得分较少，得分方式比较全面。传球方式以胸前、头上、体侧传球为主，击地传球较少。配合方式以掩护配合为主，其他配合方式较少。出现了一些其他位置球员的技术，队员技术的全面程度不同，只在个别队员身上体现出了“位置模糊”的特征。

（2）全面型内线队员相比偏内型的内线队员，上场时间长、得分多、助攻次数多、被侵次数多、投篮区域广、得分方式全面、传接球区域广、进攻活动区域大、进攻威胁大；全面型内线队员比偏外型内线队员得分多、被侵次数多，近距离得分能力强，给对手内线的杀伤力大。全面型内线队员优于偏内型内线队员和偏外型内线队员，在进攻中的作用大，能适应现代的篮球比赛。

（3）内线队员进攻“位置模糊”的特征在全面型内线队员身上有所体现，即进攻活动区域扩大，有一定的中、远距离投篮能力，在以近距离投篮得分为主的基础上，有时还能利用突破上篮、三分远投、快攻得分，能移动抢位到中、远区接球进攻或与队友传接球，到中、远区与队友进行基础配合。

（二）建议

（1）现代篮球比赛中，“位置模糊”是今后的发展趋势，针对“位置模糊”进行研究的文章较少，专家和学者对“位置模糊”的概念做了归纳，但选取的指标和角度各异，没有统一的指标和角度进行全面合理的阐释。本专题选取一届奥运会比赛中的内线队员作为调查对象，对内线队员在进攻中出现的“位置模糊”特征进行了简单概括，选取的调查对象和统计指标不是很全面。

（2）加强内线队员基本技术的训练，既要注重自身位置技术的训练，还要发展一些其他位置技术的能力。提高内线队员的投篮能力、传接球能力、参与配合的能力，发展全面的技术，以适应现代篮球运动的发展。

专题四

进攻假动作在比赛中的运用

进攻假动作是一项隐蔽性很强的进攻技术。假动作与篮球基本技术动作、进攻节奏、灵敏的脚步等相结合，可隐蔽自己的真实进攻目的，干扰防守队员的判断，影响防守队员的反应时间，诱导防守队员出现瞬间的决断失误及做出错误的反应行动，打乱防守的节奏，使其丧失防守位置。进攻假动作在篮球比赛中的合理运用，可为进攻队员创造时间差和空间距离，形成有利于传球、投篮、突破及运球的机会，突破对手的防守，获得进攻优势，提升进攻效率。假动作的合理运用可以提高运动员的心理优势和赢得比赛的信心，是运动员篮球技术水平与篮球智商的集中表现。进攻假动作的运用还可以有效地提高比赛的观赏性，激发观众的观赛热情。

20世纪50年代末，我国篮球运动确立了“积极主动”“勇猛顽强”“快速灵活”“全面准确”的训练指导思想，至20世纪60年代中期，逐步形成了“快、灵、准、狠”的技战术风格和特点，并利用“快攻、跳投、紧逼”的三大法宝多次战胜欧美强队，当时我国男女篮球队均已接近世界先进水平。结合快速灵活的特点，我国篮球运动员熟练掌握了多种多样的进攻假动作。世界优秀的篮球运动员在比赛中的优异表现无不伴随着精彩的假动作技术，例如，我国篮球传奇人物钱澄海突破前的瞄篮假动作、“中国乔丹”胡卫东投篮前的假动作等。进攻假动作对于发扬我国灵活善变的篮球风格起到了促进作用。目前我国篮球水平与世界篮球强队的差距明显，篮球风格和特点的丧失是重要的原因之一。为此，本专题通过对第31届奥运会中国男子篮球队与对手比赛中进攻假动作的运用情况进行数据统计分析，研究中国队进攻假动作技术运用的现状与特点、存在的不足及原因，并提出相应的建议与对策，为进攻假动作的教学和训练提供理论与实践参考。

一、主要研究方法

（一）录像观察法

依据德尔菲法的调查结果最终确定的相关概念界定、统计指标体系及统计尺度，通过观察比赛录像收集相关数据，为保证数据的准确与可靠性，让相关专业人员对每场比赛分别统计三次，并运用回放和慢放等手段对重点比赛数据进行细致的统计。

表 4–1 中国男篮与对手比赛场次

对阵双方	比赛结果
中国vs美国	62 ：119
中国vs法国	60 ：88
中国vs委内瑞拉	68 ：72
中国vs澳大利亚	68 ：93
中国vs塞尔维亚	60 ：94

（二）数理统计法

运用Excel对中国男篮与小组赛对手的有球进攻假动作相关指标进行数据统计，并对所收集的数据进行统计处理和具体分析。

（三）逻辑分析法

采用归纳、演绎、对比和综合分析等逻辑方法对采集的数据进行分析，归纳总结出第31届里约奥运会中国男篮有球进攻假动作技术的运用特点、存在问题及原因。

二、研究结果与分析

（一）相关统计指标体系的确定

为了保证研究的准确性及可行性，通过收集、阅读大量文献并结合专家所提建议，初步设计了进攻假动作的统计指标体系，包括有球进攻假动作有关概念与分类，通过3轮专家问卷调查，最后确定了相关的统计指标体系。

1. 有球进攻假动作的统计指标

有球进攻假动作的统计指标如表4–2所示。

表4–2　统计指标一览

	一级指标	二级指标
有球进攻假动作	投篮假动作	运用次数 运用区域 运用有球进攻假动作后的行动 运用有球进攻假动作后的效果
	传球假动作	
	原地持球突破假动作	
	运球假动作	

2. 有球进攻假动作的统计指标的界定

投篮假动作：完整投篮动作中的一部分，从准备姿势到出手动作前的任意一部分，包括假投篮虚晃、瞄篮假动作。

传球假动作：完整传球动作中的一部分，从准备姿势到出手动作前的任意一部分，包括向左向右体侧传球假动作、头上传球假动作等。

原地持球突破假动作：一系列的肢体动作，包括上肢向左右侧虚晃、脚步向左或右侧虚晃、肢体与脚步配合虚晃等。

运球假动作：运球行进中肢体动作，包括于胯下变向、体前换手变向、体前不换手变向、背后变向等技术动作配合的身体虚晃动作以及各种身体动作。

统计区域划分：以底线中点为圆心，以罚球区的宽度4.9米为直径画半圆，与底线组成的区域称为第一区域，即合理冲撞区附近的范围，第一区域以外三分线以内为第二区域，三分线外为第三区域。

（二）中国男篮与对手有球进攻假动作运用的基本情况

1. 运用有球进攻假动作的次数

通过图4–1和表4–3可以看出，中国队与对手的五场比赛中运用有球进攻假动作总次数为94次，低于对手的总次数98次，与澳大利亚队和委内瑞拉队运用次数持平；中国队在对战美国队和法国队的比赛中，有球进攻假动作的运用次数均高于对手，但在对战塞尔维亚队时却低于对手10次。

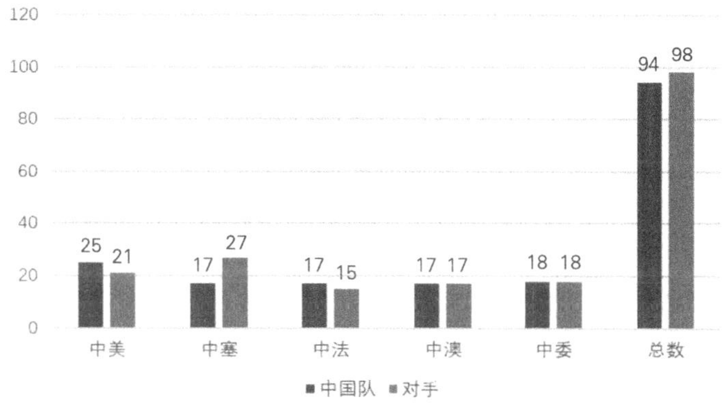

图 4-1　中国队和对手有球进攻假动作运用次数

表 4-3　各场次有球进攻假动作运用次数

队名	次数	队名	次数	总数
中国队	25	美国队	21	46
中国队	17	塞尔维亚队	27	44
中国队	17	法国队	15	32
中国队	17	澳大利亚队	17	34
中国队	18	委内瑞拉队	18	36
中国队总计	94	对手总计	98	192
场均	18.8	场均	19.6	38.4

随着篮球运动员身体素质和防守能力的不断提高，进攻队员对进攻空间的要求越来越高，必须利用自己的身体灵活性与篮球技术结合才能创造出有利于进攻的优势，而假动作的运用就成为有球队员创造进攻机会的主

要方式之一。同一类进攻假动作面对的防守人不同、防守位置不同以及防守人积极性的不同，所做假动作的动作幅度、动作速度、动作节奏也会不同，最后的效果也不一样。在复杂的比赛环境下，为了顺利进攻，球员要结合自身特点将假动作表现出千变万化的形式，令对手猝不及防，让观众觉得眼花缭乱，视觉冲击力十足，尽情展示其篮球天赋和个人能力，比赛的精彩程度也随之攀升。

通过分析视频可得知，运动员的身体素质直接影响有球进攻假动作的运用效果，只有快速的移动、矫健的步伐、舒展的身体姿态才能在运用有球进攻假动作后保持重心平衡，快速抢占进攻先机。中国男篮整体实力以及个人身体素质、攻防能力与美国队存在一定差距。美国队队员个人进攻能力强，比赛中呈现出很多个人运球直接进攻得分的精彩镜头，在面对单人防守时更是充分地展现了优秀的单打能力；队员之间防守轮转快，防守战术执行到位，防守攻击性强，导致中国队整体失误多，尤其在上半场拉开分差时表现得尤为明显。反观中国队：由于队员年龄小，大赛经验缺乏，发动进攻前始终需要后卫持球过半场，对手容易对其进行包夹；对易建联、郭艾伦的个人进攻能力依赖性强，依靠易建联个人单打进攻和郭艾伦运球创造空位机会，球权在个别进攻队员手中停留时间长，造成个人假动作运用增加，从而使中国队有球进攻假动作运用次数高于美国队。在对阵塞尔维亚的比赛中，中国队有球进攻假动作次数远低于塞尔维亚队，究其原因，是塞尔维亚队具有典型的欧洲球队风格，个人基本功扎实，讲究团队配合，进攻战术细腻，对进攻空间要求极高，会一直寻找到最佳的空位机会出手，致使塞尔维亚队有球进攻假动作运用次数多。

综上所述，中国队有球进攻假动作运用次数与塞尔维亚队差距最明显，与其他球队差异不明显；有球进攻假动作具有随机性、观赏性强的特点。

通过图4–2可以看出，中国队和对手均是投篮假动作运用次数最多：中国队运用投篮假动作37次，对手是56次，对手运用投篮假动作和运球假动作的次数高于中国队；中国队运用传球假动作14次、突破假动作31次，运用次数高于对手。

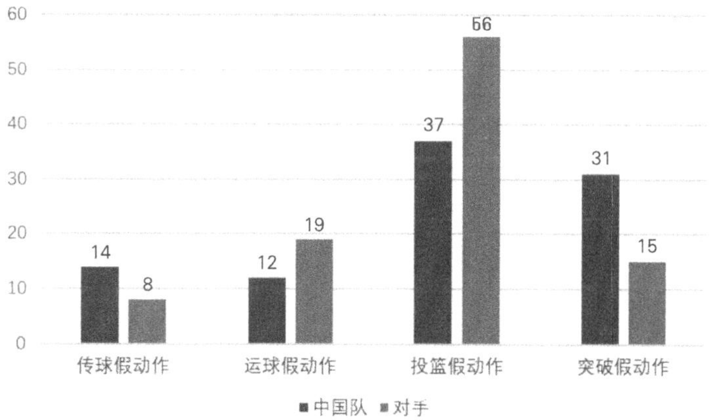

图4–2　各种进攻假动作的运用次数

通过视频分析可知，中国队本身实力、经验与美国、塞尔维亚、法国等篮球强国有一定差距，但能在比赛中努力创造进攻机会。传球是比赛中串联进攻的纽带，中国队运动员个人基本技术不扎实，对手运用压迫性防守多，中国队员只能通过快速传导球调动防守创造空位投篮机会；中国队利用持球突破单打得分较多，在运用突破假动作次数上远远高于对手，运用传球假动作和突破假动作总次数均高于对手。

投篮得分是进攻队员运用技战术的最终目的。随着攻击性防守能力的提高，投篮前的防守压迫性不断增加，在投篮前创造更大的投篮空间和赢得更多时间就格外重要。通过表4–4可以看出，中国队和美国队、塞尔维亚队在投篮前假动作的运用差距明显，突破前进攻假动作运用次数场均高于对手1次；中国队和对手突破前假动作的运用次数均高于其他进攻假动作的运用次数；对手运球中运用进攻假动作次数高于中国队；中国队传球前运用进攻假动作的次数高于对手，但是差距不明显。

表 4–4 各队进攻前假动作运用次数

对阵双方	投篮前的假动作	原地持球突破前的假动作	运球中的假动作	传球前的假动作
中美	3：8	8：8	6：3	8：2
中塞	2：7	7：8	4：7	4：5
中澳	4：3	4：5	3：4	6：5
中法	4：1	7：3	2：5	4：6
中委	4：2	7：4	0：4	7：8
场均	3.4：4.2	6.6：5.6	3.0：4.6	5.8：5.2

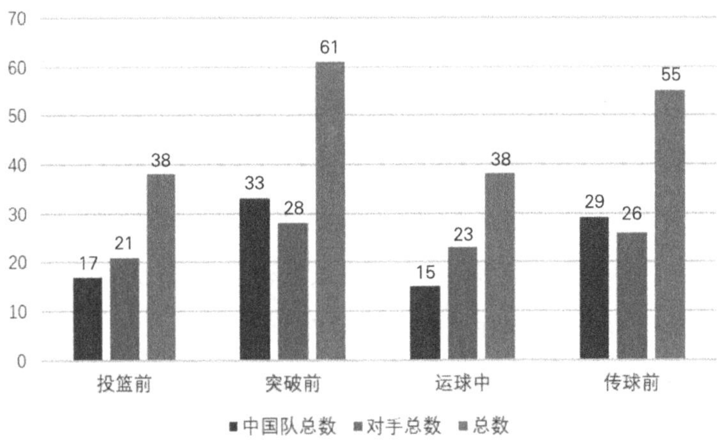

图 4–3 中国队与对手进攻前假动作运用次数

通过视频分析可知，运动员原地持球后，想要突破对手防线，必须赢得空间和时间上的优势。美国等强队和中国队相比，身体素质、基本技术能力均占优，更容易利用自身条件获得进攻优势，投篮前运用假动作能很好地欺骗防守，使中国队员跟不上节奏，获取时间差，赢取投篮空间；突破前运用进攻假动作能获得进攻优势或吸引防守，为自己和队友创造得分机会。反之，中国队自身条件处于劣势，投篮前容易被对手限制，没有足够的空间运用假动作，而且投篮命中率低，更多地选择突破或者为队友创造最佳投篮时机。中国队投篮机会少，选择突破进攻多，所以中国队比对手投篮前的进攻假动作少，突破前的进攻假动作多。虽然中国队在传球前进攻假动作运用次数多于对手，但多数情况下并没有有效调动防守，无法进行后续进攻，无奈之下传球给队友，进攻假动作运用没有实际作用。进攻假动作意识是运用假动作的先决条件，意识指导行为，只有了解进攻假动作的技术特点，才能发挥意识对实践的能动作用。

综上所述，中国队投篮之前运用进攻假动作的次数低于美国队、塞尔维亚队；突破之前、传球之前进攻假动作的运用次数高于对手；中国队和对手都是在突破之前运用进攻假动作的次数最多。

2. 运用有球进攻假动作的区域

以半场内与篮筐的距离远近以及篮球运动的特点为划分标准，以底线中点为圆心，以罚球区宽4.9米为直径画半圆，与底线组成的区域称为第一区域，也就是合理冲撞区附近的范围，俗称篮下；第一区域以外三分线以内为第二区域；三分线外为第三区域，如图4–4所示。

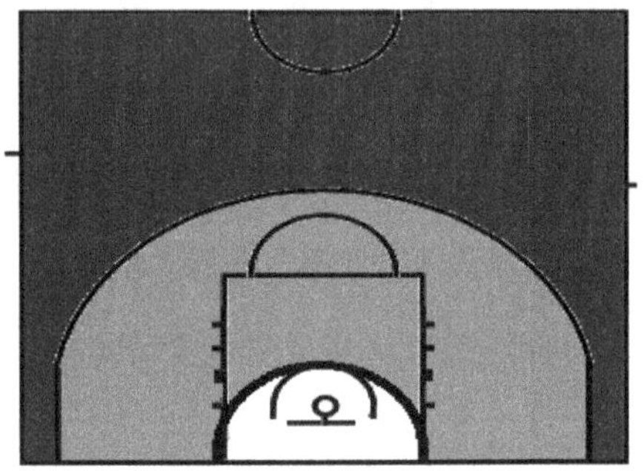

图 4–4　区域分布

由图4–5可以看出，中国队在第一区域和第二区域内运用进攻假动作的次数低于对手，且在第一区域内运用进攻假动作的次数明显低于对手；对手在第三区域内运用进攻假动作的次数低于中国队；中国队和对手进攻假动作的运用次数从第一区域到第二区域再到第三区域呈现出逐步上升趋势。

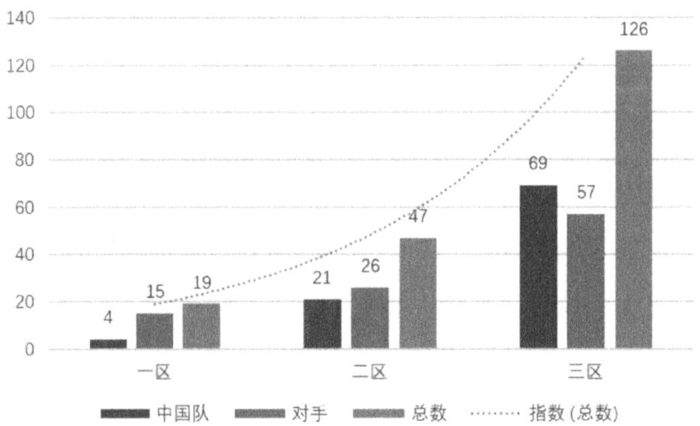

图 4–5　假动作运用区域分布

通过分析视频可知，中国队与对手球的传导在三分线外较多，通过不断的传球来寻求合适的进攻机会，团队和个人进攻的发起点在三分线外和两分线远端多，所以呈现出由内而外有球进攻假动作运用次数由少到多的趋势。中国队在第三区域的进攻假动作运用次数高于对手，其原因有以下几点：一是中国队的推进和球到前场后的处理，球权都在后卫手里控制，由后卫为队友制造进攻空间，还有部分球权由明星球员单打进攻，进攻发起点总被对手控制在三分线附近，甚至是三分线外；二是中国队的锋线球员常常在外线接球，篮下低位区无人接应，导致中国队在第一区域进攻假动作运用次数少，第三区域运用次数多；三是从空间位置的角度分析，防守的难度由内而外逐渐增加，越靠近篮下区域，防守者的可控制面积越大，移动距离变短，参与攻防的运动员越多，进攻者难度增加，进攻空间缩小，不利于假动作的运用。

进攻队员在篮球比赛中运用进攻假动作是为了隐蔽自己的进攻意图，诱导对手在防守中出现短暂的判断错误和不正确的反应。有球进攻假动作是从视觉上吸引对方，打乱对手思维及动作，利用瞬间出现的机会完成进攻。经过视频分析得知，有球进攻假动作的运用，能够有效地欺骗对手，只是对手的个人能力强弱不同，面对假动作的反应大小有所区别。当运动员运用进攻假动作骗过防守人时，要迅速做出下一个进攻动作，稍有延迟，等防守人反应过来，假动作的欺骗效果就会丧失。例如，运动员在防守下，做了一个投篮假动作，让防守人以为自己要投篮，他会伸臂或者起跳封盖，此时防守人重心上提，应迅速突破或者利用时间差进行投篮。

综上所述，进攻假动作的运用需要一定的空间，由篮下到三分线外，进攻空间逐步变大，进攻假动作运用次数逐渐上升，进攻假动作的运用次数与运动员和篮筐的距离成正比，进攻假动作具有迷惑性和连续性的特点。

（三）中国男篮与对手有球进攻假动作的运用分析

1. 投篮假动作运用对比

（1）运用投篮假动作后的行动及效果。

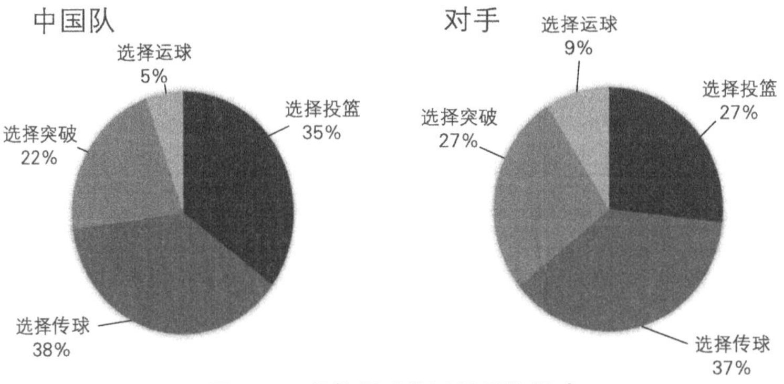

图 4-6 投篮假动作运用后的行动

表 4-5 投篮假动作运用后的行动效果

	选投篮（次）	有效进攻（次）	成功率	选传球（次）	有效进攻（次）	成功率	选突破（次）	有效进攻（次）	成功率	选运球	进攻得分	投篮假动作总次数
中国队	13	6	46.15%	14	0	0.00%	8	1	12.50%	2	13	37
对手	15	11	73.33%	21	7	33.33%	15	2	13.33%	5	37	56

持球队员面对防守时，为了争取最大的进攻空间和赢得最佳的进攻时机，需要合理、灵活地综合运用各种身体动作的假象，产生动作意图、进攻方向、节奏、位置的变化，迷惑和欺骗对方，调动对方的视觉和本体感觉，使防守队员产生不正确的意识和身体上的应急反应，达到隐蔽进攻的

意图。投篮假动作的运用能够迷惑和欺骗对手，调动对方防守，拉开空间距离，造成时间差形成进攻优势，为自己和队友创造进攻机会。

由图4–6可知，中国队和对手在运用投篮假动作后的行动选择上都是传球的占比最大，选择运球的占比最小；对手选择突破的占比要高于中国队5个百分点，选择投篮的占比低于中国队8个百分点；中国队选择投篮的比例远远大于选择突破的比例，对手选择投篮和突破持平。中国队运用投篮假动作后选择投篮和突破的比例为57%，对手的比例为54%，说明中国队和对手在运用投篮假动作之后更多地选择了投篮和突破；虽然对手传球和投篮的占比低于中国队，但是实际运用的次数却高于中国队。

由于运用投篮假动作后选择运球的次数极少且没有实际研究意义，所以表4–5没有加入选择运球这一项。由表4–5知，中国队运用投篮假动作后选择投篮、传球、突破的次数、形成有效进攻的次数及成功率均低于对手。运用投篮假动作中国队一共获得有效得分13分，对手获得有效得分37分；其中，中国队和对手运用投篮假动作后选择投篮的成功率最高，是运用投篮假动作后的主要得分来源。

结合图4–6和表4–5发现，中国队运用投篮假动作后选择投篮的比例要远远高于对手，但是成功率大幅度落后于对手，且得分来源集中于投篮的选择；对手选择传球的比例虽然低于中国队1个百分点，但是形成助攻和造成犯规的次数要多于中国队，对手运用投篮假动作后的得分来源于选择投篮和传球。

投篮假动作的运用通常在与防守人有一定距离，防守人仍处于良好的防守位置，投篮假动作的运用可以有效调动防守，为自己获得最佳进攻时机，也可以为队友创造最佳投篮空间。比赛时情况千变万化，运动员只能依据临场反应应付各种各样的状况，这是经过长期的实践而产生的正确条件反射。中国队运用投篮假动作后选择传球给队友的次数最多，接球后的队员没能把握投篮机会和突破时机，没有形成助攻和杀伤；但对手却可以形成助攻得分，中国队与美国队、塞尔维亚队等强队对比差距明显。综上，运用投篮假动作后的主要行动选择是传球，其次是投篮和突破；选择投篮的效果最优，投篮假动作后的行动选择和效果与运动员身体素质和技战术水平有关。

（2）运用投篮假动作的区域。

由图4–7可以看出，中国队运用投篮假动作的次数由一区到三区逐渐增高，呈直线上升趋势；对手在三区运用投篮假动作的次数最多，一区居中，二区运用次数最少，呈两边高，中间低的趋势；在一区和三区，中国队运用投篮假动作的次数明显低于对手，在二区中国队运用投篮假动作比例高于对手。数据表明，对手在三分线附近和篮下运用投篮假动作次数多于中国队。

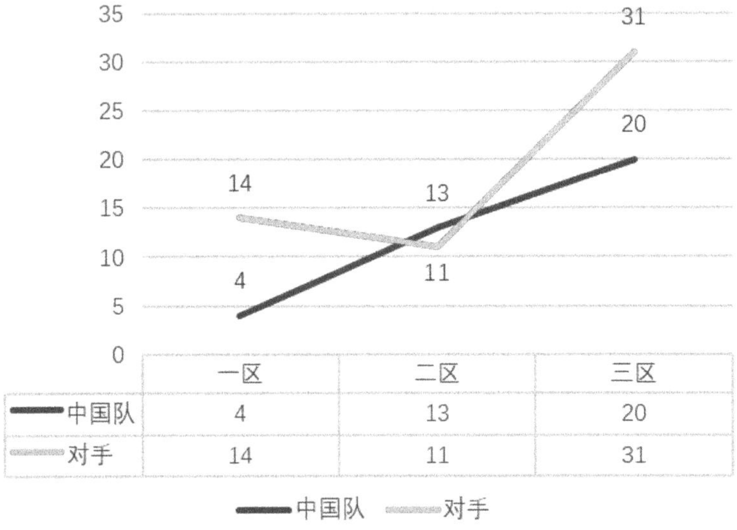

图 4–7　投篮假动作运用分布

由表4–6可知，中国队运用投篮假动作后的有效进攻集中于二区，整体呈现出两边少中间多的趋势；对手有效进攻在一区最多且和中国队相比具有明显优势，呈现出从内而外由多到少的下降趋势。

表 4–6　运用投篮假动作后有效进攻分布

	得分（次）	造成犯规（次）	助攻（次）	总次数		得分（次）	造成犯规（次）	助攻（次）	总次数	
中国队	0	2	0	2	一区	6	3	3	12	对手
	4	1	0	5	二区	3	1	1	5	
	0	0	0	0	三区	1	1	1	3	

结合图4–7和表4–6可知，中国队和对手在三区运用投篮假动作的次数最多，但是有效进攻次数最少；中国队和对手在二区运用投篮假动作的次数和有效进攻次数差异性小；对手在一区投篮假动作的运用次数低于三区，但是得分效果最好，得分次数明显高于中国队。

通过分析视频资料发现，中国队发起进攻的位置在三分线外居多，甚至中锋也会到三分线外接球。中国队的易建联有较强的个人进攻能力，中、远距离投射较准，当中国队面对对手高强度的压迫式防守时，球的转移受到限制，最后只能被迫由球星队员单打，导致易建联在三分线附近持球发动进攻。中国队队员平均年龄小，平均身高占优，在进攻中应该表现得更加积极，增加进攻的冲击性，但是中国队员在篮下进攻不多，空切篮下造成篮下进攻机会也少，所以篮下投篮假动作运用次数少，在中、远距离投篮假动作运用多。欧美球员身体强壮，外线投篮命中率高，冲击内线频繁，外线投篮次数多，主要以外线三分和冲击内线及篮下得分为主，在面对防守时，投篮假动作运用自然高于中国队。综上所述，投篮假动作在三分线外运用次数最多，在篮下运用效果最好；中国队应该保持在两分线内投篮假动作的运用，同时有意识地增加内线进攻时进攻假动作的运用。

（3）运用投篮假动作的最佳时机。

在中国队与塞尔维亚比赛进行到第一节剩余8分56秒时，中国队11号在右侧三分底角接球后，有一定的投篮空间，但对方12号进行补防，此时如果投篮出手，必定遭到对方的干扰（图4-8）；11号进攻队员运用了投篮假动作，他身体和头部朝向篮筐，做出投篮姿势，12号防守队员被成功吸引，重心上提，起跳伸臂封盖（图4-9）；11号进攻队员做出了真实的突破假动作，此时12号防守队员已经失去最佳防守位置（图4-10）；11号进攻队员已经抢占进攻先机，直突篮下，前面已经没有防守人，12号防守队员已经落后半个身位，位于11号身体左侧（图4-11）。11号进攻队员的投篮假动作，有效欺骗了对手，成功诱导对手起跳封盖，使其失去防守位置，造成时间差，有效形成突破空间。

图4-8　时刻一

图4-9　时刻二

图 4-10　时刻三

图 4-11　时刻四

运用投篮假动作的最佳时机是进攻队员停球或者接球的瞬间，防守人未处于最佳的防守位置，正试图扑防或轮换补防时，合理地运用投篮假动作可以有效地拉大进攻空间或造成时间差，创造良好的进攻得分机会。

2. 原地持球突破假动作运用对比

（1）运用原地持球突破假动作后的行动及效果。

通过图4-12可以得知，中国队运用突破假动作后选择突破的比例最大，占68%，其次是选择传球，投篮的选择只有6%；对手也是选择突破的比例最大，占73%，第二选择是投篮，占20%，最后选择的是传球；中国队和对手运用突破假动作后的行动选择相比，选择突破的比例低于对手5%，选择投篮的比例低于对手14%，选择传球的比例高于对手19%。

由于原地持球突破假动作后中国队和对手选择运球的次数极少，没有实际研究意义，所以表4-7没有选择运球这一项。中国队运用突破假动作后的进攻得分多于对手，假动作后选择突破的次数要高于对手10次，选择传球的次数要多于对手7次，但没有形成助攻得分。结合图4-12和表4-7可知，中国队在运用突破假动作后选择突破最多，虽然比对手所占比例少，但成功率高于对手；选择传球次数高于对手，却并没有在进攻上形成明显优势；在选择投篮上，虽然对手所占比例高于中国队，但是实际次数相差并不多，有一定优势但是不明显。

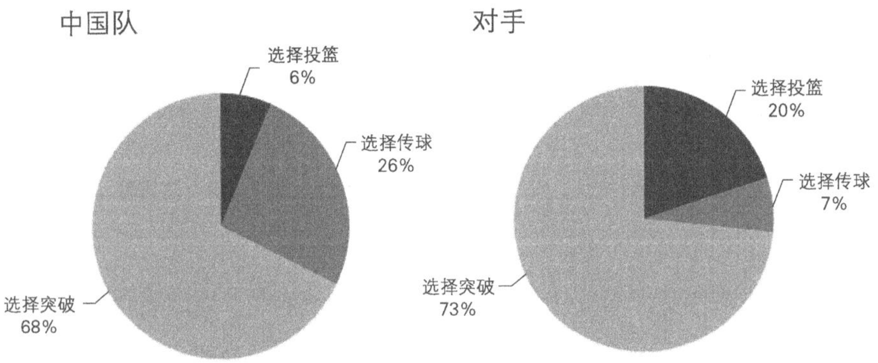

图 4–12　原地突破假动作运用后的行动

表 4–7　原地持球突破假动作运用后的行动效果

	选投篮（次）	有效进攻（次）	成功率	选传球（次）	有效进攻（次）	成功率	选突破（次）	有效进攻（次）	成功率	进攻得分
中国队	2	0	0.00%	8	0	0.00%	21	8	38.10%	13
对手	3	1	33.33%	1	0	0.00%	11	1	9.09%	6

通过视频资料分析，中国队在比赛中面对对手攻击性防守时，经常出现停球的现象，因此对手有更多的时间调整最佳防守位置。此时进攻状态基本形成一对一单打，无论选择投篮、突破还是传球都较困难，继续进攻需要进一步扩大空间和制造时间差。运用原地持球突破假动作可以有效地欺骗对手，破坏防守人的身体平衡，在刹那间获得进攻优势。中国队和对手在持球突破假动作后，无论选择投篮还是传球助攻都没有获得很好的进

攻效果，而选择突破成功率最高。美国队、塞尔维亚队等世界一流强队身体素质优秀，基本技术扎实，身体对抗强度明显好于中国队，运用突破假动作后选择投篮的次数多于中国队，但进攻得分效果不好。中国队在突破假动作后的选择和行动效果占优，应该继续发扬和保持。综上，运用原地持球突破假动作后选择突破的次数最多、效果最好。

（2）运用原地持球突破假动作的区域及特点。

原地持球突破假动作常运用在有球队员与防守队员一对一时，有球队员想要发起进攻并取得有效得分或者造成犯规，就必须为自己创造更好的进攻空间。运用突破假动作后，为了避免防守队员的限制，就必须有下一步行动的空间，因而，突破假动作更多的是在三分线外运用，这有利于有球队员的进攻选择。

从图4–13可以看出，中国队和对手从一区到三区的突破假动作运用次数呈正增长，且三区运用突破假动作的次数最多。由表4–8可知，中国队在第二区域和第三区域的有效进攻次数优于对手，但是在第三区域的失误次数要多于对手，在第三区域造成的犯规次数多于对手。

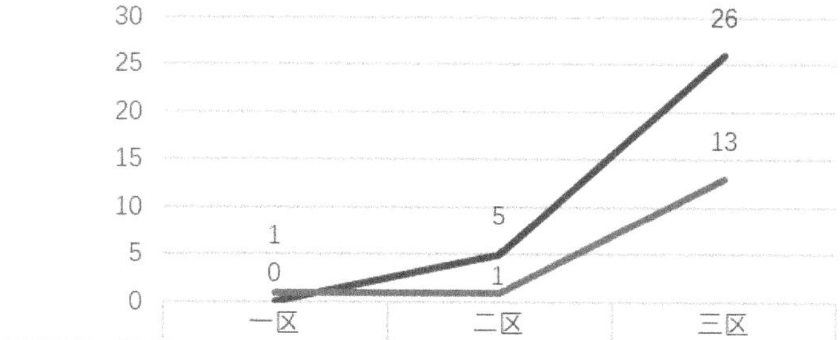

	一区	二区	三区
中国队	0	5	26
对手	1	1	13

图 4–13 原地突破假动作的运用分布

表 4–8　运用原地突破假动作后的有效进攻分布

	得分（次）	造成犯规（次）	总次数	失误		得分（次）	造成犯规（次）	总次数	失误（次）	
中国队	0	0	0	0	一区	0	0	0	0	对手
	1	1	2	0	二区	0	0	0	0	
	2	4	6	4	三区	2	0	2	0	

通过视频分析发现，进攻发起点集中在三区即三分线外，二区为过渡，通常完成球的转移及突分；一区则以终结进攻为主，所以三分线外突破假动作运用次数最多。中国队运用突破假动作的次数高于对手，但是在三区有四次失误，均来自运用突破假动作后的传球失误。中国队员在比赛中敢于运用假动作值得鼓励，但是不合理的运用留给对手过多的反应时间，错失了传球的最佳时机。对手在三分线外运用突破假动作的两次得分均来自三分投射，中国队在运用突破假动作的次数和效果上优于对手。综上所述，持球突破假动作在三分线外运用次数最多，形成有效进攻最多的区域是三分线外；中国队和对手突破假动作的运用次数与离篮筐的远近成正比，离篮筐越近，突破假动作次数越少；突破假动作有利于摆脱防守并进攻得分。

（3）运用原地持球突破假动作的最佳时机。

在中国队与澳大利亚队的比赛进行到第四节剩余3分47秒时，中国队进攻，澳大利亚队防守；中国队11号队员在右侧低位接球面对对手10号队员的防守（图4–14），11号队员面对防守先快速做了一个向右虚晃的动作，此时10号防守队员脚步轻微移动，整体重心并没有太大偏移，手放在胸前防守（图4–15），然后迅速收回做了一个假投篮动作，10号防守队员此时重心前移，右手向上伸出干扰（图4–16），11号进攻队员抓住时机，迅速向右突破至篮下，此时10号防守队员并没有跟上11号进攻队员脚步，位于进攻队员前方，失去了最佳防守位置（图4–17）。11号队员通过向右虚晃的突破假动作结合投篮假动作，有效转移了10号队员的防守重点，找到了突破口，获得了最佳突破位置。

图 4–14　时刻一

图 4–15　时刻二

图 4–16　时刻三

图 4–17　时刻四

篮球运动员在运用假动作之前只有自己清楚，其他人只能通过观察他的后续进攻行动才能看出进攻动作的真假。突破假动作的最佳运用时机是当防守队员立足未稳时，进攻队员迅速做出突破假动作诱惑防守人，此时效果最佳；如果进攻方运球或者接球后停滞，防守人防守位置较佳时，进攻者需要做出至少两个连续的组合假动作才能有效地调动防守。

3. 中国男篮与对手传球及运球假动作运用对比

（1）运用传球及运球假动作后的行动及效果。

篮球运动是一个集体对抗项目，传球是比赛中联系进攻的纽带，运动员要随时观察赛场上的情况来选择传球方式。随着篮球比赛攻防强度的增加，防守攻击性和压迫性的增强，传球假动作的运用越来越重要。

由图4–18可知，中国队传球假动作后选择传球和突破的次数明显高于对手，且两次造成防守犯规都是在选择突破时，并取得了进攻得分。中国队运用传球假动作后的行动选择和效果整体上优于对手，但是差距不明显。

通过图4–19可以看出，对手在运用运球假动作后的进攻选择比中国队更全面，在选择突破的次数上高于中国队，运用运球假动作后的行动和效果整体上优于中国队，但是得分差距不大。

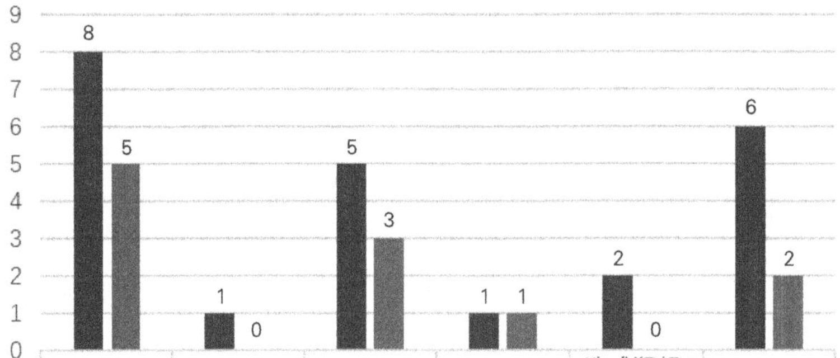

	选择传球	选择投篮	选择突破	助攻	造成犯规/次	进攻得分
■中国队	8	1	5	1	2	6
■对手	5	0	3	1	0	2

■中国队 ■对手

图 4–18　传球假动作后的行动及效果

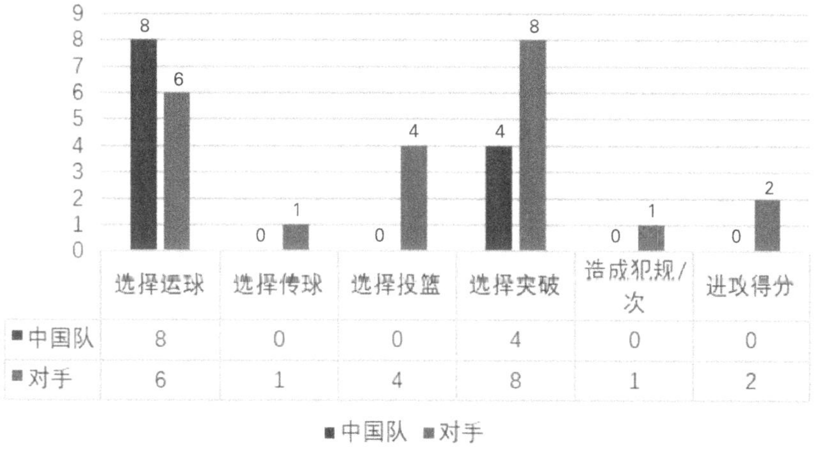

图 4-19　运球假动作后的行动及效果

通过视频资料分析得知，中国队和对手在比赛中运用传球假动作和运球假动作都可以有效地迷惑防守人，骗取防守人的重心移动，使其出现瞬时的防守失位，造成时间差，扩大进攻空间。但是传球技术动作本身动作简单、快速、有力，运球技术动作方式多样，传球假动作和运球假动作在比赛中运用的次数较少，不容易形成直接得分手段。传球假动作虽然有效，但是动作范围和幅度较小，如果假动作缓慢，幅度大则容易被防守抢断，获得进攻空间和时间相对投篮和突破假动作少，不利于后续发动进攻，选择得分的行动少。运球假动作是在运球行进过程中发生的，加上防守压力，对运动员个人身体素质和运球基本功要求甚高，也不利于瞬间的传球和投篮，所以运球假动作后往往伴随着运球和突破行动，其目的是吸引包夹，为队友创造进攻机会。综上，在进攻中运用传球假动作和运球假动作可以有效地为自身和团队创造进攻条件，但不能有效形成直接得分，运用传球、运球假动作后的得分效果不如投篮假动作和突破假动作。

（2）运用传球和运球假动作的区域及特点。

通过图4–20可以看出，中国队运用传球假动作的次数在第一区域为0次，第三区域最多，运用了11次，由第一区域向第三区域递增；对手在第二区域运用传球假动作次数最多，运用了6次，第三区域运用了2次，远低于中国队的11次；有效进攻次数中国队优于对手。

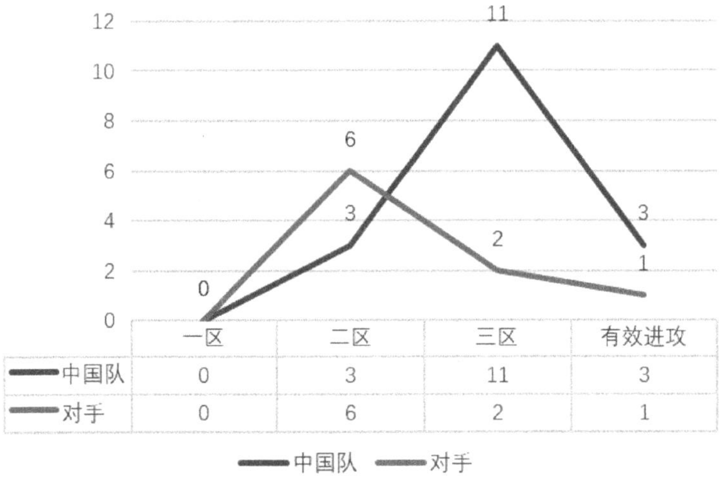

图4–20　传球假动作的运用分布

通过视频资料分析发现，中国队在三分线外选择传球时经常停球等待队友跑位，等队友跑到位时，对手已经到达防守最佳位置上，对中国队员防守严密，所以中国队员传球前就需要利用假动作诱骗防守，获得最佳的进攻位置。由于中国队员与对手身体强壮度有一定差距，大赛经验不足，冲击内线少，所以球的转移在三分线外较多，对手防守压力大，传球假动作的运用增多。对手利用身体优势冲破中国队的外围防线，中国队平均身高占优势，越靠近篮下防守越严密，对手在二区的传导球多，所以传球假动作在二区最多。数据表明，传球次数多的球队能获得更好的进攻效果。综上，传球假动作的运用次数和效果成正比，运用区域分布与攻守双方队员的外部条件有关；传球假动作主要用于延缓防守，不适用于直接得分。

通过图4-21可以看出，中国队在第三区域运用运球假动作的次数和对手一样，都是11次，在第二区域只运用了1次，低于对手7次；中国队和对手运球假动作的运用次数由第一区域到第三区域成正增长。中国队运用运球假动作后没有形成有效的进攻，对手形成2次有效进攻，整体上形成有效进攻的效率都不高。

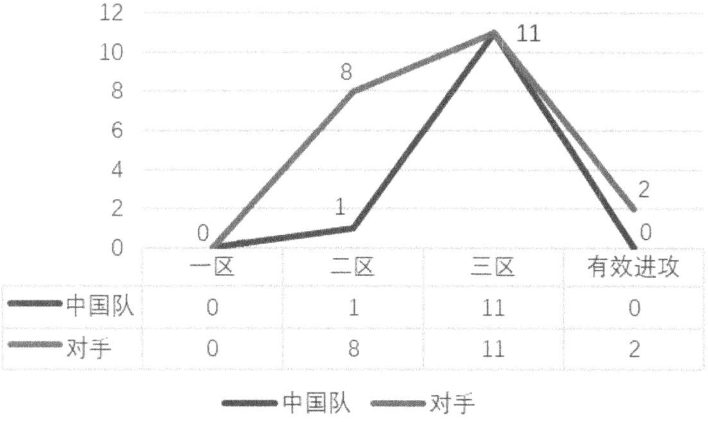

图4-21　运球假动作的运用分布

通过对视频和数据分析发现，中国队和对手在三区运用运球假动作的直接目的不是得分，而是由于对方在防守中逼迫和上抢，迫使持球人在运球中运用运球假动作；或者持球者提前预判防守，做出运球假动作摆脱防守，进行下一步进攻。运球时防守人和持球人始终保持一定距离，持球人的假动作可以有效延缓防守人的移动速度，改变防守移动节奏，但是无法彻底摆脱防守，有效进攻效果不明显。综上所述，运球假动作的运用次数和运动员离篮筐的远近成正比，距离篮筐越远，运球假动作运用次数越多；运球假动作有利于摆脱防守，不能直接得分。

（3）运用传球假动作的最佳时机。

在中国队与澳大利亚队比赛进行到第一节剩余1分46秒时，中国队进攻，澳大利亚队防守，进攻方15号利用团队战术获得三分右侧60°角的空位投篮机会，接到位于三分弧顶左侧6号队员的传球（图4–22），此时防守人7号准备补防，进攻方15号假传球给埋伏在三分线外右侧底角的8号，防守人7号被传球假动作有效吸引，不知道重点防守哪个球员，防守位置处于进攻方15号和8号之间（图4–23），15号队员获得了足够的投篮空间，成功出手（图4–24）。在此次进攻中，进攻队员合理利用传球假动作，成功获得投篮空间。进攻队员通过团队战术配合获得空位机会，如防守队员补防迅速，可能干扰投篮出手时，进攻队员运用传球假动作可以有效欺骗防守，获得进攻空间。运用传球假动作的最佳时机是对方防守位置模糊时。

图4–22　时刻一

图4–23　时刻二

图 4–24 时刻三

（4）运用运球假动作的最佳时机。

在中国队和美国队比赛进行到第二节剩余5分47秒时，中国队进攻，美国队防守，进攻方4号后场抢断成功，与11号、12号快下形成三线快攻，4号头部、躯干、上肢都面向11号（图4–25），防守人11号以为进攻方4号要传球给11号，所以身体移动向11号的前进路线（图4–26），此时进攻方4号将球传给了同时跟进的12号，成功上篮得手（图4–27）。虽然这次进攻是一个三人进攻配合战术，但是在进攻过程中，中国4号队员在运球中利用肢体假动作的配合，成功误导防守人，为队友创造了更加有利的进攻空间。运球假动作在比赛中运用不多，运球假动作需要运动员全身各部位的有效配合才能骗过防守人，很少出现利用运球假动作直接甩开防守人的情况，主要是为了延缓防守人的防守脚步。在战术中运用运球假动作效果最佳。

图 4–25　时刻一

图 4–26　时刻二

图 4–27　时刻三

三、结论与建议

（一）结论

（1）第31届奥运会男子篮球比赛中国队与小组赛对手运用有球进攻假动作的主要形式有投篮假动作、原地持球突破假动作、运球假动作和传球假动作，其中最常用的是投篮假动作且运用效果最好，运用传球假动作、运球假动作主要是为了调动防守。

（2）中国队原地持球突破假动作的运用次数和效果优于对手，投篮假动作的运用存在不足。运用投篮假动作的最佳时机是当进攻队员停球或者接球的瞬间，防守人未处于最佳的防守位置，正试图扑防或轮换补防时；运用传球假动作的最佳时机是对方防守位置模糊时，在战术中运用运球假动作效果最佳；突破假动作的最佳运用时机是当防守队员立足未稳时，如果进攻方运球或者接球后停滞，防守人防守位置较佳时，进攻者需要做出至少两个连续的组合假动作才能有效地调动防守。

（3）中国队在篮下和三分线外运用有球进攻假动作的次数不平衡，内少外多。进攻假动作的运用需要一定的空间，由篮下到三分线外，进攻空间逐步变大，进攻假动作运用次数逐渐上升，进攻假动作的运用次数与运动员到篮筐的距离成正比。持球突破假动作在三分线外运用次数最多，突破假动作的运用次数与离篮筐的远近成正比，离篮筐越近，突破假动作次数越少；突破假动作有利于摆脱防守并进攻得分。

（二）建议

（1）提高对进攻假动作重要性的认识，不断加强进攻假动作的训练。在比赛中，要特别注重投篮假动作的运用，增加三分线以内有球进攻假动作的运用次数，提高投篮和突破效率，并通过运球假动作调动防守，继续保持和发扬在比赛中原地持球突破假动作的运用优势。

（2）进攻假动作具有迷惑性和连续性的特点，运用有球进攻假动作的最佳时机是防守队员积极补防时，所以要加强在战术中进攻假动作的运用，通过两个或以上连续的组合假动作有效地调动防守。

专题五

篮球比赛中传球技术的运用

我国篮球运动开拓者董守义先生曾在《最新篮球术》一书中提道："非有机警之头脑，不足以适应瞬间万变之局面；非有纯熟之技术，不足以施展宏才。"传球技术是篮球比赛中运用最多的技术，现代篮球比赛攻防节奏越来越快，对抗程度越来越高，要在比赛中充分发挥集体的力量，打破对方的防御部署，获得更多、更好的投篮机会，则必须要有良好的传球技术作为保障。

通过分析各种篮球教材和训练书籍发现，往往偏重基本技术的动作方法、动作要领、练习方法等方面的阐述，而技术运用方面的内容严重不足，仅仅是列举几点运用技巧和要求，缺少对技术运用的详细论述。随着篮球运动的发展，某些技术动作方法已经逐渐消失，而原来不常用的技术动作却流行起来。本专题通过对世界高水平篮球比赛中传球技术的临场运用情况进行统计分析，研究现代篮球比赛中传球技术运用的临场表现，归纳总结传球技术运用的特点，为提高篮球传球技术教学训练效果提供指导，进一步丰富我国篮球教学训练的基本理论。

一、主要研究方法

（一）德尔菲法

以问卷、电子邮件的方式向篮球专家进行调查访问，确定相关概念的界定及统计指标体系。问卷共发放三轮，第一轮问卷中，在不加入任何“暗示”条件下，将各个问题呈现在专家面前，只要求对调查表中的问题作答；在进行第二轮调查之前，将第一轮调查中各个专家的意见进行归纳总结，并制作第二轮调查问卷再次发放给各位专家，第二轮调查问卷当中并不说明具体是谁的意见，只是说明有哪几种意见，供各位专家下一轮调查中参考；将第二轮调查中的结果作为反馈信息再次发送给各位专家，由专家再做判断，最后总结第三轮调查结果，得出调查结论。

为了分析各种传球技术动作在比赛中运用的效果，根据传球使同伴获得球后连续完成的进攻动作效果，引入了助攻性传球、威胁性传球、过渡性传球和传球失误四个概念，具体的定义与解释如下：

（1）助攻性传球：在比赛中持球队员传给接球队员，接球队员获得球后，连续他的进攻动作直接投篮并完成得分的传球。

（2）威胁性传球：比赛中持球队员传球给接球队员，接球队员获得球后，连续他的进攻动作直接完成投篮动作但球不中篮的传球。

（3）过渡性传球：比赛中为了进攻做准备，但没有威胁对方球篮的传球。例如外围队员不是为了投篮而进行的传导球。

（4）传球失误：传球不到位，或传出界外，或被对方抢断后失去控球权。

需要说明的是对以上几种传球方式的定义，存在一定的局限性。例如威胁性传球的定义，在比赛中有些传球具有较强的威胁性，但是由于防守队员的防守，接球队员获得球后连续进攻动作，最终却没有完成投篮而是衔接其他进攻动作，实际上此次传球也应当属于威胁性传球。然而在本专题中为了使录像统计更具操作性，限定此定义的内涵，虽有一定的局限性，但是仍能够较为确切地描述比赛中各项传球技术的运用效果。

（二）录像观察统计法

反复观看第一届篮球世界杯比赛的八分之一决赛中的7场比赛（立陶宛对新西兰的比赛录像缺失），四分之一决赛，三、四名决赛与冠亚军决赛共15场比赛，并以专家调查法所确定的统计指标进行手动统计，收集、分析相关数据。具体比赛场次见表5-1。

表5-1　比赛统计场次信息一览

场次编号	决赛类型	对阵双方	最终比分	优胜队
1	冠亚军决赛	美国vs塞尔维亚	129：92	美国
2	三、四名决赛	法国vs立陶宛	95：93	法国
3	二分之一决赛	美国vs立陶宛	96：68	美国
4	二分之一决赛	法国vs塞尔维亚	85：90	塞尔维亚
5	四分之一决赛	立陶宛vs土耳其	73：61	立陶宛
6	四分之一决赛	西班牙vs法国	52：65	法国
7	四分之一决赛	美国vs斯洛文尼亚	119：76	美国
8	四分之一决赛	塞尔维亚vs巴西	84：56	塞尔维亚
9	八分之一决赛	斯洛文尼亚vs多米尼加	71：61	斯洛文尼亚
10	八分之一决赛	美国vs墨西哥	86：63	美国
11	八分之一决赛	澳大利亚vs土耳其	64：65	土耳其

续表

场次编号	决赛类型	对阵双方	最终比分	优胜队
12	八分之一决赛	巴西vs阿根廷	85：65	巴西
13	八分之一决赛	法国vs克罗地亚	69：64	法国
14	八分之一决赛	塞尔维亚vs希腊	90：72	塞尔维亚
15	八分之一决赛	西班牙vs塞内加尔	89：56	西班牙

（三）逻辑分析法

采用归纳、演绎、对比和综合分析等逻辑方法对采集的数据进行分析，归纳总结篮球比赛中各种传球技术的运用特点和一般规律。

二、研究结果与讨论

（一）阵地进攻中各种传球技术的运用分析

1. 各种传球技术的运用次数

根据对2014年篮球世界杯决赛阶段的15场比赛中各种传球技术运用次数的统计，各种传球技术动作运用次数及其所占全部传球次数的百分比如表5–2与图5–1所示。

表5–2　各场次中各种传球技术运用次数一览①

场次编号	双手胸前传球	双手头上传球	双手低手传球	单手胸前传球	单手肩上传球	单手低手传球	单手体侧传球	勾手传球	运球推拨传球	拍拨传球	背后传球	反弹传球
1	91	63	25	66	6	24	24	5	32	2	2	45

① 包括阵地进攻与快攻。

续表

场次编号	双手胸前传球	双手头上传球	双手低手传球	单手胸前传球	单手肩上传球	单手低手传球	单手体侧传球	勾手传球	运球推拨传球	拍拨传球	背后传球	反弹传球
2	108	67	10	50	17	32	34	7	18	0	0	47
3	94	55	14	70	13	11	19	6	27	0	1	50
4	115	69	28	68	16	26	22	11	36	2	0	50
5	143	71	28	74	6	15	16	2	20	2	1	47
6	118	76	15	58	11	28	33	5	14	5	1	33
7	86	58	19	86	8	19	20	4	31	1	1	39
8	123	77	19	72	13	34	30	6	21	2	1	51
9	105	50	16	27	3	11	18	6	14	2	2	30
10	113	54	15	54	5	19	20	2	30	4	2	36
11	141	51	28	46	4	13	19	2	15	2	0	33
12	109	52	12	40	4	15	20	3	7	5	0	29
13	111	80	8	54	7	12	22	9	17	3	1	41
14	152	87	29	42	13	15	40	7	33	3	0	52
15	116	96	20	72	17	12	34	1	33	7	0	39
合计	1725	1006	286	879	143	286	371	76	348	40	12	622

如表5–2所示，在统计的所有比赛中，传球技术运用总次数由高到低依次为：双手胸前传球、双手头上传球、单手胸前传球、反弹传球、单手体侧传球、运球推拨传球、单手低手传球/双手低手传球、单手肩上传

球、勾手传球、拍拨传球和背后传球。

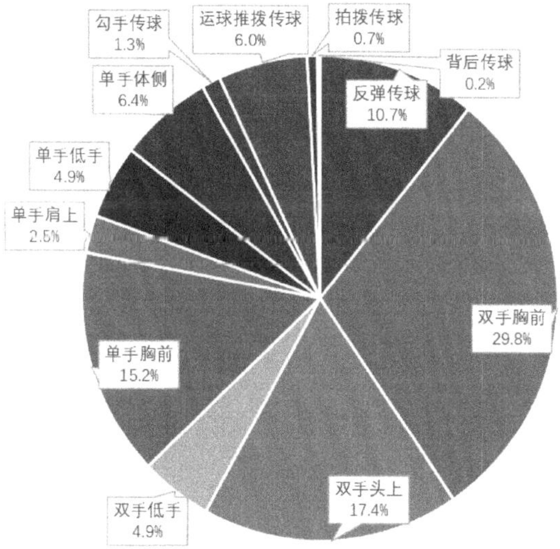

图 5–1　各种传球技术在比赛中运用次数百分比

根据图5–1中传球技术动作运用次数占总次数的百分比，可将各种传球技术动作运用的次数由多到少分为四个等级：第一等级为双手胸前传球，其运用次数最多，占传球总次数的29.8%；第二等级为双手头上传球、单手胸前传球和反弹传球，均占传球总次数的15%左右；第三等级为运球推拨传球、单手体侧传球、单手低手传球与双手低手传球，均占传球总次数的5%左右；第四等级为单手肩上传球、勾手传球、拍拨传球与背后传球，均占传球总次数的1%左右。若将100%分为12等份，其平均值为8.33%，大于均值的传球有（由高到低排序）：双手胸前传球、双手头上传球、单手胸前与反弹传球。

2. 各种传球技术在不同范围内的运用频数

通过对不同传球技术在阵地进攻中不同传球路径运用次数进行统计，

得出以下数据，如表5–3所示。

表5–3 不同传球路径当中各种传球技术场均运用次数统计（阵地进攻）

各种	不同传球路径			
传球技术	外传外	外传内	内传外	内传内
双手胸前传球	78.5	6.8	11.5	1.9
双手头上传球	33.0	17.9	9.5	2.2
双手低手传球	18.1	0.1	0.5	0.3
单手胸前传球	27.9	12.9	9.3	3.5
单手肩上传球	3.1	0.9	3.7	0.3
单手低手传球	13.4	0.3	1.3	3.3
单手体侧传球	11.0	10.6	1.3	1.1
勾手传球	1.7	0.7	1.7	0.8
运球推拨传球	12.5	3.8	2.5	1.7
拍拨传球	0.7	0.2	0.5	0.5
背后传球	0.0	0.0	0.0	0.0
反弹传球	12.1	19.7	3.1	3.7

如表5–3所示，在外传外传球路径当中，前四项传球技术的运用次数由高到低排序为：双手胸前传球、双手头上传球、单手胸前传球、双手低手传球。双手胸前传球在外传外的传球路径当中运用次数最多，场均78.4次；随后是双手头上传球、单手胸前传球，场均运用次数依次为33.0次与27.9次，最后是双手低手传球，场均18.1次。

在外传内的传球路径中，前五项传球技术的运用次数由高到低排序为：反弹传球、双手头上传球、单手胸前传球、单手体侧传球、双手胸前传球。其中反弹传球与双手头上传球运用次数较多，场均分别为19.7次与17.9次；随后为单手胸前传球与单手体侧传球，场均12.9次与10.6次；最后为双手胸前传球，场均运用6.8次。

在内传外的传球路径当中，前三项传球技术的运用次数由高到低排序为：双手胸前传球、双手头上传球、单手胸前传球。双手胸前传球运用次数最多，场均11.4次；双手头上传球与单手胸前传球相当，场均分别为9.5次与9.3次。

在内传内的传球路径当中，前六项传球技术的运用次数由高到低排序为：反弹传球、单手胸前传球、单手低手传球、双手头上传球、双手胸前传球、运球推拨传球。其中反弹传球、单手胸前传球与单手低手传球运用次数相当，场均依次为3.7次、3.5次与3.3次；其余为双手头上传球、双手胸前传球与运球推拨传球，场均依次为2.2次、1.9次与1.7次。

将各种传球路径上的场均传球次数汇总，得出不同路径中常用传球技术情况，如表5–4所示。

表5–4　不同路径中常用传球技术一览

不同路径	常用传球技术
外传外	双手胸前传球、双手头上传球、单手胸前传球、双手低手传球
外传内	双手胸前传球、双手头上传球、单手胸前传球、单手体侧传球、反弹传球
内传外	双手胸前传球、双手头上传球、单手胸前传球
内传内	双手胸前传球、双手头上传球、单手胸前传球、单手低手传球、运球推拨传球、反弹传球

由此得出，双手胸前传球、双手头上传球与单手胸前传球在阵地进攻中的四种传球路径当中均有使用，结合其运用次数，此三种传球技术不但场均运用次数较多，而且在不同路径中均有所使用，是篮球比赛中基本的传球技术。

3. 各种传球技术在不同传球路径上的运用

以表5-3为基础，将各个传球路径上各种传球技术的运用次数进行横向比较，具体情况如图5-2至图5-5所示。

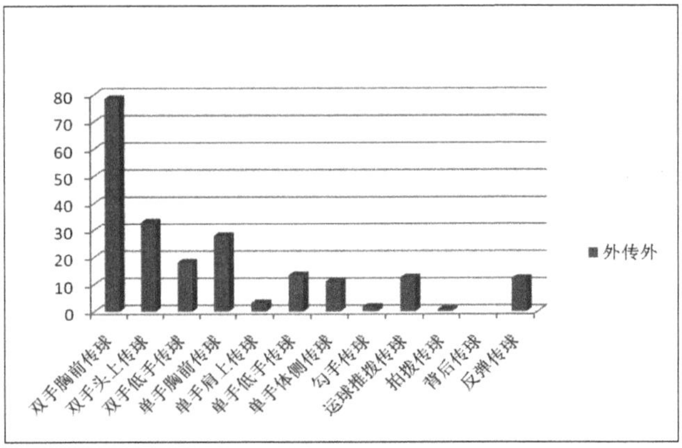

图5-2　外传外路径上的传球技术运用次数

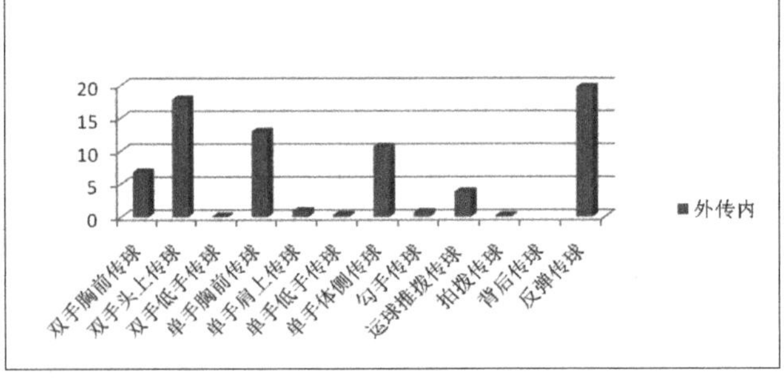

图5-3　外传内路径上的传球技术运用次数

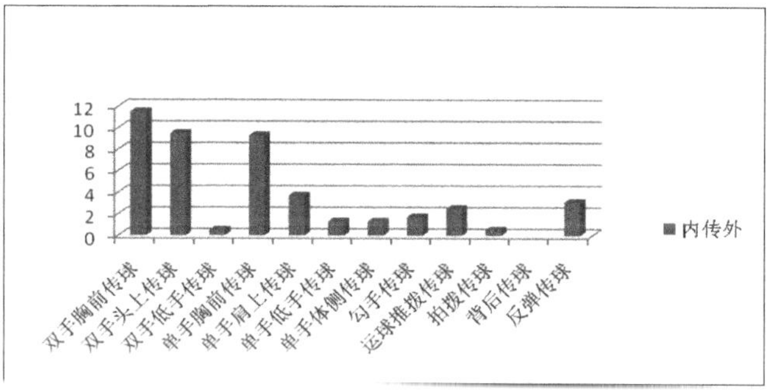

图 5-4　内传外路径上的传球技术运用次数

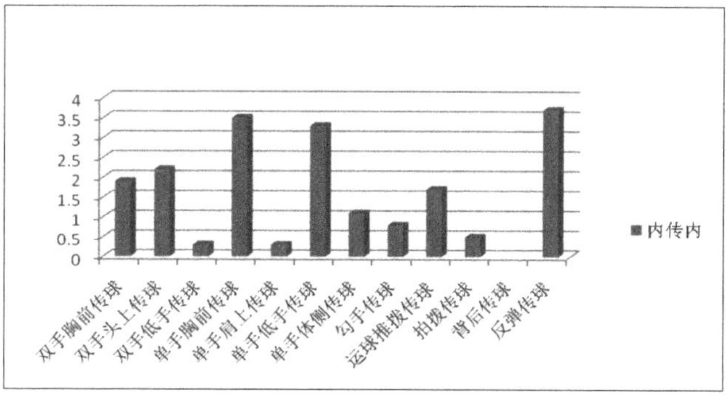

图 5-5　内传内路径上的传球技术运用次数

（1）双手胸前传球在不同传球路径上的运用。

对双手胸前传球技术在不同路径中运用次数进行纵向分析得出（图 5-6），双手胸前传球在阵地进攻中较多运用于外围队员之间的传导球，占双手胸前传球运用总次数的79.5%；其次是由内向外的传球，约占11.7%；外传内的传球占6.9%，在内传内的传球路径当中相对运用次数最少，只占1.9%。

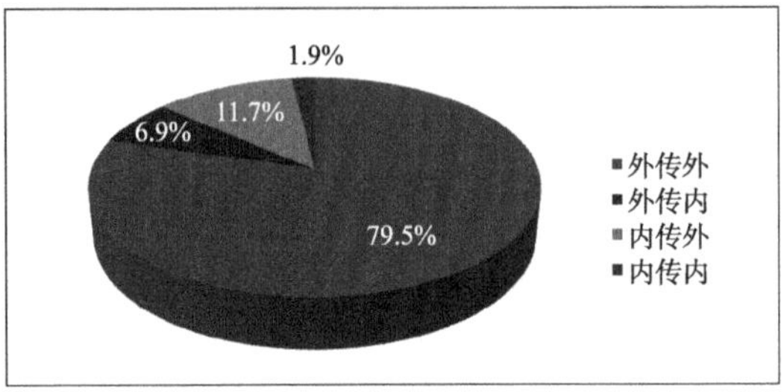

图 5-6　双手胸前传球在不同传球路径中运用次数百分比

与其他传球技术进行横向比较得出：在外传外与内传外的传球路径当中，双手胸前传球的运用次数相比其他传球技术，运用次数最多；在外传内与内传内的传球路径当中虽然运用次数低于其他传球技术，但相差不多，也较多使用。

结合双手胸前传球的技术动作特点分析，在外传外的传球路径当中，运用双手胸前传球的优势在于传球的准确与安全，在不同距离当中均可使用，多为组织进攻做准备的过渡性传球。此外在阵地进攻当中由内向外的传球也较多使用双手胸前传球，且较多地出现在进攻队员运球突破，遭到防守队员有效封堵之后的由内向外的传球，是一种较为安全、力量充足的传球方式。由于双手持球相对于单手传球，其出球动作的灵活性有所限制，出球面较小，出球点相对于单手传球少，因此在运用双手胸前传球给内线队员“喂球”时多与跨步、旋转及投篮、眼神、面部表情等假动作结合，且常以反弹传球的形式出现。在内传内的情况下运用双手胸前传球有着出球速度快、隐蔽性强的特点，主要靠手指手腕的力量，将球“弹拨”给内线队友，完成进攻。

（2）双手头上传球在不同传球路径上的运用。

双手头上传球技术在比赛中运用次数仅次于双手胸前传球，阵地进攻中在不同传球路径中运用情况如图5-7所示：

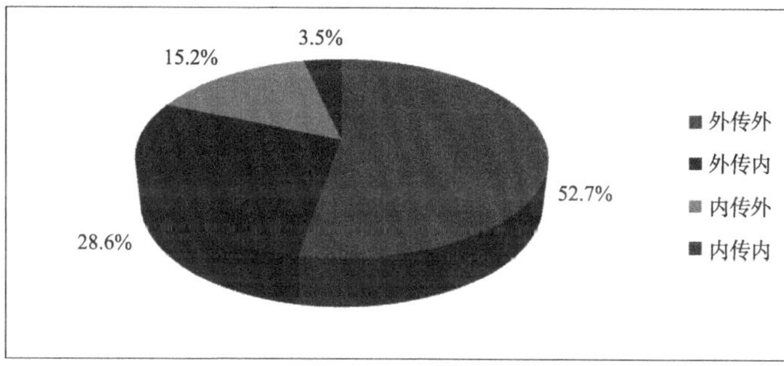

图5-7 双手头上传球在不同传球路径中运用次数百分比

双手头上传球也是一种基本的传球动作方法，传球时出球点高、力量大、球速快、不易防守。双手持球头上很大程度上扩大了传球视野，利于持球队员更好地观察场上情况。通过对双手头上传球运用次数的横向比较，双手头上传球较多地用于外传外的传球路径当中，例如后卫与前锋队员之间的传导球。由于其技术动作特点，比较明显地暴露出传球意图与方向，因此在外传外的传球路径当中应与投篮、传球假动作结合运用效果较好。

将数据进行横向与纵向综合比较，双手头上传球主要用于外传内的传球，在比赛中运用效果较好，尤其是传至内线队员时的“喂球”，相对双手胸前传球较具威胁性与攻击性。由于此种传球持球于头上，较大程度地解放了运动员的视野，更加利于运动员观察场上情况，及时、准确地将球供给内线处于有利进攻位置的队友。

阵地进攻中由内向外的双手头上传球也较常见，较多的是跳起在空中完成，其传球力量大、球速快，不易被抢断，常见于突破到内线区域内的队员或者中锋内线强打后，有目的的向外传导球，创造空位投篮机会的传球。

内传内的双手头上传球除了出手点较高之外，其与双手胸前传球的运用特点相似，主要靠手指手腕的抖动将球传递给处于有利进攻位置上的内线队员完成攻击。现代篮球比赛中锋运动员身体素质以及弹跳能力逐渐增强，双手扣篮的得分方式越来越普遍，当扣篮动作受阻时，双手持球于头上的姿势可以顺利地过渡为传球，往往可以为队友创造直接投篮的机会。

综上所述，双手头上传球在比赛中运用次数仅次于双手胸前传球；在不同传球路径当中均有所使用，使用范围较广，且主要用于外传内的传球路径当中；实际运用中有着出球点高、力量大、观察视野广、不易被抢断的特点。

（3）单手胸前传球在不同传球路径上的运用分析。

从传球路径方面分析，单手胸前传球与双手头上传球作用相似，如图5-8所示，也较多用于外传外路径上的传球，占所有传球次数的52.1%；随后为外传内与内传外的传球，分别占单手胸前传球总次数的24.1%与17.4%；在内传内的路径当中占6.5%。

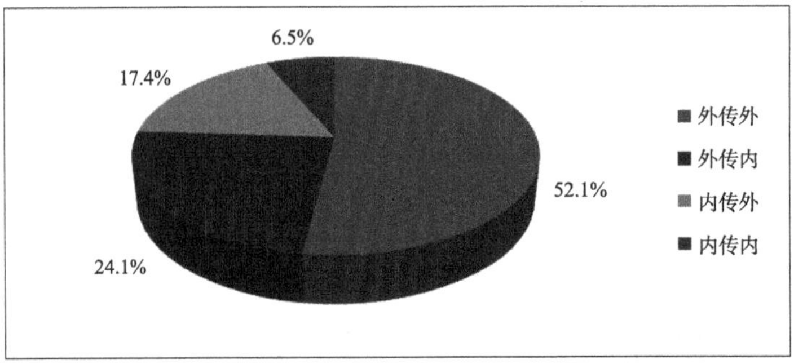

图5-8　单手胸前传球在不同传球路径中运用次数百分比

单手胸前传球在比赛中运用总次数和场均次数均处于第三位，但这并不能说明单手胸前传球的地位不如前两种传球方式。综合分析单手胸前传球在不同传球路径上的运用次数得出，单手胸前传球在各种传球路径当中均存在相当高的使用频率，其使用范围相比于双手胸前传球与双手头上传球更为广泛。

单手胸前传球具有较强的隐蔽性，是常用于越过防守人的一种传球方法。在运用时可以用左手完成，也可以用右手来完成；可以向正前方出球，也可以向身体左右两侧出球。因此具有出球面广、突然性强，对方不易防守的优点，并且由于持球部位适中，可与投篮、突破技术顺畅衔接，具有较强的攻击性。

单手胸前传球是一种值得广泛推广的传球技术，主要是因为其兼顾技术运用的稳定性与攻击性，在比赛中运用的范围广、效果好。此种传球技术可在外传外的路径中用以过渡性传球，亦可向内线队员传过头顶的弧线传球和直接穿越防守人的反弹传球。在内传外、内传内的传球路径当中常常以突破分球的形式出现，往往可以创造直接投篮得分的机会。

（4）反弹传球在不同传球路径上的运用。

反弹传球是将球通过地面反弹传给队友的一种传球方法，具有着地点低，不易被抢断的优点，多用于近距离的、通过防守人的传球。根据对各种传球技术在比赛中运用次数的统计分析，反弹传球在比赛中的运用次数占到所有传球技术运用总数的11.7%，并且随着比赛的激烈程度的增加呈递增趋势。

如图5–9所示，将数据进行纵向比较，反弹传球主要用于外传内路径上的传球，占所有反弹传球运用总次数的51.0%，多见于与身材高大的对手对位或者为了将球传给内线队员的传球；其次为外传外的传球，占总次数的

31.3%；再次为内传内路径上的传球，约占反弹传球总次数的9.6%；最后的8.0%是内传外路径上的传球。结合与其他传球技术运用情况的横向对比，反弹传球除了主要用于外传内的传球外，还多见于内传内的传球路径当中。

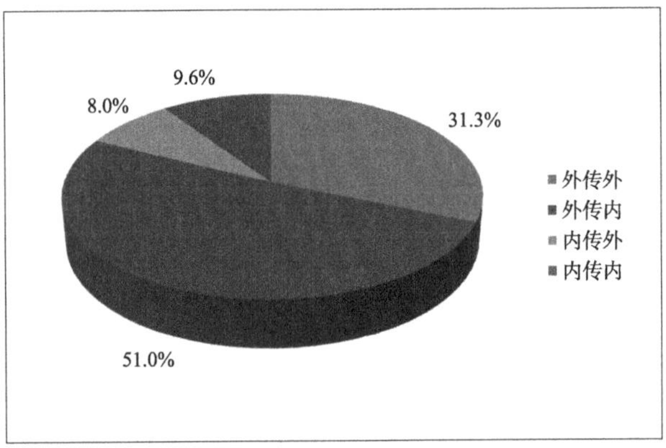

图 5-9　反弹传球在不同传球路径中运用次数百分比

从技术动作方面分析，反弹传球与其他传球技术的出球方法相同，只是传球的用力方向和传球的着地点的选择不同。控制传球的方向、掌握好传球的着地点是反弹传球技术的关键，理想的着地点是距离接球人三分之一的距离，越过防守人时，为了不被抢截，着地点应在防守人的脚旁。比赛中较多使用反弹形式传球的传球技术主要有双手胸前传球、单手胸前传球、单手体侧传球、运球推拨传球与背后传球。单手体侧传球结合反弹传球次数最多，其次是单手胸前传球与运球推拨传球。

综上所述，反弹传球在技术动作方面，其传球手法多样，其余各种传球技术均能以反弹传球的形式出现；在传球路径当中，普遍性的规律是反弹传球主要用于外传内和内传内的传球路径当中。

（5）运球推拨传球在不同传球路径上的运用。

运球推拨传球技术是点拨传球中的一种，是指运球中当球由地面弹起至手指触球时，利用手腕的翻转和手指拨球力量，将球向各个方向传出。在比赛中的运用次数逐步增加，在统计的所有传球次数中占6.0%。综合对比分析运球推拨传球在不同传球路径中的运用情况，虽然其运用总次数较少，但在不同传球路径上均有所使用，且运用效果较好（表5–5），往往可以直接创造投篮与得分的机会。

表 5–5　运球推拨传球技术运用效果（场均次数）

各种传球技术	不同传球方式			
	助攻性传球	威胁性传球	过渡性传球	传球失误
双手胸前传球	7.5	7.8	97.2	2.5
双手头上传球	6.7	7.5	51.5	1.4
运球推拨传球	7.8	6.9	8	0.3

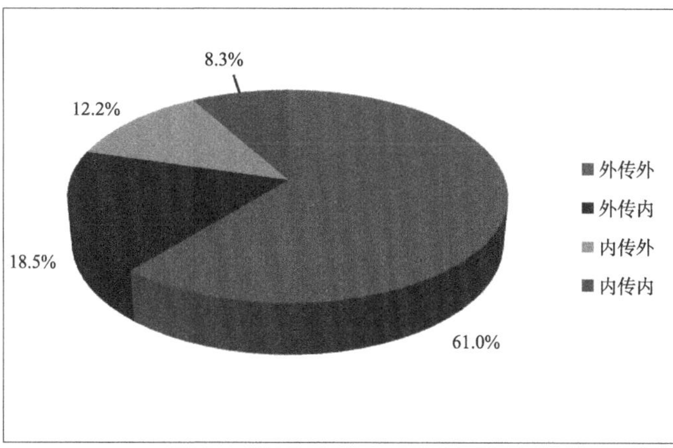

图 5–10　运球推拨传球在不同传球路径中运用次数百分比

在实战运用中，运球推拨传球技术与运球技术结合紧密、连贯顺畅，是在运球当中将球传出，球在手中短暂停留，多见于中、近距离的传球，其动作隐蔽、突然，是运动员控制、支配球能力不断提高的产物，在比赛中常常可以创造出精妙的助攻传球，具有较强的隐蔽性与攻击性。

（6）单手低手传球与双手低手传球在不同传球路径上的运用。

单手低手传球与双手低手传球动作相对简单，多用于近距离的传球。在比赛中运用次数相当，均占总数的4.9%，两者的运用有相似之处亦有不同之处。

相似之处在于，比赛中两种传球方法均以“递”“送”的方式主要用于外传外的传球路径当中。并且多见于高大队员在外围将球传给后卫队员的传球。此种传球方法的优点：从技术动作结构上分析，其动作结构相对简单，容易被高大的内线队员掌握；从传球的效果分析，这种传球方式运用效果较好，失误次数较少。此外，这种传球有较强的战术意义，这是由于高大队员在以这种方式传球后可以顺势为接球队员进行掩护配合，协助接球队员摆脱防守完成攻击。现代篮球比赛由于对球及重点人的防守越来越严密，运动员的运球和传球均变得越来越困难，因此这种“递”“送”的传球方法在比赛中的运用次数越来越多。

其不同之处主要在于单手低手传球的运用方式。单手低手传球的运用范围比双手低手传球更加广泛，从传球路径分析，单手低手传球在外传外的传球路径当中，除了以“递”“送”的方式出现之外，也可与运球技术结合，使传球更具隐蔽性。

从传球效果层面分析，单手低手传球的攻击性要大于双手低手传球，如表5–6所示。

表 5-6 单、双手低手传球效果比较（场均次数）

各种传球技术	不同传球方式			
	助攻性传球	威胁性传球	过渡性传球	传球失误
双手低手传球	0.4	0.3	18.2	0.2
单手低手传球	2.3	2.5	14.1	0.2

在实战运用中，常见于运动员突破受阻之后运用低手传球，绕过防守人的身体将球传给处于有利进攻位置上的队友，助其完成攻击。

4. 各种传球技术在不同区域及其之间相互传递的运用

在篮球比赛中根据与球篮的距离，攻防区域有远、中、近之分，攻防范围有内线和外线之别。内线是指篮下限制区及附近的范围，外线泛指限制区以外的区域。内线攻击包括中锋在篮下的攻击及其组织配合、外线队员突破至篮下的攻击、外线队员利用中锋策应完成攻击、外线队员移动穿插至篮下进行攻击、进攻队员抢获进攻篮板球后的二次进攻等。外线攻击主要指个人或者通过配合后的中、远距离投篮攻击。本专题以此为依据，尝试以内、外线队员主要的进攻区域，对半场阵地进攻的空间进行划分，具体如图 5-11 所示：

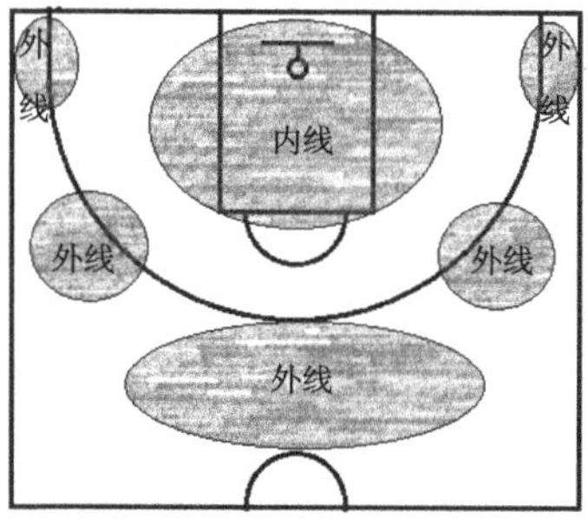

图 5-11 阵地进攻中内、外线攻击区域

内线进攻区域为篮下限制区以及附近区域，外线攻击区域由弧顶攻击区、两侧45°角攻击区、两侧底角攻击区组成。借助上述部分以球篮为中心的传球路径，对相关区域传球技术的运用进行分析。

（1）弧顶攻击区与45°角攻击区之间传接球技术的运用。

阵地进攻中弧顶攻击区与45°角攻击区之间的传接球，其目的主要是为进攻做准备，尤其是与两侧45°角区域之间的传接球。45°角进攻区域是多数战术的发起点，往往是进攻队员为了争取进攻的主动权必须要争夺的区域，此外外线队员的外围远距离投射也较多在此区域内完成。

这两片区域之间的传球方法较为常用的有四种：双手胸前传球、双手头上传球、双手低手传球与单手低手传球。其中双手胸前传球的优点是安全、准确，距离可远可近，落点控制准确，易于接球队员获得球后衔接下一个攻击动作；双手头上传球的优点是出球力量大、球速快，不易被抢断，且双手持球于头上，较大范围地扩大了传球视野，利于队员观察场上情况，加上其也可在外传内的路径当中使用，威胁性大，如果向内的传球路线被封，可以迅速地偏转出球方向，传至45°角攻击区。

此外，双手低手传球与单手低手传球技术也常为运动员使用，且较多是高大队员使用。现代篮球比赛篮下的争夺已近乎白热化，由于攻防对抗激烈、高大运动员身体素质的提高以及规则对限制区的规定等因素，很大程度上促进了中锋技术的全面化，其活动范围也逐渐扩大，越来越多的中锋在外线区域活动，较常见的是中锋在外围为后卫或前锋做“高位掩护”配合。因此相对于其他传球技术更为简单的双手低手传球与单手低手传球较多地用于外围的传导球。这两种传球技术较多地以“递”“送”的形式出现，如图5-12所示，单手低手传球的传球方式与双手相似，只是用单手托球底部，或是递交给同伴，或是利用手指手腕的力量将球轻轻弹拨到空中，使同伴安全地接住来球。

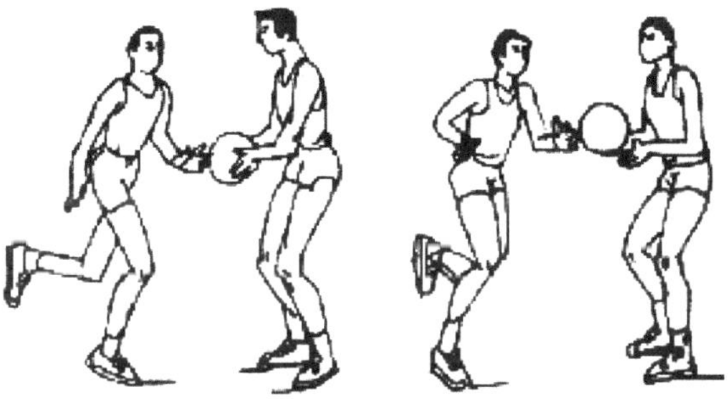

图 5-12　双手低手传球

其运用特点是安全且具有战术目的。为什么说具有战术目的呢？主要是由于高大队员将球“递交”给接球队员之后，很自然地衔接到为接球后的队员做掩护配合，缓解控球队员的压力，还可以直接创造外围远投机会。由于现代篮球运动的防守对球的控制、压迫越来越大，对有球队员的防守越来越严密，使其不能顺畅地完成传球、运球、突破等进攻技术，这就迫使控球队员利用掩护配合来获得球、支配球。观察比赛录像发现，这种在外围攻击区控球队员利用高大队员过渡进攻的方法，随着外围防守的加强，运用次数越来越多，因此，双手低手传球与单手低手传球应当为高大中锋队员所熟练掌握。

以上是球在弧顶攻击区时各种传球手法的运用分析，需要明确的一点是，各种传球手法的实战运用应根据场上具体情况合理选择。除了要善于观察，合理选择传球方法外，最主要的是传球的意识、时机的把握。比赛中传球失误除了在较困难的传球路径当中出现以外，在弧顶传球区域也较多出现，且较多是在弧顶的横传球，由此引出传球技术运用的另一要

点 —— 传球位置与角度。

弧顶攻击区是控球队员进入半场后首先占据的区域，在此区域内向两侧45°角攻击区的传球必须要有一定的传球角度，也就是要维持三角形的阵形，如图5-13所示。需要特别强调的是此阵形的维持与调整，不仅需要传球者注意位置的选择与调整，也需要接球者的配合。

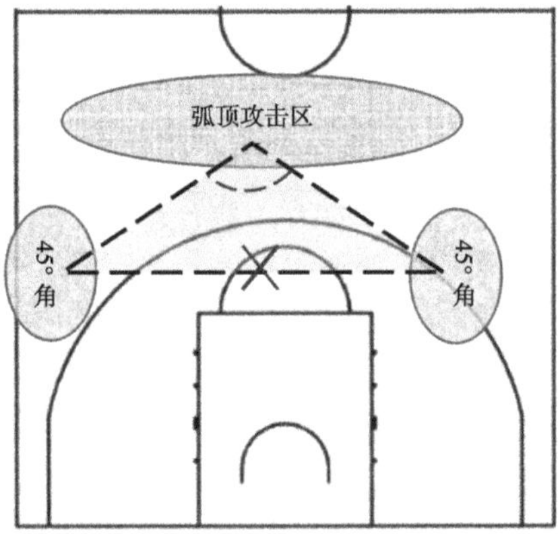

图5-13 球在弧顶攻击区的传球

比赛中有球队员在场上占据主动，他决定着什么时候传球、什么时候不传。比赛中控球队员进入弧顶攻击区域时，应有意识地调整自己的站位。现代篮球比赛是空间与时间的争夺，进攻队员应当明确，合理地运用空间是组织有效进攻的前提。通过观察比赛录像，后卫队员在此区的位置越来越靠近中圈，这样做的优点是传球视野的扩大，后退一步可以看得更广、更清晰，再者可以很好地保持一个好的传球角度，有效地减少横传球失误。此外，应尽量避免两侧45°角之间直接的横传球，在统计的传球失误情况中，很大一部分传球失误就是来自这种弧顶区域的横传球，因此在比赛中应谨慎使用。

（2）球在45°角攻击区时传球技术的运用。

两侧45°角攻击区往往是攻守争取主动的必争要地，进攻队员想尽办法要在此区域获得球并发起进攻。为什么称其为兵家必争之地呢？主要由于在此区域内可以有较多的传球路径（图5-14）与宽广的传球视野，是联系内外线攻击的枢纽地带。

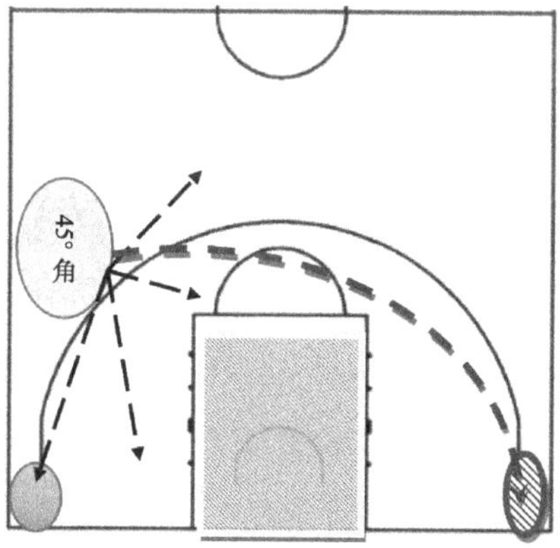

图 5-14　球在两侧 45° 角攻击区的传球

两侧45°角攻击区与内线攻击区之间的传接球有多种形式，最具威胁、最有参考价值的传球主要有两种情况：一种是传给内线占据进攻位置的中锋队员的传球；另一种是传给摆脱防守后向篮切入的前锋或后卫队员的传球。无论哪种形式的传球，最关键的是选择合理的传球路线、控制好传球落点。“远离防守”“以球领人、人球相遇”是传球技术的基本要求。

通过观看比赛录像，并结合由外向内的传球路径中各种传球技术运用情况统计发现，45°角攻击区向内线攻击区的传球，其传球路线主要有两种，一种是弧线传球；另一种是折线传球，也就是反弹传球。具体分析如下：

从传球动作方法分析：在比赛中，进攻队员尤其是核心后卫队员在此区域内持球组织进攻，防守队员必定会全力以赴进行防守，阻止其向内的传球或者运球突破与投篮。因此球在此区域内时，队员处理球会遇到很大困难，在此区域内传球要求队员既要有敏锐的观察力、良好的战术意识，又要具备多种多样的传球方法。队员在此区域内首先应观察的是内线，当观察到传球机会时应及时准确地将球传出。由外向内的传球可选择单手胸前传球走弧线与双手头上传球走“上三路”，也可选择单手体侧传球、单手胸前传球、运球推拨传球结合反弹传球走“下三路”，将球传至内线队员手中。为了提高传球的隐蔽性，需要与投篮、突破等假动作结合；为了扩大传球面积可与跨步、旋转等移动脚步结合。

从传球路线的选择与落点的控制分析：根据防守的站位，中锋在低位要球一般有两种情况，一种为占据好的接球位置，将防守人卡在身后；另一种为防守人绕前防守。在第一种情况中，当观察到同伴抢获有利进攻位置时应及时地传球，球的路线可选择高过防守人的弧线，也可选择反弹传球，球的落点应在远离防守人的一侧。弧线传球落点较高、力量柔和，利于内线队员单手接球；反弹传球的落点应在胸腹部。另一种情况中选择弧线最为适宜，在运用时注意拉开与同伴的距离，为其进攻创造空间。

弱侧队员通过掩护配合向篮下切入时，倘若摆脱防守并占据良好进攻位置，应及时、准确地将球传出，特别注意的是控制球的落点，应在同伴移动路线的稍前方，根据同伴的移动速度，应有一定的“提前量”，做到以球领人，人到球到。

此外，在此区域内向对侧底角攻击区的传球（图5-14）不是没有，但次数较少，多数教练员会反对这样的传球，因为这会增加传球失误的可能性。其实，向对侧底角的传球不是不可以传，只是一定要观察好，有好的投篮机会时，可以将球传至此区，这种由强侧向弱侧突然转移的传球往往可以创造出空位投篮机会。

（3）球在底角攻击区时传球技术的运用。

位于进攻半场场角的两个进攻区，在本专题中将其命名为底角进攻区，是众多优秀远投手较为习惯的投篮区。例如在2012—2013赛季NBA总决赛热火对阵马刺的第六场比赛中，在最后5.2秒时热火队队员雷阿伦投入的绝杀三分，就是在场角攻击区内完成的。由于此攻击区的范围小，两侧都是边线，再加上防守人，则可处理球的空间就太小了。因此在此攻击区内，第一选择就是远投，投不了迅速地将球传给内线队员或者位于同侧45°角攻击区内的同伴。传给内线的球主要采用反弹传球与双手头上传球，传至外线的球则较多使用比较准确、安全、力量充足的双手胸前传球与双手头上传球，穿越整场的传球要谨慎。

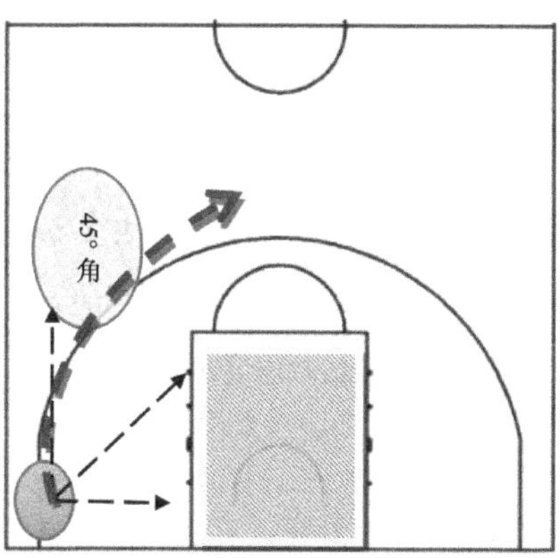

图5-15　球在底角攻击区时传球技术的运用

（4）球在内线攻击区时传球技术的运用。

离篮筐越近命中率越高是篮球运动的规律。因此在内线攻击区攻防力量已经发展到极致，内线一味地蛮攻强打是取得不了好的结果的。现代篮球比赛对中锋队员的传球能力要求更高，一个球队要想打得“活”，除了要一名足智多谋的后卫队员外，还应有一个能打能传的内线队员。内线攻击区的传球，从路径上分析有两种，即内传外和内传内。具体的情况主要有：外线掩护配合之后突破的后卫或者前锋将球分给顺下的中锋队员；中锋在篮下的攻击遭到对方成功防守后向外或者向内的传球；中锋在内线区域中的高位进行策应配合；外线队员突破至篮下后遇到封堵之后的分球；外线队员移动穿插至篮下攻击受阻后的传球等。

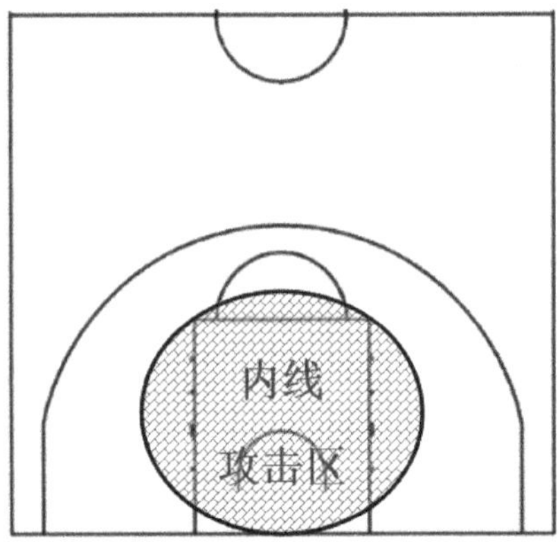

图 5–16　球在内线攻击区时传球技术的运用

由于内线的传球非常复杂、多变，在此只对其中较常用的、典型的传球情况进行分析。从众多情况中选出两种，一是内线中锋持球进攻时的传球；二是进攻队员突破后的分球。

根据中锋位置进攻的特点，将内线攻击区分为高位与低位（图5–17）。

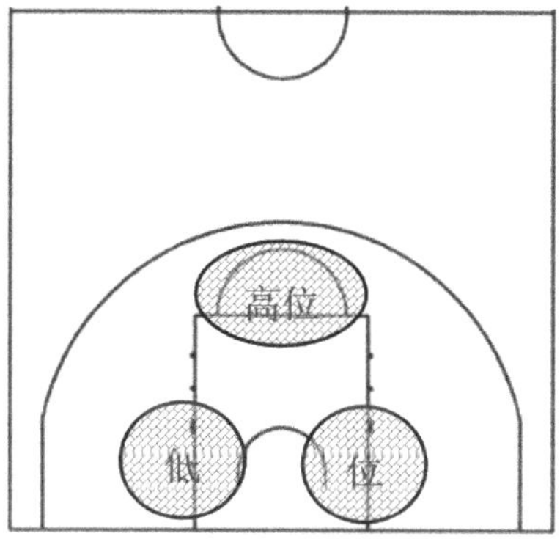

图 5-17　内线高、低位

中锋在低位持球进攻时，多数为背对球篮或者侧对球篮的进攻，如图5-18所示，首先应观察弱侧有无空切篮下的队员，然后观察强侧同伴，如有好的机会，则根据同伴移动的速度、路线以及防守人的位置等因素，判断是否传球，选择传球路线，控制好球的落点，传球应有提前量，人到球到是理想的结果；如弱侧无机会则转入强打，向篮下逼近，一是为了进攻，二是压缩防守空间为外线队员投篮创造空间与机会。

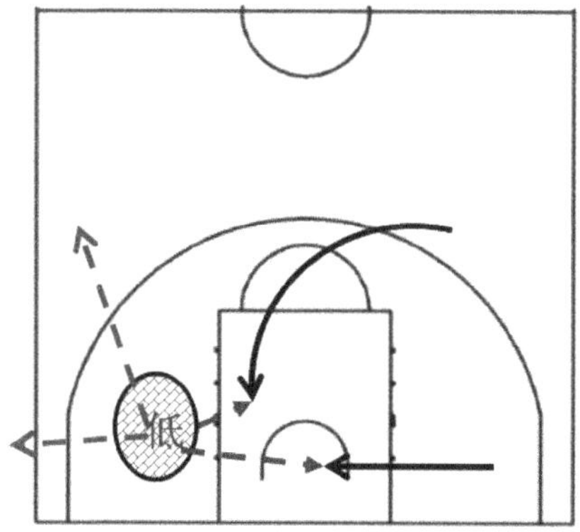

图 5-18　低位进攻时的传球

中锋队员如在高位持球，如图5-19所示，也应正确地观察场上情况，此时的传球视野较广，观察有无同伴在向篮下空切、穿插。传球给内线空切移动的队员时常用反弹传球与双手头上传球，要求动作隐蔽、快速，落点控制到位，做到以球领人。如果没有好的传球与投篮机会，可运球突破也可将球传给外线控球队员。内传外的传球与其他位置上的传球有所区别，由于中锋队员的技术特点，其传球点较高，多用双手头上传球、单手肩上传球，其中运球推拨传球是一种好的传球方式，它是一种结合运球的组合技术动作，隐蔽性强，主要利用手腕的翻转与手指的弹拨将球传出，可以迅速地由背身强打转为向外传球。

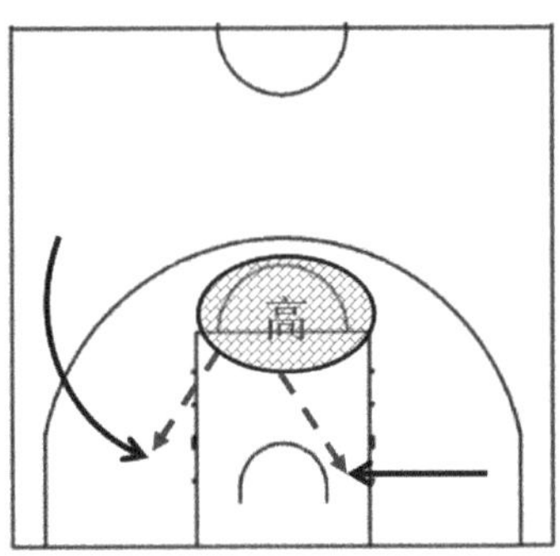

图 5-19 高位进攻时的传球

外线队员突破至内线攻击区域后，如遇对方封堵可选择分球，分球的路径可分为向内分球与向外分球。通过观察比赛录像发现，突破后向内分球时多用单手低手传球与运球推拨传球，常在行进间或跳在空中完成；单手低手传球多见于短距离的直线传球，运球推拨传球常以反弹形式呈现。其中单手低手传球在运用中颇具对抗性，常常是跳起到空中的队员，利用腰腹力量，伸展手臂，绕过防守人的身体将球传给内线同伴完成攻击。突破后向外的分球多运用相对安全、准确的双手胸前传球、双手头上传球与单手胸前传球，其中单手胸前传球技术的运用不同于教材当中描述的向身体正前方出球，而是向身体侧方或者后方出球。其动作方法相似，主要区别是出球时手接触球的位置不同。凭借手腕的翻转、手指的弹拨将球传至同伴手中。

（二）快攻中各种传球技术的运用分析

快攻是篮球全队进攻战术之一，是在由守转攻时，全队以最快的速度、最短的时间，趁对方防守立足未稳、布防未续，创造以多打少的良好战机，果断投篮的一种进攻战术。快攻战术有两种形式，一种为长传快攻，另一种为短传结合运球推进快攻。整个快攻过程是由发动与接应、推进和结束三个阶段组成。本专题将快攻分为三种情况进行研究，即发动阶段的传球、推进阶段的传球以及结束阶段的传球。

快攻发动阶段、推进阶段与结束阶段传球技术的运用次数如表5–7所示。

表5–7　快攻不同阶段各种传球技术运用次数一览（所有场次运用总次数）

快攻不同阶段	双手胸前传球	双手头上传球	双手低手传球	单手胸前传球	单手肩上传球	单手低手传球	单手体侧传球	勾手传球	运球推拨传球	拍拨传球	背后传球	反弹传球
发动	134	44	14	20	17	5	6	0	7	2	0	10
推进	101	16	0	14	5	4	4	1	27	0	0	20
结束	9	3	0	18	0	2	1	3	4	7	1	8

快攻的发动时机有抢获防守篮板球后、抢断球后、掷界外球时和跳球时，其中机会最多的是抢获防守篮板球后与抢断球后发动快攻。通过数据统计并反复观看比赛录像发现，在快攻的发动阶段多用双手胸前传球、双手头上传球与单手肩上传球；抢断球后的传球多用双手胸前传球与单手胸前传球，其特点是安全、迅速、准确。抢获防守篮板球后发动快攻的一传，运用哪种传球方法不是最重要的，关键在于球员发动快攻的意识、获得球后的观察以及发现进攻机会后迅速的反应。此外，根据同伴的位置、距离与移动速度，控制好传球落点也是影响成功发动快攻的因素。

快攻的推进有两种方式：运球或是传球，实际运用中两者相辅相成，共同完成快攻的推进任务。快攻强调进攻的快速性、瞬时性，因此及时、准确、到位的传球是快攻成功的保证。快攻推进阶段的传球常常是在移动中完成的，为了保证传球的及时、准确，较多地采用较为安全、准确且与运球顺利衔接的单、双手胸前传球。近距离短传时，要求路线平直、球速快，落点具有一定的“提前量”，保证向前推进的速度。

结束阶段的传球发动与推进阶段相对多样，且机动灵活，传球方法的运用也相对复杂，并且常与各种假动作结合；技术运用的特点为动作隐蔽、球速快、路程短，主要靠手指手腕的抖动将球传出。结束阶段传球技术的运用主要是在队员正确的观察判断、合理的假动作吸引下完成的，适宜的传球角度与传球时机是成功传球的保证。

（三）传球技术在实战中运用要点分析

1. 掌握传球技术动作的关键

传球过程由持球、出手动作、球的飞行路线与落点四个环节组成，其中球的出手动作是传球技术的关键，决定球的飞行速度、路线以及落点，出手动作决定传球的效果。手对球的控制，主要靠手腕的“翻转、屈扣、抖动”与手指的“弹拨”完成，合理、巧妙地运用手指、手腕的力量，是提高传球技巧和出球速率的关键。

在实战运用中，传球技术的运用往往是在对方严密防守下完成的，为了增加出球点、扩大出球面，需要利用脚步的“蹬跨”与“碾转”动作，结合手臂的“甩”“摆”“绕”等用力方法完成传球；为了使传球更具隐蔽与攻击性，常与投篮、突破、运球等技术动作结合使用。

2. 明确传球的目的

篮球比赛中的战机转瞬即逝，不经意地运一次球、毫无目的的一次传球就会浪费一次良好的进攻机会。要想提高传球的攻击性、提高战术配合的质量，就必须增强传球的目的性。传球的目的概括起来主要有以下几点：

（1）调整进攻队形、队员以及球的位置，便于发动进攻时应用传球技术；

（2）为了调动和打乱对方的防守部署，使防守力量不易集中于有球一侧，以便同队队员接球后达到投篮或者突破目的；

（3）为了调整向内线的传球角度或时机，以便及时地将球传至篮下；

（4）促使同伴及时地接到球并获得投篮得分的机会。

应根据本方的进攻战术、进攻队员的技术特点以及对方的防守战术，有目的、有针对性地运用各种传球技术，创造进攻机会。

3. 运用正确的观察方法、选择合理的位置和角度

注意力的集中与分配是判断传球时机的前提条件，位置移动是扩大传球视野、调整传球角度的有效方法。虽然比赛中的情况极其复杂，但仍有规律可循。

位置调整是扩大传球视野的有效方法，例如在弧顶攻击区，位置的选择应尽量靠近中圈，好处是观察的范围可以扩大到整个半场，左右两侧的

同伴移动情况尽收眼底。

注意力合理的集中与分配是发现战机的前提条件。正确的观察要有内有外、有主有次。内与外是针对观察的范围来讲的，主与次是相对于进攻的主要方面和次要方面，具体情况一般有以下几种方法可供借鉴。

在阵地进攻中，从进攻的全局分析，局部的战术配合是观察的重点，也是进攻的主要方面。一个简单的配合就可以创造出两到三个甚至更多的进攻机会。此时观察的重点及一般性规律为：先看内线后看外线，外线的观察顺序应为先看弱侧、再看强侧。根据篮球运动规律，离篮筐越近命中率越高，内线的机会一定是最先考虑的，如果有好的传球机会，应当及时、迅速地将球传至篮下进攻队员手中；如果内线没有机会，或者机会不好再观察疏于防守的弱侧外线同伴。由于现代篮球比赛对球的防守越来越严密，处于弱侧的队员相对进攻空间充足，防守力量薄弱，是完成外线进攻的较好机会。

若内线队员在限制区一侧附近背对篮筐或者侧对篮筐持球，其观察的顺序应先看弱侧，后看强侧，要特别注意弱侧队员向篮下的穿插移动。若弱侧队员摆脱防守切入篮下，内线队员应及时、隐蔽地将球传至同伴手中，此时应注意传球的提前量；若切入队员没有机会再看远端的外线队员，尝试进攻后若无好的进攻机会，可以将球传至远端外线队员手中延续攻击。

快攻当中，注意力的分配顺序为先远后近。抢获防守篮板球或者抢断球之后，前场为进攻的重点，判断前场的攻防情况，若有长传快攻机会，应及时地将球传出。若前场无进攻机会，再看后场队员，根据具体情况选择合适的接球对象。

4. 掌握传球时机

比赛中的助攻传球是时机把握的最佳体现，队员摆脱防守的一瞬间，传球也立即到位，就可以轻松地完成攻击；然而这样的机会转瞬即逝，稍一犹豫机会就消失不见，那么如何把握传球时机呢？时机，从语词的概念解释，是具有时间性的客观条件、机会，是特定时间的特殊机会，具有时间限制。运用在篮球运动当中，就是在进攻机会出现后传球的及时性。那么篮球比赛中都有哪些进攻机会呢？首先有通过配合或者移动摆脱对手后的空位的投篮、同伴摆脱防守后的空切移动。例如掩护配合后，由于防守换防没有配合好，同伴无人看防，此时应尽快地传球，过早、过慢的传球都会耽误战机。在明确进攻机会都有哪些的基础上，还应根据本队的战术特点与同伴的技术特点，增强彼此间的协调配合，熟悉战术跑位、明确进攻的主要方面与次要方面，这样才能捕捉到更多更好的进攻机会。

5. 选择合适的传球路线与准确控制传球的落点

选择合适的传球路线与准确控制传球的落点也是影响传球质量的重要因素。传球路线有直线、弧线与折线之分，掷界外球时偶尔还会出现地滚球。传球路线的选择应根据攻守队员所处的位置、距离、移动方向、速度和战术的需要等各种情况合理选择。根据传球技术在不同路径当中的统计分析，直线传球较多用于中、近距离的传接球，常见于阵地进攻中外传外路径中的传球；弧线传球多用于在空中越过防守人的传球，多见于外传内的路径当中；折线传球的运用在外传内的路径当中较多见。

球的落点是指传出的球所要到达的位置。落点的选择应根据同伴的运动状态、防守人的位置、战术意图等因素合理控制，控制落点的关键是手指手腕的出球动作。传至静止状态下的同伴时，应观察防守人的位置，球的落点应在远离防守人的一侧，如外线供中锋的球；传给移动状态下的同伴时，应根据同伴及其防守人的位置、移动方向与速度，一旦同伴摆脱防守，球应当及时传出，球的落点应在同伴移动方向的稍前方，根据其移动速度控制距离，速度快，传球的提前量大，速度慢，传球的提前量小。

6. 结合假动作提高传球的隐蔽性

后卫队员利用传球组织进攻时，除了合理地观察、判断之外还应注意假动作的使用，隐蔽真实意图，迷惑对方，进而提高战术配合的质量，创造更多更好的进攻机会。

与传球技术结合的假动作主要有：眼神、面部表情、投篮、突破。眼睛是心灵的窗户，正确地运用眼睛余光观察同伴的移动是运用眼神假动作的关键，具体运用中有眼睛注视外线，球却传向内线；看右侧，传左侧，均能取得良好的传球效果。阻止对方投篮是防守的重点，合理地运用投篮假动作、突破假动作等吸引对方防守，是扩大进攻空间、创造传球机会的有效方法。

（四）单手胸前侧向传球技术及其运用

快速、及时、准确、隐蔽、多变，是对传球技术运用最精练的要求。好的传球不仅为了防止防守队员的抢断，而且应使同伴获得球，并顺畅、连贯地衔接下一个进攻动作。通过对比赛录像的反复观看，一些常用的传球技术，比如双手胸前传球与双手头上传球，多数情况下是过渡性的传球。而有些传球则较为隐蔽，实际运用中效果较好，例如单手胸前传球、单手体侧传球、运球推拨传球等。然而实际运用中，其动作表现并非都像教科书上所描述的，而是有一定的变化。现以单手胸前侧向传球为例做一简单分析，需要说明的是，教材中技术的动作方法是最基本的，只有在基本动作掌握之后才能尝试练习技术的变化。

单手胸前侧向传球，是由单手胸前传球延伸出来的技术动作，正常的单手胸前传球，其出球方向是向正前方，如图5-20所示。

图 5-20 单手胸前传球

单手胸前向侧传球与单手胸前传球的不同在于出球的方向，其动作方法为：持球姿势与双手持球相同，传球时（以右手向左侧出球为例）双手持球于胸前，立腕，逆时针旋转90°，使右手位于球的左侧上方，然后在左手的辅助下将球向右侧或后侧传出，如图5-21所示。此种传球方式的优点是与运球、突破等技术结合紧密，由于球向侧面传出，而身体仍是面对前方，动作的本身就具备一定的迷惑性，再与眼神、传球假动作结合使用效果更好。在比赛中此种传球较多用于突破后的分球，可在原地、行进间与跳起在空中使用。

图 5-21 单手胸前侧向传球

图 5-22　单手胸前侧向传球

三、结论与建议

（一）结论

（1）双手胸前传球、双手头上传球、单手胸前传球与反弹传球在比赛中运用次数多、范围广，是其他传球技术动作的基础，是篮球运动中最基本的传球技术动作方法。

（2）双手胸前传球与双手头上传球主要用于外围防守压力较小时的传导球，其特点为安全、准确；随着防守攻击性的逐渐加强，以“递”“送”形式出现的单、双手低手传球也主要用于外围队员之间的传导球。

（3）双手头上传球与结合各种传球手法的反弹传球主要用于直接穿越防守人的、由外向内的传球，实际运用中传球视野开阔、不易被抢断。

（4）单手胸前传球、单手体侧传球、运球推拨传球技术与运球技术结合紧密，灵活性强，是极具隐蔽性与攻击性的传球技术。

（5）快攻中的发动阶段，主要运用双手胸前传球与双手头上传球。其传球力量大、速度快，远、中、近距离均可使用；在快攻推进阶段主要运用较为安全、准确的双手胸前传球；结束阶段的传球方法多样，机动灵活，运用特点为动作幅度小，隐蔽性强。

（6）明确传球目的、提高传球意识、掌握正确的观察方法、有意识地调整传球角度、合理选择传球路线与手法、控制传球落点是成功传球的保证。

（二）建议

（1）在传球技术教学中，建议注重学习双手胸前传球、双手头上传球、单手胸前传球与反弹传球。基本的传球动作掌握后，建议增加向不同方向（前、后、左、右）、在不同运动状态下（行进间、跳起、运球中）运用传球技术的练习比重。

（2）在战术教学训练中，要强调明确传球的目的、注重传球位置的选择与传球角度的调整，合理运用不同传球方法、路线，控制传球的落点，进而提高战术配合质量。加强运动员传球意识的培养，提高运动员运用技术的能力。

专题六

篮球比赛中运球技术的运用

运球是持球队员在原地或移动中用单手连续按拍从地面反弹起来的球的基本技术。运球技术不仅仅是个人摆脱防守，创造突破、传球以及投篮得分机会的重要进攻手段，也是进攻队员发动快攻、组织全队战术配合的纽带。篮球比赛对抗日益激烈，比赛节奏的加快和防守压迫性的增强迫使队员不断提高运球能力。分析各种篮球教材和训练书籍发现，这些书籍往往偏重基本技术的动作方法、动作要领、练习方法等方面的阐述，而技术运用方面的内容严重不足，仅仅是列举几点运用技巧和要求，缺少对各项技术运用的详细论述。随着篮球运动的发展，某些技术动作方法已经逐渐消失，而原来不常用的技术动作却流行起来。以前作为单一动作出现，现在变为多种组合动作进行运用。本专题通过对第28届亚洲男篮锦标赛决赛阶段运球技术的运用情况进行统计分析，研究篮球比赛中运球技术运用的临场表现，归纳总结运球技术在不同阶段的运用特点及其内在联系，丰富篮球运球技术理论，为篮球运球技术教学训练提供参考。

一、主要研究方法

（一）问卷调查法

通过前期相关理论的研究和咨询相关专家，设计了运球技术在比赛中运用的相关统计指标体系，对录像资料做出简单的初步统计之后，对统计指标做出相应的调整。并通过三轮专家问卷，逐步筛选并最后确定了运球技术运用的统计指标体系。

（二）录像分析法

本专题根据专家建议及样本场次的相关性进行数据收集，最终统计了第28届亚洲男篮锦标赛15场比赛，其中包括冠亚军决赛1场，三、四名决赛1场，半决赛2场，四分之一决赛4场，5—8名排位赛中2场以及比赛第二阶段比赛5场（对阵双方均为第28届亚锦赛前八强），共15场比赛。

表 6–1　样本比赛场次

比赛场次	对阵双方
冠亚军决赛1场	中国vs菲律宾
三、四名决赛1场	伊朗vs日本
半决赛2场	中国vs伊朗，日本vs菲律宾
四分之一决赛4场	日本vs卡塔尔，伊朗vs韩国，印度vs中国，菲律宾vs黎巴嫩
5—8名排位赛中2场	韩国vs印度，卡塔尔vs黎巴嫩
第二阶段比赛5场	中国vs卡塔尔，菲律宾vs印度，黎巴嫩vs中国，卡塔尔vs韩国，菲律宾vs伊朗

（三）逻辑分析法

采用归纳、演绎对比和综合分析等逻辑方法对采集的数据进行分析，归纳、总结运球技术在比赛中不同阶段的运用特点与规律。

二、研究结果与讨论

在篮球比赛中，运球技术运用虽然充满了各种变化，但也有规律可循。运球技术在比赛中的运用可分为：运球调整位置、运球突破、快攻中的运球、持球突破后运球。运球技术运用情况灵活多变，不仅与球员本身的位置有关，而且与运球前运球者的活动状态以及防守者的状态等多方面的外部因素有关，是一个内外因相结合的整体。因此，本专题从运球技术运用的整个过程以及外部影响因素等方面进行全面的分析。

（一）运球技术相关概念及统计指标的界定

1. 运球技术分类的界定

（1）根据运球技术在比赛中运用的目的，分为调整位置技术、运球突破技术、快攻中的运球技术、持球突破后的运球技术。

（2）运球调整位置技术：通过调整球的位置达到预期的目的，包括运球从后场往前场推进，推进球到固定战术的发起位置，调整球到最佳传球位置，调整球到防守弱侧便于运球突破和寻找机会进行投篮，调整球等待接应队员到位。

其中调整位置分类中，包含因欲进行运球突破遭遇严密防守而不得已调整位置。运球突破是指运用运球技术结合身体素质超越对手；快攻中的运球突破以及持球突破后的运球突破不算运球突破，分别归属快攻中的运球技术和持球突破后的运球技术。

2. 运球技术相关统计指标的界定

（1）获得球方式：接同伴传球获得球次数、自己抢断球获得球次数、抢篮板球获得球次数。

（2）停球方式：原地接球停球次数、跨步接球停球次数、跳步接球停球次数。

（3）持球队员在运球过程中运用的技术动作方法：胯下运球次数、背后运球次数、转身运球次数、体前变向运球次数、急停急起运球次数、原地运球次数。

（4）运球技术动作的运用方式：单一动作次数、组合动作次数。

（5）运球过程中的配合：有配合次数、无配合次数。

（6）运球突破时机：利用假动作突破次数、利用掩护突破次数、强行突破次数、利用防守队员站位未稳突破次数。

（7）处理球效果：投篮或上篮次数、传球或分球次数、造成犯规次数、进攻犯规次数、失误次数。

（8）快攻中运球技术运用：快攻发起前何种方式获得球次数（抢断获得球次数、抢发底线球次数、抢篮板球获得球次数、对方主动失误获得球次数），运用何种方式进行快攻次数（单纯运球快攻次数、运球结合短传快攻次数、长传结合运球次数）。

（9）个人持球突破后的运球技术运用方法：胯下运球次数、背后运球次数、转身运球次数、体前变向运球次数、急停急起运球次数、原地运球次数。

（二）运球技术运用过程分析

1. 获得球阶段

获得球阶段是个人运球调整位置和个人运球突破的初始阶段，获得球质量直接影响运球调整位置和运球突破的效果，对运球技术运用至关重要。虽然队员获得球阶段具有很大的差异性，主要体现在获得球方式和停球方式上，还有获得球时的对抗状态、与防守者的位置关系、接球队员的移动状态等方面。

（1）获得球的方式。

① 运球调整位置的获得球方式。

由表6–2可知，第28届亚洲男篮锦标赛中运球调整位置共2388次，场均159.2次；接同伴传球后的运球调整位置为2253次，场均150.2次，占总数的94.3%；抢断获得球后的运球调整位置为22次，场均1.5次，占总数的0.9%；抢篮板球后的运球调整位置为113次，场均7.5次，占总数的4.7%。从图6–1可见，接同伴传球是运球调整位置前获得球的主要方式。运球调整位置多是为寻求更好的突破时机、空间，进行战术配合，不涉及直接突破，防守较弱。

表6–2 运球调整位置获得球方式

获得球方式	接同伴传球	抢断而获得球	抢篮板球	总计
次数	2253	22	113	2388
所占比例（%）	94.3%	0.9%	4.7%	99.9%
场均次数	150.2	1.5	7.5	159.2

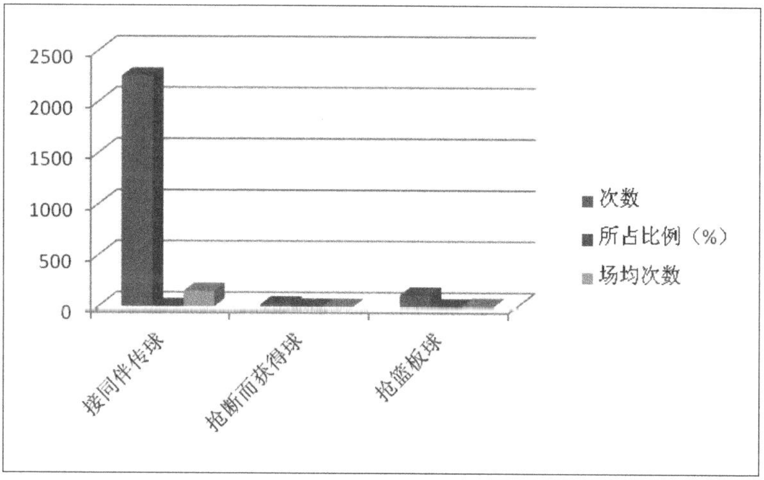

图 6–1　运球调整位置获得球方式

② 运球突破前的获得球方式。

由表6–3可见，运球突破共604次，场均40.3次；接同伴传球后的运球突破575次，场均38.3次，占总数的95.2%；抢断获得球方式后的运球突破为2次，场均0.1次，占总数的0.3%；抢篮板球后的运球突破次数为27次，场均1.8次，占总数的4.5%。由图6–2可见，接同伴传球是运球突破前获得球的主要方式。

表 6–3　运球突破前的获得球方式①

获得球方式	接同伴传球	抢断而获得球	抢篮板球	总计
次数	575	2	27	604
所占比例（%）	95.2%	0.3%	4.5%	100.0%
场均次数	38.3	0.1	1.8	40.3

① 抢断获得球后直接形成快攻的不计入运球突破前获得球方式。

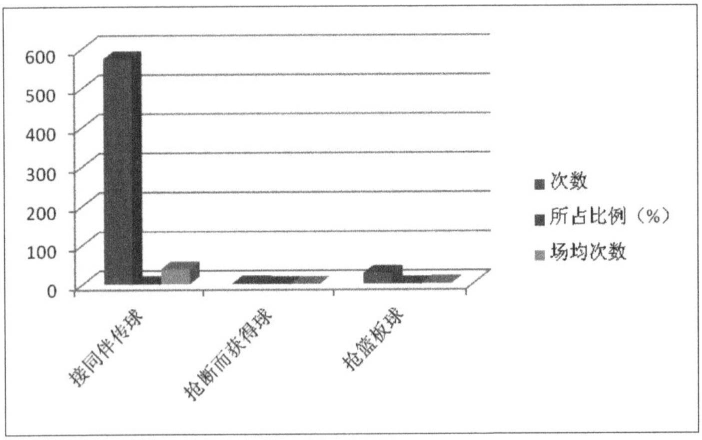

图 6-2 运球突破前的获得球方式

运球突破技术的运用需要队友的配合，同伴传球是否及时到位对运球突破技术运用非常重要，及时准确的传球有利于接球队员的运球突破。抢断获得球后的运球突破次数少，说明抢断获得球难度较大，但抢断获得球后的运球突破成功率较高。因为抢断获得球后可形成以多打少的局面，防守队员回防站位都处于劣势，运球突破能够给防守施加更大的压力。抢篮板球后的运球突破次数少，是因为抢获篮板球的队员多为中锋和前锋，获得球后一般是传给接应队员。

（2）停球方式。

① 运球调整位置前的停球方式。

由表6–4可知，运球调整位置共2388次，其中原地停球547次，场均36.5次，占总数的22.9%；运用跨步停球方式为1798次，场均119.9次，占总数比例为75.3%；运用跳步停球方式为43次，场均2.9次，占总数比例为1.8%。由图6–3可见，运球调整位置前的停球方式以跨步停球为主，原地停球次之，采用跳步停球方式最少。原地停球方式多在防守较松，传球队员距离较远时运用，接球后处理球时有选择的余地；跨步停球多是在防守队员防守紧逼时运用，接球后便于顺接动作运球调整位置。

表 6-4 运球调整位置前的停球方式

停球方式	原地	跨步停球	跳步停球	总计
次数	547	1798	43	2388
所占比例	22.9%	75.3%	1.8%	100.0%
场均次数	36.5	119.9	2.9	159.2

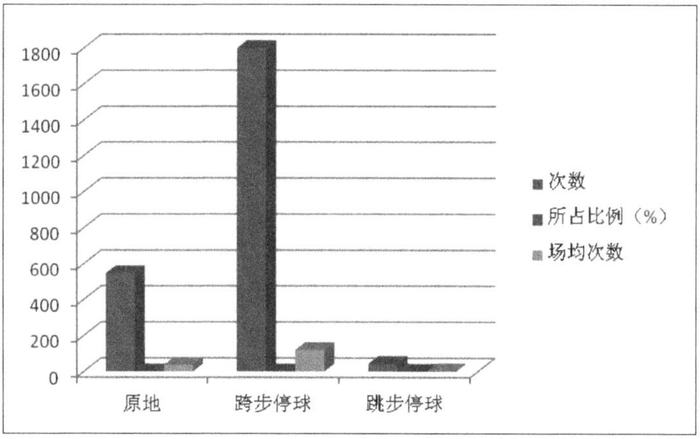

图 6-3 运球调整位置前的停球方式

② 运球突破前的停球方式。

由表6-5可知，第28届亚洲男篮锦标赛中运球突破共604次，其中在运球突破前停球方式选择原地停球共110次，场均7.3次，约占总数的18.2%；选择跨步停球共483次，场均约为32.2次，约占总数的80.0%；选择跳步停球共11次，场均约为0.7次，约占总数的1.8%。由图6-4可见，跨步停球为运球突破前的最主要停球方式，原地停球次之，跳步停球最少。

表 6–5　运球突破前的停球方式

停球方式	原地	跨步停球	跳步停球	总计
次数	110	483	11	604
所占比例	18.2%	80.0%	1.8%	100.0%
场均次数	7.3	32.2	0.7	40.3

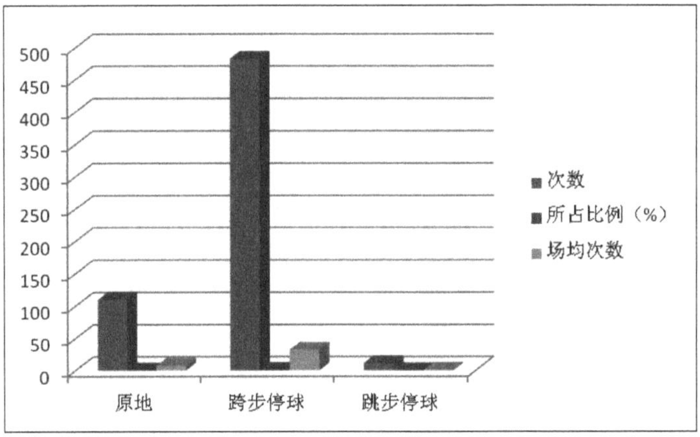

图 6–4　运球突破前的停球方式

运球突破前采用跨步方式停球最多，说明采用跨步停球有利于运球突破，接球后便于衔接顺步或交叉步突破。采用原地停球方式也较多，是因为原地停球有利于持球队员及时观察防守队员和场上其他同伴的情况，便于在恰当的时机选择最有效的方式进行运球突破。

总之，停球是进行运球突破和运球调整位置前的重要环节，停好球是为运球做好充分准备；选择何种停球方式不仅要考虑获得球及与防守者的位置关系，更要有利于衔接好停球后的运球动作。

2. 运球阶段

运球的目的是通过运球调整好位置或形成有效的运球突破。篮球比赛中攻守对抗激烈，运球队员千方百计地运用运球突破防守，防守队员则想尽一切办法阻止运球队员突破。选择何种运球方法直接决定着运球调整位置和运球突破的效果。

（1）调整位置过程中的运球技术动作方法。

由表6–6和图6–5可知，调整位置运球共4170次，其中运用急停急起1753次，场均116.9次，占总数的42.0%，运用次数最多。采用运球急停急起调整位置可以快速改变球的空间位置，不仅体现在纵向的由后场往前场推进中，也体现在横向的运球配合上，可快速调整至合理的传球位置和角度。运用体前变向运球次之，次数为976次，场均65.1次，占总数的23.4%。体前变向运球技术在实际运用中多为体前变向换手运球，可以在横向空间上改变运球的位置，在快速的直线推进中易与运球急停急起结合。运用原地运球次数为651次，场均为43.4次，占总数的15.6%。原地运球多为防守较松时，持球队员等待接应队员到位或顺接下一变向变速动作前的准备；防守较紧时用来调整稳固身体。运用胯下运球次数为484次，场均为32.3次，占总数的11.6%。多运用于由后场向前场推进过程中防守处于弱对抗状态时，胯下运球便于衔接体前变向和运球突然加速。运球后转身和背后运球运用次数偏少，其中运用背后运球为111次，场均为7.4次，占总次数的2.7%；运用转身运球为195次，场均13次，占总数的4.7%。

表 6–6 调整位置过程中的运球技术动作方法

方法	胯下	背后	转身	体前变向	急停急起	原地	总计
次数	484	111	195	976	1753	651	4170
所占比例	11.6%	2.7%	4.7%	23.4%	42.0%	15.6%	100.0%
场均次数	32.3	7.4	13	65.1	116.9	43.4	278

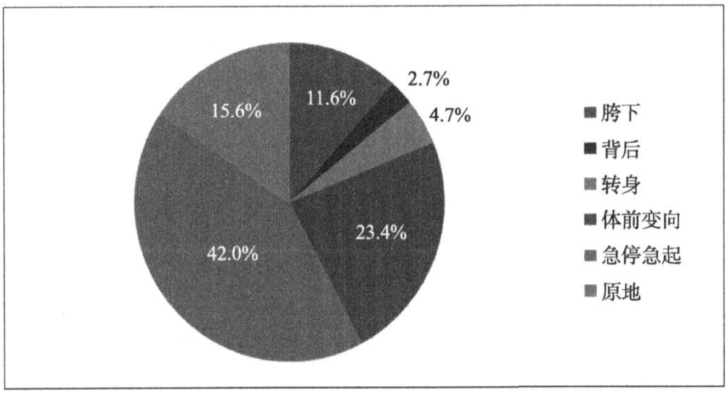

图 6–5 调整位置过程中的运球技术动作方法

运球调整位置的情况主要为：由后场向前场推进、推进到固定战术发起位置、调整到最佳传球位置、调整到防守弱侧便于运球突破、寻找机会进行投篮、调整等待接应队员到位等。运球调整位置时一般防守压力较小，运球队员应注意观察场上局势，当出现良好的进攻机会时及时准确地将球传出。

（2）运球突破过程中的运球技术动作方法。

通过表6–7可以看出，运用突破运球技术共1264次，其中运用胯下运球技术146次，场均9.7次，占总数的11.6%；运用背后运球技术为

23次，场均1.5次，占总数的1.8%；运用转身运球技术56次，场均3.7次，占总数的4.4%；运用体前变向技术364次，场均24.3次，占总数的28.8%；运用急停急起技术660次，场均44次，占总数的52.2%；运用原地运球技术15次，场均1次，占总数的1.2%。在运球突破过程中，运用急停急起技术最频繁，占到了总次数的一半以上。运球急停急起利用时间差和空间差突破防守队员，急停时防守队员降速，急起时进行超越。在防守队员站位未稳、防守不到位、补防队员相距较远时，掩护之后的突然加速，能够有效地突破防守。体前变向换手运球和胯下运球能够较好地调整与对手的空间位置，衔接运球急起技术形成突破。运用转身运球要求运球队员具备较强的对抗能力、保护球能力和衔接下一个技术动作的能力，因为转身运球时防守队员往往贴身防守，拥有较好的身体对抗能力和衔接动作能力，则能有效地造成杀伤，中锋运用该项技术次数较多。背后运球技术对运动员技术衔接能力的要求较高，因为背后运球时队员位于球和防守队员之间，球的空间状态发生转移而人的空间位置保持不变，如果控制球能力和衔接下一项运球技术的能力较弱，则较容易失误或被防守队员抢断。原地运球技术多为顺接下一变向动作时运用，在比赛中直接进行原地运球接变向动作的运球变向较少。

表 6–7　运球突破过程中的运球技术动作方法

方法	胯下	背后	转身	体前变向	急停急起	原地	合计
次数	146	23	56	364	660	15	1264
所占比例	11.6%	1.8%	4.4%	28.8%	52.2%	1.2%	100.0%
场均次数	9.7	1.5	3.7	24.3	44	1	84.3

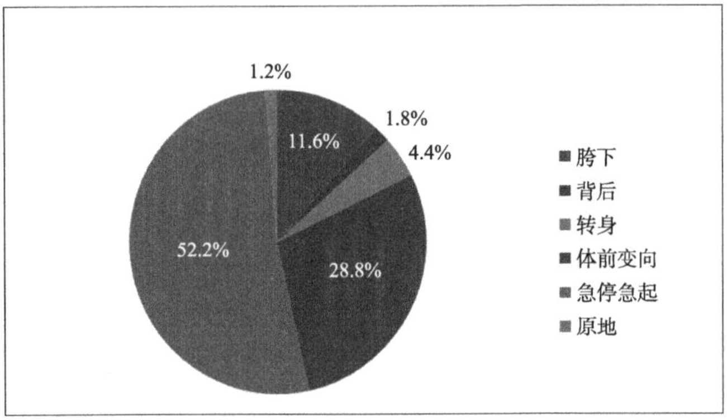

图 6-6 运球突破过程中的运球技术动作方法

综上所述，在调整位置和运球突破过程中运用何种方式，要根据掌握技术的熟练程度和防守队员的位置距离进行选择。根据各种运球技术动作的特点，在面对防守队员的情况下，纵向上加速时多用运球急停急起技术，横向上多用运球体前变向技术和胯下变向运球技术；当运用单个运球技术达不到调整位置的目的和形成突破时，应根据具体情况选择运用适当的运球组合动作。

（3）运球调整位置过程中的运球技术动作形式。

由表6-8可知，在调整位置过程中运用单一动作1483次，所占比例为62.1%，场均为98.9次；运用组合动作905次，所占比例为37.9%，场均为60.3次。在调整位置过程中运用单一动作多为：从后场往前场推进需要直线快速运球时；或在前场横向运球防守较松时；因接球造成身体不稳时；通过调整位置进行投篮或上篮时；因为调整位置的目的不是直接攻击篮筐。在调整位置过程中运用组合动作主要是：直线加速推进受阻被迫变向超越防守时；在前场运球突破受到防守阻碍时，需要通过运球调整进攻位置或调整传球位置时。在调整位置过程中是选取单一动作或者组合动作，应以攻防的实际情况而定；进攻前的虚晃动作结合适当的运球，或适当的运球结合停球后的虚晃动作都能有效地拉开进攻空间，错开防守进行投篮或者上篮。例如前锋在三分线附近运一步跳投；在投之前进行原地虚晃，然后横向运一步跳投；中锋队员低位接球后利用身体优势运用单一动作对抗运球，停球后结合原地虚晃动作，错开防守投篮。

表 6–8 调整位置过程中的运球技术动作形式

动作数量	单一动作	组合动作
次数	1483	905
所占比例	62.1%	37.9%
场均次数	98.9	60.3

（4）运球突破过程中的运球技术动作形式。

由表6–9可知，在运球突破过程中运用单一动作258次，所占比例为42.7%，场均为17.2次；运用组合动作346次，所占比例为57.3%，场均23.1次。在突破过程中运用单一动作多为：运球队员利用掩护突然加速形成突破时；防守队员没有及时到位预留空间或者形成错位防守时。在突破过程中运用组合动作主要是因为防守到位，利用单一动作加速突破没有空间时，可利用各种组合技术摆脱防守加速突破。运用单一动作还是组合动作要依据攻防的具体情况来定。

表 6–9 运球突破过程中的运球技术动作形式

动作数量	单一动作	组合动作
次数	258	346

续表

动作数量	单一动作	组合动作
所占比例	42.7%	57.3%
场均次数	17.2	23.1

在比赛中，运用单一动作多为原地运球和运球急停急起；运用组合动作主要为：运球体前变向和运球急停急起的组合、胯下运球和运球急停急起的组合、背后运球和运球急停急起的组合。随着比赛攻击性防守的增强，在运球调整位置和运球突破过程中，往往需要运用多元动作组合才能摆脱防守，如运球急停急起 — 运球体前变向 — 运球急停急起 — 胯下运球变向等。例如，运球从后场往前场推进过程中，运用体前变向运球接运球急停急起，然后接胯下运球变向，再接运球急停急起摆脱防守。

（5）运球调整位置过程中的接应情况。

由表6–10可知，运球调整位置过程中有接应的为1742次，所占比例为72.9%；无接应的为646次，所占比例为27.1%。在调整位置过程中有接应所占比例较大，是因为运球调整位置主要是为了传球，接应队员通过无球移动到固定战术发起位置，或者向球移动与运球队员积极配合，能够更好地接球形成有效进攻。而无接应也占有一定比例，主要是运球队员调整位置进行个人进攻，有时也能获得意想不到的效果，但这对运球队员的进攻意识、远距离投篮能力、近距离低位身体对抗能力以及原地各种假动作能力提出了更高的要求。

表 6–10　运球调整位置过程中有无接应

有无接应	有接应	无接应
次数	1742	646
所占比例	72.9%	27.1%

（6）运球突破过程中的配合情况。

由表6–11可知，在突破过程中有配合的次数为255次，所占比例为42.2%，场均17次；无配合的次数为349次，所占比例为57.8%，场均23.3次。无配合的运球突破次数较多，因为运球突破常常是单兵作战，能够在最短时间内对防守造成杀伤，多发生在防守队员站位未稳时。有配合的情况多是与同伴进行掩护，利用掩护队员的身体挡住防守队员，使其不能及时到位防守，以使运球队员运球突破防守进攻。虽然有同伴掩护配合下的运球突破次数较少，但是利用掩护后的运球突破成功率高。

表6–11　运球突破过程中有无配合

有无配合	有配合	无配合
次数	255	349
所占比例	42.2%	57.8%
场均次数	17.0	23.3

运球突破是突破防守形成有效得分的重要方式，虽然强调的是个人能力，但也不能忽视与同伴的配合。同伴的无球移动穿插跑位，不仅能够牵制防守，打乱防守部署，造成防守漏洞，而且能够迷惑和扰乱防守的判断，吸引防守的注意力，既可以形成良好的接应机会，又可为持球队员创造有利的突破机会。观察比赛录像发现，在有同伴掩护配合或者无球跑动接应的情况下，运球突破的效果更好。

综上，及时的接应和合理的配合对提高运球调整位置和运球突破成功率作用明显，运球调整位置和运球突破，不仅要注重个人技术能力的提高，而且要加强和重视与队友之间的配合，以便在比赛中取得更好的进攻效果。

（7）运球突破的方式。

根据表6–12和图6–7可知，运球突破的方式分别为：运用假动作进行突破62次，所占比例为10.3%，场均4.1次；通过掩护配合进行突破255次，所占比例为42.2%，场均17次；强行突破174次，所占比例为28.8%，场均11.6次；防守队员站位未稳进行运球突破113次，所占比例为18.7%，场均7.5次。通过队友掩护的突破成功次数最多，说明单纯依靠个人能力进行运球突破越来越难，利用同伴掩护进行运球突破是十分有效的方式。强行突破的成功次数仅次于掩护的突破次数，说明在个人能力相差不大时，拥有优秀的身体素质和对抗技巧进行突破占据很大的优势。随着比赛对抗强度的增加，队员身体接触越来越频繁，规则对不合理的身体对抗造成的犯规处罚力度加大，也使得强行突破的次数增多。防守队员站位未稳进行运球突破占到总数的18.7%，是利用运球的速度优势造成防守队员回防不到位，或者是补防队员补防不及时，抓住稍纵即逝的机会进行运球突破。运用假动作运球突破的次数仅占10.3%，说明防守强度的加大及防守能力的提高使利用假动作创造突破的机会减少。

表6–12　运球突破的方式

突破方式	假动作	掩护	强行突破	站位未稳
次数	62	255	174	113
所占比例	10.3%	42.2%	28.8%	18.7%
场均次数	4.1	17.0	11.6	7.5

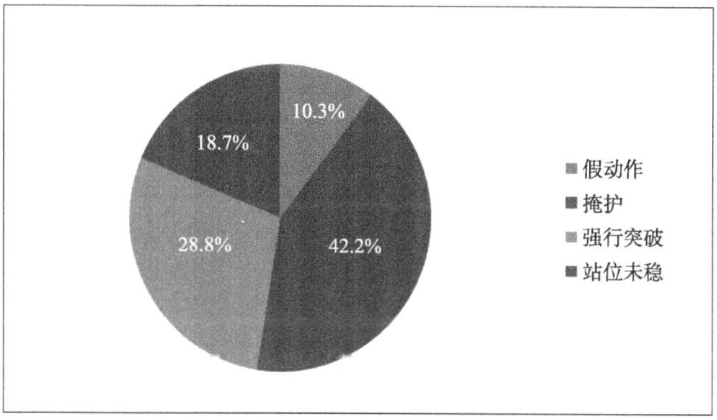

图 6–7　运球突破的方式

3. 处理球阶段

运球调整位置和运球突破的目的是进攻投篮或直接上篮，或传球给具有更好进攻机会的同伴。再精彩的运球技能如果不能形成有效的进攻也毫无作用。因此，运球后的处理球结果是衡量运球效果的唯一标准。

（1）运球调整位置的效果。

从表6–13和图6–8可以看出，运球调整位置共2388次，运球后分球为1771次，所占比例为74.2%，场均为118.1次；其中形成助攻138次，占7.8%，说明运球调整位置后第一选择是传球。运球调整位置的目的是为队友创造更好的进攻机会，往往调整位置后需要多次传球才能达到最好的进攻效果。调整位置后直接上篮或投篮的次数为469次，所占比例为19.6%，场均为31.3次，形成有效得分168次，占35.8%；多为运球到防守较弱位置的投篮、原地调整位置的投篮和中锋篮下的对抗上篮。造成防守队员犯规次数为30次，所占比例为1.3%，场均2次；进攻犯规次数为4次，所占比例约为0.2%，场均0.3次。调整位置最主要的目的是传球，对防守没有直接进攻威胁，直接身体接触次数少，因而造成防守方犯规及进攻方犯规次数较少。失误次数为114次，所占比例为4.8%，场均7.6次。运球能力的提高、队友之间配合的默契、合作意识的增强，使运球失误次数大大减少。

表 6–13 运球调整位置的效果

效果	投篮或上篮	分球	造成犯规	进攻犯规	失误	总计
次数	469	1771	30	4	114	2388
所占比例	19.6%	74.2%	1.3%	0.2%	4.8%	100.1%
场均次数	31.3	118.1	2	0.3	7.6	159.2
成功次数	168	138	—	—	—	
成功率	35.8%	7.8%	—	—	—	

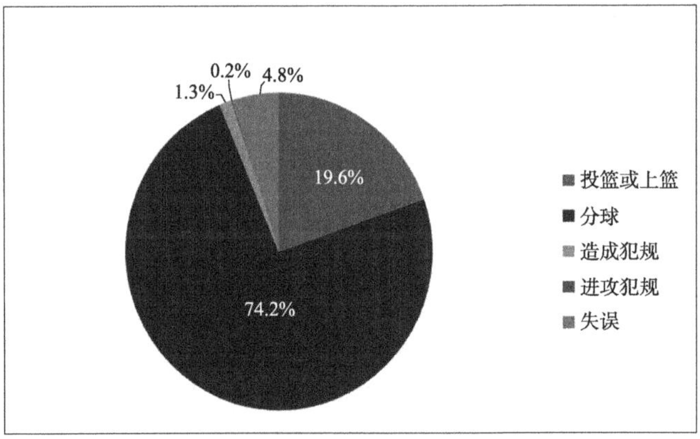

图 6–8 运球调整位置的效果

观察比赛录像发现，外围合理的运球结合有效的传球转移，能够有效地打破防守队员的固定站位阵形，为运球突破和外围远距离投篮创造空间和机会；无球队员积极的穿插跑动与运球队员调整位置相结合，能够取得更好的进攻效果。

（2）运球突破的效果。

由表6-14可知，运球突破后分球次数为277次，所占比例为45.9%，场均18.5次，其中形成助攻65次，助攻率为23.5%。运球突破时没有投篮或上篮机会，应及时将球分给处于良好进攻位置的同伴；同时，也要求同伴根据场上的情况及时移动接应传球。分球形成助攻的比例较低，是因为接球队员直接进攻投篮难度较大，往往需要再次传球才能形成有利的得分机会。突破后直接投篮或直接上篮次数为265次，占总数比例的43.9%，场均17.7次，其中形成有效得分135次，得分率为50.9%。突破后直接上篮次数不是最多，但是形成有效得分最高，防守空位或者补防不到位都给予直接投篮、上篮和造犯规进行罚球提供了良好的机会。造成防守队员犯规次数为30次，所占比例为5.0%，场均2次；进攻犯规1次，占0.2%，场均0.1次。由于突破后补防队员往往不能及时到位进行防守，因此防守犯规较多，进攻犯规较少。失误次数为31次，占5.1%，场均2.1次；失误主要是突破后的传球失误。总之，运球调整位置是为了寻找更好的进攻机会和最佳的进攻队员，运球突破的最终目的就是进攻得分。突破前的预判和突破过程中的随机应变决定着突破后的选择，造成有效得分的运球突破和突破分球形成的助攻，能够给防守造成极大的威胁和杀伤。

表6-14　运球突破的效果

效果	投篮或上篮	分球	造成犯规	进攻犯规	失误
次数	265	277	30	1	31
所占比例	43.9%	45.9%	5.0%	0.2%	5.1%

续表

效果	投篮或上篮	分球	造成犯规	进攻犯规	失误
场均次数	17.7	18.5	2.0	0.1	2.1
成功次数	135	65	—	—	—
成功率	50.9%	23.5%	—	—	—

三、结论与建议

（一）结论

（1）第28届亚洲男篮锦标赛运球调整位置和运球突破呈现多元化特点，既有单个运球技术动作，又有复杂的多元运球技术动作组合。单个运球技术动作趋于简洁、快速；组合运球技术动作趋向简洁、快速、多变。获得球阶段既有接球，又有抢断球和抢篮板球，但以接球为主。停球方式有原地停球、跨步停球和跳步停球，但以跨步停球方式为主。

（2）个人运球技术在调整位置和运球突破过程中，以运球急停急起和运球体前变向为主，随后是原地运球和胯下运球，运球转身和背后运球较少。运球调整位置时以单个运球技术动作运用为主，运球突破技术呈现运球技术动作组合化特点。

（3）运球调整位置的目的主要为传球，而运球突破的主要目的是得分。运球突破方式的选择以利用队友掩护为主，强行突破次之，利用防守队员站位未稳又次之，利用假动作最少。及时的接应和合理的掩护对运球突破的效果作用明显，运球突破后直接上篮或投篮形成有效得分率较高，但形成助攻率较低。

（二）建议

（1）运球技术的教学训练要强调多元化，既要求快速、简洁，又要注重培养各种技术动作的组合运用能力，提高运球技术组合的熟练化程度和运用运球技术的随机应变能力。

（2）以实战运用为导向，提高在对抗状态下的接球、停球、运球和处理球的能力。注重运球技术、传接球技术、投篮技术以及无球移动技术能力的全面训练，提高各种技术之间的组合和衔接水平。

（3）本专题主要分析运球技术在比赛中运用的总体特征，对于在比赛中不同位置的运球技术特点等没有涉及，就此方面可做更为深入的研究。

专题七

篮球比赛中投篮技术的运用

投篮是篮球比赛中唯一的得分手段，进攻队员运用各种技术、战术的目的，都是创造出更多、更好的投篮机会并完成进攻得分，投篮是篮球运动的核心技术。中距离投篮具有离篮较近、稳定性强、出手机会多、进攻方式多样等特点，其突然性强、出手点高、投篮区域广泛，使对手难以防守，且易与突破、传球技术相结合，具有拉开对方内线，制造更多进攻空间的作用。“跳投、紧逼和快攻”是我国篮球的三大法宝，中距离投篮俗称“半截篮”，早期一直是我国球队比赛重要的得分方式。随着篮球运动的不断发展，篮球比赛的攻防速度不断加快，越发注重三分球投篮与快速反击上篮，中距离投篮被认为是一种低效的得分手段而逐渐被忽视。实际上，各种区域的投篮运用应保持相对均衡，只注重远距离投篮或近距离上篮都很容易被防守队员针对，只有多点开花，才能让防守队员顾此失彼。

欧洲篮球作为世界篮球运动重要的组成部分，已形成了自己的特点。近年来，欧洲篮球运动发展迅速，西班牙、塞尔维亚、斯洛文尼亚、立陶宛、俄罗斯、希腊等国家已具备与美国队一较高下的实力。2014年男篮世界杯中，参赛的7支欧洲球队有6支进入了16强，在前8名中占据了5个席位。欧洲队员精湛的投篮技术，扎实稳定的中、远距离投篮，高效的战术配合投篮，出色的身体对抗投篮技术令人印象深刻。欧洲篮球秉持传统，在顺应现代篮球发展的同时，一直以精准的中、远距离投篮作为基本进攻手段，在进攻过程中不停地利用掩护、突破分球、球的转移、连续的跑动寻找空当，完成合理的投篮，而这些正是如今中国队在国际赛场中表现出的不足之处。对于中国篮球来说，在投篮技术方面学习欧洲篮球的技术运用，比起学习美国篮球更为现实。本专题通过对2017年欧洲男子篮球锦标赛投篮技术临场表现情况进行统计分析，归纳总结欧洲男篮投篮技术临场表现的特点，为提高我国投篮技术教学训练的质量与效率提供参考。

一、主要研究方法

（一）问卷调查法

通过查阅文献资料及咨询专家，初步拟定投篮技术临场表现的有关概念与统计指标，并依此对比赛录像进行投篮技术临场表现的统计与分析。根据比赛中投篮的具体情况对部分统计指标做相应的增减，最后设计了投篮技术临场表现的有关概念界定、统计指标体系、调查对象的专家问卷。为了保证研究的准确性及可靠性，通过三轮专家问卷调查，逐步筛选与调整统计指标，最后确定了投篮技术临场表现的相关概念界定、指标统计体系及调查统计对象。

（二）录像观察统计法

根据确定的调查对象和统计指标体系，对2017年欧洲男子篮球锦标赛决赛阶段的10场比赛进行反复观看，采集数据。具体比赛场次见表7–1。

表7–1 2017年欧洲男子篮球锦标赛比赛统计场次信息一览

场次编号	决赛类型	对阵双方	胜利队
1	冠军赛	斯洛文尼亚vs塞尔维亚	斯洛文尼亚
2	季军赛	俄罗斯vs西班牙	西班牙
3	半决赛	俄罗斯vs塞尔维亚	塞尔维亚
4	半决赛	西班牙vs斯洛文尼亚	斯洛文尼亚
5	四分之一决赛	西班牙vs德国	西班牙
6	四分之一决赛	俄罗斯vs希腊	俄罗斯
7	四分之一决赛	塞尔维亚vs意大利	塞尔维亚
8	八分之一决赛	希腊vs立陶宛	希腊
9	八分之一决赛	拉脱维亚vs黑山	拉脱维亚
10	八分之一决赛	德国vs法国	德国

（三）逻辑分析法

采用归纳、演绎、对比和综合分析等逻辑方法对采集的数据进行分析，归纳、总结出2017年欧洲男子篮球锦标赛中投篮技术临场表现的特点与规律。

二、研究结果与讨论

（一）相关概念与统计指标的界定

1. 相关概念的界定

（1）投篮技术临场表现：临场指的是在竞赛场地中参加比赛，投篮技术临场表现特指投篮技术在篮球赛场中的运用、发挥状况的体现。

（2）近距离区域：限制区之内的区域。

（3）中距离区域：限制区之外，三分线之内的区域。

（4）远距离区域：三分线之外的区域。

（5）阵地进攻：在防守队员已布置好半场阵地防守阵形后，进攻方组织进行攻击的一种进攻方式。

（6）二次进攻：在篮球比赛中，进攻球员投篮出手未中时，进攻队员抢获进攻篮板球直接补篮，或者抢获进攻篮板球重新组织进攻的一种进攻方式。

（7）身体对抗投篮：队员在身体接触情况下完成的投篮。

（8）转移球投篮：有组织、有目的地转移球，创造投篮机会完成投篮，且不包含在基础配合中的投篮。

2. 相关统计指标的界定

（1）远距离区域投篮方式：分为运球急停跳投、原地跳投、接球急停跳投。

（2）中距离区域投篮方式：分为运球急停跳投、原地跳投、接球急停跳投、行进间勾手投篮、行进间高抛投篮。

（3）近距离区域投篮方式：分为运球急停跳投、原地跳投、接球急停跳投、行进间低手上篮、行进间高手上篮、行进间反手上篮、行进间勾手投篮、行进间高抛投篮、扣篮、补篮。

（4）基础配合投篮方式：分为传切（空切、一传一切）、策应、掩护（无球掩护、有球掩护持球人投篮、有球掩护分球投篮）、突破分球投篮。

（5）快攻投篮的方式：个人运球推进快攻、长传快攻（用一记长传或通过接应队员长传给快下的队员进行投篮）、短传快攻（队员之间用快速传球推进进行攻击）、传突结合快攻（守转攻时，队员不便于传球的情况下，及时向前场快速运球突破，摆脱防守创造配合时机）。

（6）二次进攻投篮的方式：分为补篮、个人进攻投篮与重新组织进攻投篮。

（7）不同传球次数后投篮：分为一次、二次、三次、四次、五次、五次以上传球后投篮。

（二）远、中、近距离投篮技术的临场表现

在世界大型篮球比赛与欧洲大赛中，欧洲队员整体表现出很高的水平：出色的运动能力、充沛的体能，精湛的技术，队员进攻能里能外，内线攻击力量与细腻的技术并存，外线的中、远距离投篮精准，个人进攻与团队进攻结合相辅相成，投篮机会的选择与传球时机的把握展现出世界强队的风采。近年来，篮球运动的攻防速度不断加快，防守的压迫性提高，比赛中进攻形式发生了较大改变，队员的得分方式和得分区域也发生了相应的变化。

1. 远、中、近距离投篮运用比例、命中率、得分和效率

为了研究欧洲男篮远、中、近各区域投篮技术临场表现的具体情况，本专题将投篮区域划分为：近距离（限制区以内）、中距离（三分线以内限制区以外）和远距离（三分线以外）投篮。对2017年欧洲男子篮球锦标赛决赛阶段的10场比赛远、中、近距离投篮技术临场表现进行统计，

如表7–2所示。

表7–2　远、中、近各区域投篮临场表现情况统计（场均）

区域	投次	中次	命中率	得分	一次投篮得分	投次占比	得分占比
远距离	23.8	8.3	34.9%	24.9	1	42.1%	39.5%
中距离	8.7	4.1	47.1%	8.2	0.9	15.4%	13.0%
近距离	24	15	62.5%	30	1.3	42.5%	47.5%
合计	56.5	27.4	48.5%	63.1	—	—	—

从表7–2可以看出，2017年男篮欧锦赛平均每场近距离投篮和远距离投篮的次数较多，占总投篮次数的比例很大，平均每队场均出手24.0次和23.8次，投篮次数总和占总投篮数的85%左右。中距离投篮次数较少，场均出手8.7次，占总投篮数的15.4%，所占的比例不高。从历史上看，欧洲男篮中、近距离投篮运用较多，如今三分球投篮的比例明显增多，欧洲男篮赖以成名的中距离投篮次数有所减少，注重三分球投射的小球打法在欧洲范围内也开始流行。但总体来说，欧洲球队远、中、近距离投篮仍处于一种较为平衡的状态，没有一个区域的投篮过多或过少而导致三个区域的投篮次数比例严重失调，中距离投篮作为欧洲球队的看家本领，并没有出现像NBA赛场上中距离投篮出手十分匮乏的情况。在这个特别注重三分投篮的时代，世界范围内大多数球队过分依赖三分球投射而摒弃了传统篮球的许多理念，这对篮球比赛的影响不一定是积极的。在赛场上，只注重一个区域的投篮很容易被对手针对性防守，唯有多点开花，注重各区域投篮的均衡性，才能使防守队员顾此失彼，让对手防不胜防。投篮区域的

均衡性上，欧洲球队可以做到基本合理，但中距离投篮的比例下降确是事实，一旦三分球失准的情况下，减少了中距离投篮的牵制，也会对比赛造成不良的影响。

就命中率情况来看，近距离投篮的命中率最高，为62.5%。在现代篮球极具攻击性的紧逼防守下，欧洲队员在内线区域激烈的身体对抗中仍然能够突破防守完成投篮，并保持很高的命中率，反映出欧洲运动员在内线区域具有扎实的投篮技术功底，拥有出色的身体素质和体能，在激烈的身体对抗下，仍能保持很高的投篮稳定性。欧洲男篮运动员向来以精准的中距离跳投著称，这是他们的看家本领，2017年欧锦赛虽然中距离投篮次数与过去相比有所降低，但命中率仍保持在很高的水平上，命中率为47.1%，欧洲队员能够在合适的投篮时机运用精准的中距离投篮打击对手。近几年来，欧洲队员在三分球投篮投次上较以往有大幅度的提升，命中率也较高，在35%左右；更多的三分球投篮，顺应了小球时代世界篮球的发展趋势，三分球投射在欧洲范围内也开始逐渐流行。

就得分情况来看，欧洲球队两分球得分最多，近距离区域是最主要的得分区域，场均得到30分，占各区域总得分的47.5%。近几年来，欧洲球队在近距离区域保持很高的得分比例的同时，远距离投篮得分的比例有着大幅度提升。在本专题统计的比赛中，远距离投篮场均得到24.9分，占各区域总得分的39.5%；欧洲队员远距离投篮能力较为突出，远距离投篮的队员也不局限于后卫和前锋球员，很多高大中锋也具有不俗的三分球投射能力。欧洲队员远距离投篮主动性很强，投篮出手不犹豫，出现投篮机会便会果断出手，不畏惧远距离投篮不准或投篮次数过多，体现为远距离投篮在欧洲男篮战术安排中占据很大比重。欧洲男篮中距离投篮在2017年欧锦赛上得分最少，场均得到8.2分，投篮次数与得分较过去都有所减少，占各区域总得分的13.0%，中距离投篮已不再是欧洲男篮主要的得分方式。中距离投篮次数虽有所降低，命中率仍保持着较高的水准，在对手严防三分投篮和突破时，中距离投篮能牵制对手的防线，起到了声东击西的效果，总能在打不开局面的情况下获得稳定的得分。

在得分效率方面，从表7-2中可以看出，欧洲男篮在近距离区域投篮场均每出手一次可得到1.3分，效率最高。远距离投篮命中率虽低，但因为获取分值大，效率处于中等，每出手一次可得到1.0分。中距离投篮在当今普遍被认为是效率最低的投篮方式，在世界篮球赛场上逐渐被冷落，而2017年欧锦赛上，中距离投篮每一次出手可得到0.9分，与远距离投篮的效率基本持平，反映出命中率达到45%以上的中距离投篮效率并不低。从离篮筐越近命中率越高的角度上来说，中距离投篮较远距离投篮更容易，稳定性应是更高的。过分地迷恋远距离投篮，丢失中距离投篮的技能，一旦三分球失准，防守球员收缩内线时，进攻则很难保证持续性。欧洲运动员基本上能够处理好远、中、近距离投篮运用的比例，使之保持基本均衡，在合适的时机，合理地运用各区域投篮得分。

综上所述，欧洲球队远、近距离投篮得分多，中距离较少，各区域投篮命中率都在较高水平上。远距离投篮分值高，易拉开进攻空间，投手们总是埋伏在三分线外接球投篮；中距离区域投篮不被作为投篮首选，远、近距离投篮受限时，中投起到了很好的牵制作用；近距离投篮得分效率高，队员突破上篮和内线强攻投篮能力强，是最主要的得分手段。

2. 远、中、近各区域投篮方式的临场表现

（1）远距离区域投篮方式。

远距离区域投篮分值最高，是当下世界篮球比赛中最流行的投篮方式，在世界各类篮球比赛中，远距离投篮的比例都大幅提升。为研究远距

离区域各投篮方式临场表现的情况，对2017年欧洲男子篮球锦标赛决赛阶段的10场比赛远距离范围内各投篮方式进行统计，如表7–3所示。

表7–3　远距离区域各投篮方式临场表现统计（场均）

投篮方式	投次	中次	命中率	得分	投次占比	得分占比
原地跳投	12.3	4.9	39.8%	14.7	51.7%	59.0%
接球急停跳投	4.5	1.4	31.1%	4.2	18.9%	16.9%
运球急停跳投	7.0	2.0	28.6%	6.0	29.4%	24.1%
总计	23.8	8.3	34.9%	24.9	—	—

从表7–3可以看出，在远距离区域原地跳投投次最多，为12.3次，超过了远距离区域投篮总投次的一半，比例是51.7%；命中率最高达到了39.8%，场均得分高达14.7分，占远距离总得分的59.0%。原地跳投是欧洲男篮在远距离投篮中最常用、最稳定、效率最高的投篮方式，是远距离区域的撒手锏。欧洲队员在远距离区域主要依靠队友分球创造出的投篮机会得分，而非自己主动创造投篮机会。通过视频观察到在远距离区域队员往往在场角埋伏，拉大进攻空间，当进攻队员进行突破，防守队员收缩防守时，场角的队员接队友的分球原地直接跳投，这是欧洲男篮在远距离区域的最主要的打法，取得了良好的效果。

运球急停跳投和接球急停跳投场均出手次数分别为7.0次和4.5次，场均分别得到6.0分和4.2分；运球急停跳投和接球急停跳投在远距离区域运用比较广泛，但命中率不高，在30%左右。从技术动作结构上来讲，造成这种情况的原因是移动后的急停跳投没有原地跳投稳定，运球和跑动后的急停跳投容易造成身体重心不稳，导致投篮出手受到影响；在训练中应强化运动员控制身体的能力，从而逐渐提高接球急停跳投和运球急停跳投的命中率。通过比赛录像观察到欧洲队员有一些远距离投篮的选择并不太合理，尤其是一些运球急停跳投是在防守很严密的情况下的强行投篮，导致命中率较低，应尽量避免强行的运球急停三分球的出手，运用更合理的投篮方式。

综上所述，在远距离区域，欧洲队员能够较为合理地选择投篮方式。队员主要在合适的位置拉开进攻空间并等待接球，依靠队友分球创造出的投篮机会，通过原地跳投得分，投篮方式基础实用，较少运用接球急停跳投、运球急停跳投等难度更大的投篮方式，事实证明，原地跳投在远距离区域效率是最高的。

（2）中距离区域投篮方式。

中距离投篮是欧洲男篮运动员的看家本领，精准的中投也是运动员扎实的投篮基本功的体现。为研究中距离区域各投篮方式临场表现的具体情况，对2017年欧洲男子篮球锦标赛决赛阶段的10场比赛中距离区域各投篮方式临场表现情况进行统计，如表7–4所示。

表7–4　中距离区域各种投篮方式临场表现统计（场均）

投篮方式	投次	中次	命中率	得分	投次占比	得分占比
原地跳投	1.5	0.6	40.0%	1.2	17.2%	14.6%
接球急停跳投	0.9	0.4	44.4%	0.8	10.3%	9.8%
运球急停跳投	5.2	2.7	51.9%	5.4	59.8%	65.9%
运球转身跳投	0.6	0.2	33.3%	0.4	6.9%	4.9%
行进间勾手投篮	0.2	0.1	50.0%	0.2	2.3%	2.4%

续表

投篮方式	投次	中次	命中率	得分	投次占比	得分占比
行进间高抛投篮	0.3	0.1	33.3%	0.2	3.4%	2.4%
总计	8.7	4.1	47.1%	8.2	—	—

从表7–4中可以看出，在投次方面，运球急停跳投是中距离区域最主要的方式，场均出手5.2次，占中距离投篮总次数的59.8%；原地跳投和接球急停跳投场均分别出手1.5次和0.9次，占总投次的17.2%和10.3%；运球转身跳投、行进间勾手投篮和行进间高抛投篮在中距离区域出手都比较少，均占总投次的7%以下。从命中率来看，运球急停跳投和行进间勾手投篮的命中率较高，均在50%左右；原地跳投、接球急停跳投的命中率在40%左右；运球转身跳投和行进间高抛投篮的命中率较低，命中率为33.3%；行进间勾手投篮的命中率较高，但出手次数很少，只有少数球员能够在中距离区域运用勾手投篮。

原地跳投是远距离投篮命中率最高和得分最多的投篮方式，而在中距离区域原地跳投的投次和得分相对减少，运动员在比赛中更愿意选择站在三分线外等待接球，而不是在中距离范围内。

运球急停跳投是欧洲男篮中距离区域的“撒手锏”，它的投次、得分、命中率和效率都是最高的。欧洲队员在中距离区域主要通过自主创造投篮机会得分，而非像远距离区域主要依靠队友分球后投篮得分，队员运球急停跳投的能力很强，通过战术配合或个人运球创造出急停跳投机会，出手果断，得分效率高。中距离运球急停跳投向来是欧洲男篮的看家本领，投篮突然性强、稳定性高，使对手很难防守。如今三分球投篮威胁越来越大，致使防守范围逐渐扩大，在防守队员严防三分球出手时，运球急停中距离投篮的重要性便凸显出来，欧洲男篮在这方面投篮的临场表现出色。

总体来看，欧洲球队对中距离区域投篮的重视程度有所降低，投篮次数与得分不多，但总体命中率仍处于较高水平，运球急停跳投是欧洲男篮中距离区域最重要的投篮得分手段。

（3）近距离区域投篮方式。

篮球比赛中，离篮筐的距离越近命中率则越高，近距离得分多是球队在打法上强硬的体现。为研究欧洲男篮近距离区域各投篮方式临场表现的具体情况，对2017年欧洲男子篮球锦标赛决赛阶段的10场比赛近距离区域各投篮方式临场表现情况做出了统计，如表7–5所示。

表7–5　近距离区域各种投篮方式临场表现统计（场均）

投篮方式	投次	中次	命中率	得分	投次占比	得分占比
行进间低手上篮	6.8	5.0	73.5%	10.0	28.3%	33.3%
行进间高手上篮	2.7	1.4	51.9%	2.8	11.3%	9.3%
行进间反手上篮	1.1	0.5	45.5%	1.0	4.6%	3.3%
行进间高抛投篮	2.0	0.9	45.0%	1.8	8.3%	6.0%
行进间勾手投篮	3.2	1.6	50.0%	3.2	13.3%	10.7%
运球急停跳投	1.1	0.6	54.5%	1.2	4.6%	4.0%
接球急停跳投	1.8	1.1	61.1%	2.2	7.5%	7.3%
原地跳投	1.3	0.9	69.2%	1.8	5.4%	6.0%
扣篮	1.8	1.7	94.4%	3.4	7.5%	11.3%
补篮	2.2	1.3	59.1%	2.6	9.2%	8.7%
总计	24.0	15.0	62.5%	30.0	—	—

从表7-5中可以看出，在近距离区域欧洲男篮最擅长利用行进间低手上篮得分，投次占总投次的28.3%，得分占总得分的33.3%，投次与得分都是近距离区域最多的，命中率很高，为73.5%，仅次于扣篮的命中率。欧洲队员在近距离区域的低手上篮手感柔和，在防守严密的情况下仍然能保持很高的效率，经常能够依靠速度或是身体对抗创造出上篮的空间，左、右手低手上篮的终结能力都很强。行进间高手上篮与行进间反手上篮的投次较少，两种投篮方式得分的总和不到行进间低手上篮的一半，命中率均低于行进间低手上篮，分别为51.9%和45.5%，这在近距离区域算是比较低的命中率。表明欧洲队员更擅长利用基础的低手上篮得分，高手上篮和反手上篮效率较为一般。

接球急停跳投和原地跳投的命中率都比较高，分别为61.1%和69.2%，投次占总投次的7.5%和5.4%，得分占总得分的7.3%和6.0%。欧洲队员在进攻过程中较为耐心地寻找近距离区域空位投篮机会，无球队员通过跑动或是在空位等待队友的传球后完成投篮，命中率较高，投篮临场表现良好。

欧洲队员在近距离区域行进间勾手投篮的运用较多，场均投次为3.2次，排在近距离区域各种投篮方式中的第二位，投次占总投次的13.3%，得分占总得分的10.7%，命中率为50.0%，处于比较一般的水准。欧洲队员在近距离区域经常会利用身体的接触挤开防守队员，创造出投篮空间，通过很难封盖的勾手投篮完成进攻。但从命中率来看，勾手投篮的命中率并不太理想，比近距离区域投篮命中率的平均值低10%以上。勾手投篮作为近距离区域比较重要的投篮方式，欧洲男篮在这项投篮技术上表现一般。

行进间高抛投篮主要为外线球员运用的一种投篮方式，球员突破到内线遭遇到高大防守队员时，球员快速将球高抛投出，突然性强，往往在防守队员没有来得及起跳时球已经抛到了高点，躲避了防守队员的封盖。欧洲队员在比赛中高抛投篮的运用并不是很多，场均出手2次，占总投篮次数的8.3%，得分占总得分的6.0%，命中率为45.0%，得分和命中率在近距离区域是较低的，欧洲男篮行进间高抛投篮的临场表现一般。

总体上看，近距离区域投篮在2017年欧洲男篮锦标赛得分和命中率都是最高的，欧洲球队近距离区域投篮得分的手段多，队员可以根据不同的防守运用较为合理的投篮方式完成投篮，近距离区域投篮整体命中率很高，欧洲球队在近距离区域的投篮临场表现出色。

（三）阵地进攻中个人进攻、转移球与基础配合投篮的临场表现

1. 个人进攻投篮、转移球与基础配合投篮临场表现的对比

篮球是五个人的运动，在比赛中五名队员紧密相连，通过团队配合完成进攻投篮是更合理的投篮方式，效果往往好于个人进攻投篮。欧洲篮球向来注重战术配合的运用，同时又拥有不俗的个人进攻投篮的能力。阵地进攻中个人进攻投篮、转移球、基础配合投篮临场表现的具体情况如表7–6所示。

表7–6　个人进攻、转移球、基础配合投篮临场表现统计（场均）

方式	投次	中次	命中率	得分	投次占比	得分占比
个人进攻投篮	18.8	7.6	40.4%	15.9	37.1%	28.6%
转移球投篮	7.1	3.6	50.7%	9.6	14.0%	17.3%
基础配合投篮	24.8	12.7	51.2%	30.1	48.9%	54.1%
总计	50.7	23.9	47.1%	55.6	—	—

从表7–6可以看出，基础配合投篮场均投次、中次、得分和命中率中均排在第一位，投次约占阵地进攻总投次的48.9%，命中率高达51.2%，场均得分为30.1分，占阵地进攻总得分的54.1%。个人进攻投篮场均投次为18.8次，占总投次的37.1%，命中率为40.4%，场均得分为15.9分，占总得分的28.6%。转移球投篮场均出手7.1次，占总投次的14.0%，出手次数较少，命中率较高，为50.7%。转移球投篮与基础配合投篮的命中率相近，均处于较高的水平，场均得分为9.6分，占阵地进攻总得分的17.3%。

根据表7–6中数据分析得出，基础配合投篮是欧洲男篮最重要的投篮方式，场均得分超过阵地进攻总得分的一半，命中率为51.2%，比个人进攻投篮命中率高10%以上。欧洲球队有很高的篮球战术素养，进攻中的投篮多数是围绕战术配合展开，基础配合投篮的效率高于个人进攻投篮，反映出欧洲男篮在阵地进攻中的打法合理，注重基础配合投篮的运用，强调投篮方式的实用性与合理性，不主张盲目进攻和个人强行进攻，效果显著。

个人进攻投篮占阵地进攻总投次的比例不高，个人进攻投篮不是欧洲男篮首选的投篮方式，虽然欧洲个人进攻投篮效率方面明显不如团队配合投篮，但欧洲球队进攻过程中队员们仍展示出了不俗的个人进攻投篮的能力，在一些配合无法形成的情况下，队员便立即转变为个人攻击模式，完成个人进攻投篮。个人进攻投篮主要集中在近距离范围，多为内线的低位背身单打与突破上篮。

转移球投篮占阵地进攻总投次的14.0%，出手的次数较少，出手范围主要集中在远距离区域，命中率较高。在比赛中，往往多一次传球就可以获得更好的投篮机会，欧洲男篮善于利用上线的快速转移球调动防守队员，创造出空位投篮的机会。队员的打法无私，乐于分享球，转移球的能力强，整个进攻过程很流畅，投篮也更为轻松。

综上所述，欧洲球队在阵地进攻中提倡团队协作，不盲目地运用个人进攻投篮，投篮选择合理性强，主要通过基础配合和快速转移球完成进攻投篮且运用熟练，效率高。在通过团队配合无法创造出良好的投篮机会时，欧洲男篮队员也可以通过较强的个人能力完成个人进攻投篮，命中率不低，由此体现出欧洲队员扎实的投篮技术基本功与良好的战术素养和篮球意识。

2. 个人进攻投篮临场表现

为研究远、中、近各区域个人进攻投篮临场表现的具体情况，对远、中、近各区域个人进攻投篮临场表现情况做出统计，如表7–7所示。

表7–7　远、中、近距离个人进攻投篮临场表现统计（场均）

投篮区域	投次	中次	命中率	得分	投次占比	得分占比
远距离	3.3	0.7	21.2%	2.1	17.6%	13.2%
中距离	3.6	1.3	36.1%	2.6	19.1%	16.4%
近距离	11.9	5.6	47.1%	11.2	63.3%	70.4%
总计	18.8	7.6	40.4%	15.9	—	—

从表7–7可以看出，近距离区域个人进攻投篮，场均投次为11.9次，占个人进攻总投次的63.3%，中距离和远距离场均投次分别为3.6次和3.3次，占总投次的19.1%和17.6%，绝大部分的个人进攻投篮集中在近距离范围内。

就得分情况来看，近距离区域个人进攻投篮场均得分最多，为11.2分，占个人进攻总得分的70.4%。中距离和远距离个人进攻投篮得分依次为2.6分和2.1分，仅占个人进攻投篮得分的15%左右。可见，近距离区域是个人进攻投篮的最重要的得分区域。欧洲男篮队员善于运用内线单打和个人突破上篮得分，反映出较强的内线单打投篮与突破上篮得分能力，中距离和远距离的个人进攻投篮能力较弱。

从命中率上看，近距离区域个人进攻投篮命中率最高，为47.1%，但明显低于近距离区域投篮的总命中率62.5%。中距离区域和远距离区域个人进攻投篮命中率分别为36.1%和21.2%，两个区域的命中率都较低。欧洲男篮个人进攻投篮命中率整体低于团队配合投篮的命中率。

总体上看，欧洲球队个人进攻投篮各区域的投篮得分效率均不如团队配合投篮的效率，但从个人进攻投篮上来看，个人进攻投篮的命中率为40.4%，个人进攻投篮临场表现情况不差，但与团队配合相对比就显示出了不小的差距，表明欧洲男篮通过团队配合的投篮能力很强。

3. 转移球投篮的临场表现

为研究阵地进攻远、中、近各区域转移球投篮临场表现的具体情况，对各区域转移球投篮临场表现情况做出统计，如表7–8所示。

表7–8 远、中、近距离区域转移球投篮临场表现统计（场均）

区域	投次	中次	命中率	得分	投次占比	得分占比
远距离	5.0	2.4	48.0%	7.2	70.4%	75.0%
中距离	1.1	0.6	54.5%	1.2	15.5%	12.5%
近距离	1.0	0.6	60.0%	1.2	14.1%	12.5%
总计	7.1	3.6	50.7%	9.6	—	—

从表7–8可以看出，转移球投篮的区域主要集中在远距离区域，在远

距离区域场均投次为5.0次，占转移球总投次的70%以上；中距离和近距离区域场均投次较少，为1.1次和1.0次。

就得分情况来看，远距离区域的得分最多，占转移球投篮总得分的75.0%。从强侧到弱侧的转移球投篮是欧洲男篮惯用的方式，欧洲男篮在防守队员收缩防守有球一侧时，进攻队员运用快速和大范围的向弱侧转移球获取了较多投篮机会，得分效率很高，表明欧洲男篮运动员具有很强的传球能力与意识，一旦出现空位投篮机会能够很快地将球送到队友的手中，空位投篮的把握性很高。中距离与近距离区域内的转移球投篮的得分较少。

总体来看，欧洲球队擅长在远距离区域通过快速的转移球创造出投篮空间，远距离区域投篮范围广，欧洲男篮利用转移球调动防守，使防守队员不易防守，尤其是在进攻联防时，快速转移球往往能创造出空位的投篮机会，转移球投篮的效率较高。

4. 基础配合投篮的临场表现

为研究阵地进攻中基础配合投篮临场表现的具体情况，将基础配合投篮分为突分、策应、传切和掩护四种形式，对基础配合投篮做出统计，如表7–9和表7–10所示。

表 7–9　基础配合投篮临场表现统计（场均）[①]

进攻情况	突分	策应	掩护	传切	总计
投次	6.85	3.30	13.85	0.80	24.80
中次	3.50	1.45	7.15	0.60	12.70
命中率	51.1%	43.9%	51.6%	75.0%	51.2%

① 利用基础配合投篮的统计，指队员完成最后进攻的配合。

续表

进攻情况	突分	策应	掩护	传切	总计
得分	8.6	3.8	15.3	1.5	29.2
投次占比	27.6%	13.3%	55.8%	3.2%	—

表 7–10 掩护配合投篮临场表现统计（场均）①

配合情况	掩护配合下投篮			合计
	有球掩护（持球）	有球掩护（分球）	无球掩护	
投次	8.3	3.6	1.8	13.7
中次	3.9	2.1	0.9	6.9
命中率	47.0%	58.3%	50.0%	50.4%
投次占比	60.6%	26.3%	13.1%	—

面对压迫性很强的半场人盯人防守，欧洲队员在阵地进攻中大量地运用多人参与的基础配合后投篮，高质量的掩护、根据防守的具体情况及时地突破分球或个人进攻，快速地转移球后精准的中、远距离投篮在赛场上展现得淋漓尽致。总体来看，欧洲队员以团队配合投篮为主要手段，个人进攻投篮为辅助手段，队员大多数情况会选择较为合理的投篮方式，进攻整体性强，基础配合投篮手段多样，命中率高，反映出欧洲球员很强的投篮技术能力与战术素养。

根据表 7–9 可以看出，欧洲球队通过掩护配合后的投篮运用最多，场均 13.7 次，占基础配合投篮总投次的 55.2%。通过观察比赛录像发现，欧

① 利用掩护配合投篮的统计，指队员完成最后进攻的配合。

洲队员对自己中、远距离的跳投信心十足，通过高位掩护、无球掩护、连续掩护等配合创造出投篮机会后出手果断，掩护配合投篮命中率为50.4%，场均得到15.5分，取得了良好的进攻效果，是基础配合投篮得分最多的方式。掩护投篮主要分为三种情况，分别为有球掩护后持球人投篮、有球掩护后分球给队友投篮和无球掩护投篮；其中有球掩护后持球人分球给队友投篮的命中率最高，为58.3%。欧洲队员掩护配合后分球给队友往往可以创造出更好的投篮机会，但在比赛中掩护配合后分球给队友投篮的次数并不多，场均投篮数低于掩护配合后持球人直接跳投投篮次数5次左右，而有球掩护后持球人跳投命中率为47.0%，比掩护配合分球投篮低10%以上。若队员能够更耐心地选择多传一次球，而不是过多地选择掩护配合持球人直接投篮，可能会获得更好的投篮效果。

欧洲队员运球技术高超，突破坚决且速度快，不盲目突破，突破过程中能够依据防守的具体情况选择自己进攻或是快速及时分球给处于更好投篮位置上的队友。突破过程中如遇到补防队员时，持球人能够及时分球给处于空位的队友完成投篮，面对补防不及时持球人又可以果断急停跳投或突破上篮。突破分球后投篮场均出手6.7次，占基础配合投篮的27.0%，场均可得到9分，命中率高达53.7%，表明欧洲队员十分善于利用突破分球投篮完成得分。

欧洲球队防守压迫性很强，在近距离区域防守十分严密，进攻队员很难通过传切配合创造出投篮机会，尤其是一传一切后的投篮十分罕见。在防守队员收缩或包夹防守时，进攻队员能够通过无球空切创造出一些投篮机会，空切后的投篮机会虽少，但队员一旦抓住时机便有很大的把握获取得分，命中率可达到75.0%，这也说明了欧洲队员具有很高的战术素养与篮下终结能力。

从欧洲男篮历史来看，欧洲球队往往以具有很强策应能力的高大中锋为进攻的核心枢纽，利用其策应后的分球来寻找到很多好的投篮机会，但根据统计数据可以看出，2017年男篮欧锦赛策应配合投篮使用频率并不高，占基础配合投篮的14.5%，反映出欧洲男篮以高大中锋为进攻核心的策应配合投篮有所减少。

（1）基础配合投篮远距离区域的临场表现。

为研究阵地进攻基础配合投篮远距离区域临场表现的具体情况，做出了以下统计，如表7-11所示。

表7-11　基础配合投篮远距离区域临场表现统计（场均）①

形式	突分	策应	有球掩护		无球掩护	总计
			持球	分球		
投次	4.45	2.3	3.65	0.65	0.95	12
中次	1.8	0.8	1.15	0.2	0.35	4.3
命中率	40.4%	34.8%	31.5%	30.8%	36.8%	35.8%
得分	5.4	2.4	3.45	0.6	1.05	12.9
投次占比	37.1%	19.2%	30.4%	5.4%	7.9%	—

从表7-11可以看出，欧洲球队基础配合投篮远距离区域得分和命中率最高的是突破分球投篮，命中率为40.4%，场均得到5.4分，得分效率高，是远距离区域最有把握的投篮方式。当外线球员持球突破防守时，两侧队友迅速拉开空间，移动到三分线外伺机接球投篮；在防守队员夹击补

① 利用配合投篮的统计，指队员完成最后进攻的配合。

防时及时分球，往往能创造出空位的投篮机会，欧洲队员良好的篮球意识与出色的空位远距离投篮能力都令人印象深刻。掩护配合远距离投篮运用最多，其中多为有球掩护后持球人直接跳投，掩护后分球投篮与无球掩护接球投篮投次较少，掩护配合远距离投篮命中率仅为30%左右，命中率较低。一些欧洲外线球员远距离投篮较为仓促，例如俄罗斯明星后卫舍维德，他经常在远距离区域运用简单的掩护后急停跳投，在进攻时间10秒以内或是没有摆脱防守时便尝试投篮，投篮时机不合理，导致命中率不高。从比赛中发现，绝大多数欧洲队员在远距离区域的投篮选择都比较合理，一般都会通过基础配合打乱防守，创造出比较好的投篮机会后才出手投篮，少数明星球员会出现一些不合理的投篮选择。

（2）基础配合投篮中距离区域的临场表现。

为研究阵地进攻基础配合投篮中距离区域临场表现的具体情况，做出了以下的统计，如表7–12所示。

表7–12　基础配合投篮中距离区域临场表现统计（场均）

形式	突分	策应	有球掩护		无球掩护	总计
			持球	分球		
投次	0.3	0.3	2.4	0.45	0.35	3.8
中次	0.1	0.15	1.15	0.25	0.15	1.8
命中率	33.3%	50.0%	47.9%	55.6%	42.9%	49.4%
得分	0.2	0.3	2.3	0.5	0.3	3.6
投次占比	7.9%	7.9%	63.2%	11.8%	9.2%	—

从表7–12可以看出，欧洲球队基础配合投篮中距离区域掩护配合投篮是最重要的投篮方式，投次与得分占中距离基础配合投篮的80%以上。其中欧洲队员在中距离区域掩护配合后持球人跳投运用最多，是中距离区域惯用的投篮得分方式，投次占中距离投篮总投次的63.2%，远远多于其他配合投篮。欧洲队员在中距离区域利用掩护配合后持球人直接跳投的能力很强，投篮自信心足，在防守队员挤过防守或轮转防守的间隙，持球队员便可以果断地完成跳投，效率很高。突分与策应配合投篮在中距离区域运用不多，占基础配合中距离投篮总投次的8%左右。

（3）基础配合投篮近距离区域的临场表现。

为研究阵地进攻基础配合投篮近距离区域临场表现的具体情况，做出了以下的统计，如表7–13所示。

表7–13 基础配合投篮近距离区域临场表现统计（场均）①

形式	突分	掩护	传切	策应	合计
投次	2.1	5.4	0.8	0.7	9
中次	1.6	3.9	0.6	0.5	6.6
命中率	76.2%	72.2%	75.0%	71.4%	73.3%
得分	3	7.1	1.5	1.1	12.7
投次占比	23.3%	60.0%	8.9%	7.8%	—
得分占比	23.6%	55.9%	11.8%	8.7%	—

从表7–13可以看出，欧洲球队基础配合投篮近距离区域得分与投次

① 利用基础配合投篮的统计，指队员完成最后进攻的配合。

最多的是掩护配合投篮，场均得到7.1分，占基础配合投篮近距离区域的55.9%，命中率较高，为72.2%；主要投篮方式为掩护配合后突破到内线的上篮，是最有效的得分手段。基础配合投篮近距离区域整体命中率很高，为73.3%，其中传切、突破分球配合投篮命中率在75%以上。队员突破到内线吸引防守夹击后手递手、击地传球给内线队员投篮，总是能有效地撕破防线完成得分。欧洲男篮在近距离区域防守十分严密，近距离区域空间有限，队员通过传切、策应配合投篮投次较少，尤其是一传一切后的投篮十分罕见，投篮机会虽少，但队员一旦抓住时机便有很大的把握投篮得分。

（四）快攻投篮的临场表现

欧洲球队在赛场上表现出很强的快攻投篮能力，快攻发动速度快，上篮果断、投篮精准。为了解快攻投篮临场表现的具体情况，对2017年欧洲男子篮球锦标赛决赛阶段的10场比赛快攻投篮临场表现做出了统计，结果见表7–14和表7–15。

表7–14　不同时机快攻投篮统计（场均）

发动时机	抢获防守篮板球后	抢断球后	掷发界外球后	合计
投次	3.1	2.1	0.7	5.9
中次	2.0	1.2	0.4	3.6
命中率	64.5%	57.1%	57.1%	61.0%
投次占比	52.5%	35.6%	11.9%	—

表 7–15 不同推进形式快攻投篮统计（场均）

形式	短传	长传	传突结合	个人运球推进	合计
投次	2.95	0.65	0.4	1.9	5.9
中次	1.6	0.5	0.25	1.25	3.6
命中率	54.2%	76.9%	62.5%	65.8%	61.0%
投次占比	50.0%	11.0%	6.8%	32.2%	—

从表7–14可以看出，欧洲球队发动快攻的形式多样，主要是抢获防守篮板球后、抢断后和掷发界外球后这三种发起时机。在快攻中，由抢获防守篮板球快攻完成的投篮次数最多，占快攻总投篮次数的52.5%，命中率也最高，为64.5%，是快攻投篮发动的最重要时机。究其原因，主要是因为欧洲队员的快攻接应点不固定，前锋与后卫球员都可以在抢获防守篮板球后完成推进或是一传，不用刻意地寻找固定接应队员，可以高效地发起快攻反击。欧洲男篮压迫性很强的半场紧逼防守时常造成进攻球员的传球失误，抢断球后都能够获得以多打少的快攻投篮机会，抢断球后的快攻投篮的次数与命中率都比较高，投次占快攻总投次的35.6%，命中率为57.1%。面对严密的防守，进攻队员很难直接掷发界外球后完成快攻投篮，只能在节末即将到时或需紧急追分的情况下完成勉强的投篮，投篮次数较少。

2017年男篮欧锦赛快攻形式分为四种：短传、长传、传球与突破结合和个人运球推进。从表7–15中可以看出，短传后的快攻投篮是运用频率最高的，场均投次为2.95次，占快攻总投次的50.0%。欧洲球员在快攻中形成以多打少的局面时，当防守队员逼近持球人，进攻队员能够熟练地运用短距离的传球来撕破防线完成快攻投篮。欧洲队员长距离传球的能力很强，能够通过精准的长传球将球送至前场快下的队员手中，长传后的快攻投篮命中率高达76.9%。欧洲男篮完成快攻的方式与环节比较简练，队员突出的个人运球突破能力像一把利器，能够撕裂对手的防线，队员能够从后场直接推进到前场突破防守人完成快攻投篮，不仅是后卫队员，大多数前锋球员和少数中锋队员也能完成全场个人推进，不受位置的局限，队员个人推进至前场快攻投篮投次占快攻总投次的32.2%，命中率可达65.8%。因此，在快攻中参与的人数不是快攻投篮能否成功的关键，队员突出的个人能力是完成快攻投篮的最重要因素。

快攻结束阶段的投篮区域选择多样，不仅限于内线区域的上篮，快攻中、远距离区域投篮所占的比例也不低。从表7–16中可以看出，快攻投篮主要集中在近距离区域，占总投次的60.2%，队员在具有明显优势时首选冲击篮筐上篮得分。中、远距离跳投所占比例不低，终结方式不局限在突破到内线的上篮，在防守收缩至内线防守时，进攻队员采用精准的中、远距离跳投完成得分。

表7–16　远、中、近各区域的快攻投篮临场表现统计（场均）

快攻投篮区域	远距离	中距离	近距离	合计
投次	1.70	0.65	3.55	5.90
投次占比	28.8%	11.0%	60.2%	—

场均快攻投篮5.9次，快攻投篮的次数并不多。其原因在于：一是因为防守强度很大，攻守转换时防守队员基本都能够全力退防，进攻方传球失误后防守队员迅速逼抢与反抢，球权争夺激烈，使得进攻队员能够形成快攻投篮的机会较少；二是防守队员在失去有利的防守位置后，在进攻队

员快攻反击的过程中，大量地采取战术性的提前犯规，延缓进攻节奏，阻断快攻的发起，导致快攻投篮的机会较少。在有限的快攻机会中，队员发动快攻积极果断，个人推进快攻投篮与团队配合快攻投篮的能力不俗，快攻投篮的效率较高。

综上所述，欧洲球员快攻中短传后投篮与个人运球推进上篮运用较多；进攻球员主动逼近防守球员后，经常利用短传球撕破防守完成投篮；队员全场个人持球推进能力强，不受位置的局限；快攻一传速度快，一传后快攻投篮命中率最高。

快攻结束阶段，队员在具有明显优势时首选冲击篮筐上篮得分，反之能够运用中、远距离投篮，头脑清醒，投篮选择明确，快攻投篮临场表现较为出色。

（五）其他情况投篮的临场表现

1. 不同传球次数下投篮的临场表现

欧洲球队擅长利用快速、高效的转移球创造出良好的投篮机会，球场上传球与投篮紧密相连，绝大多数投篮是从传球发起的。本专题试图寻找到不同传球次数与投篮得分、命中率的联系，对2017年欧洲男子篮球锦标赛决赛阶段的10场比赛不同传球次数下投篮临场表现情况进行统计，数据情况见表7–17和表7–18所示。

表7–17　一次进攻回合不同传球次数下投篮临场表现统计（场均）①

传球次数	投次	中次	命中率	得分	得分占比	投次占比
零次	6.1	2.9	47.5%	6.8	10.8%	10.8%
一次	11.9	5.7	47.9%	12.8	20.3%	21.1%

① 从进攻方在场地内获取球权后开始统计，掷发界外球的传球不涉及在内。

续表

传球次数	投次	中次	命中率	得分	得分占比	投次占比
两次	13.0	6.5	50.0%	15.4	24.4%	23.0%
三次	11.3	5.7	50.4%	12.9	20.4%	20.0%
四次	7.5	3.6	48.0%	8.5	13.5%	13.3%
五次	4.1	1.9	46.3%	4.4	7.0%	7.3%
五次以上	2.6	1.1	42.3%	2.3	3.6%	4.6%
总计	56.5	27.4	48.5%	63.1	—	—

表 7–18　投篮、传球次数统计

总投篮次数	传球次数	平均每次投篮传球次数
1130	2855	2.53

从表7–17可以看出，一次、两次和三次传球后的场均投篮次数均占总投次的20%左右，得分之和占总得分一半以上，命中率较高，均在50%左右，1—3次传球后投篮是最重要的投篮得分手段。欧洲球队在赛场上无效传球的次数很少，传导球的质量和效率很高，尤其是通过突破和掩护后的传球，往往经过1—3次传球就能够创造出较好的投篮机会。在获得投篮机会后出手果断不犹豫，反映出队员强大的投篮自信心与扎实的投篮技术基本功，取得了良好的效果。4—5次传球后投篮次数占总投篮数的20%左右，得分占总得分的20.4%，平均命中率为47.4%。对比1—3次传球投篮，在投篮次数和命中率上都有所降低，连续传导球投篮所取得的效果并不如1—3次传球投篮。五次以上传球后投篮次数很少，占总投篮的比例不足5%，命中率较低。说明并不是传球次数越多，创造出的

投篮机会就越好。究其原因，是进攻队员需要根据防守的具体情况来调整传球次数，在创造出好的投篮机会时，没有必要再过分追求传球的数量，在比赛中多为找不到好的投篮机会而被迫多次传球，往往在24秒临近时选择勉强出手投篮，命中率难以得到保证。零次传球后的投篮指的是掷发界外球后、抢断后或抢获篮板球后持球人的直接投篮，其中掷发界外球后的直接投篮比较多，队员通过防守的漏洞或无球掩护后创造出直接投篮的机会，零次传球后的投篮占总投篮次数的10%左右，命中率较高，为47.5%。由表7-18可知，平均传球2.53次后投篮1次，反映出欧洲男篮在进攻中注重传球的质量与效率，不过分要求传球的次数，高效、快速传导球后的投篮是比赛中最主要的得分手段。

综上所述，1—3次传球后投篮的得分多、命中率高，3次以上传球后投篮得分和命中率开始降低，并不是传球次数越多，投篮命中率越高。欧洲男篮注重传球的效率与质量，不过分追求传球的次数。

2. 二次进攻投篮的临场表现

篮球比赛中二次进攻是指进攻方投篮未中时，进攻方抢下进攻篮板球补篮或重新组织进攻的行动。新的国际篮联《篮球竞赛规则》规定，二次进攻时间缩减至14秒，加快了比赛节奏。欧洲男篮队员身体强壮，身体素质出众，球风硬朗，在进攻投篮不中时有积极冲抢进攻篮板球的意识。善于利用二次进攻的球队，往往是凶悍勇猛的队伍，给防守球队带来了极强的进攻压迫感，从气势上凌驾于对手之上；同时可以有效地控制对方的反击进攻，创造出更容易的投篮机会，得分的效率很高。2017年欧洲男子篮球锦标赛决赛阶段的10场比赛二次进攻投篮的临场表现情况统计结果见表7-19和表7-20。

表 7–19　二次进攻投篮临场表现统计（场均）

投篮方式	投次	中次	命中率
补篮	2.3	1.2	52.2%
个人进攻投篮	2.3	1.6	69.6%
重新组织投篮	2.6	1.4	53.8%
合计	7.2	4.2	58.3%

表 7–20　二次进攻投篮与总投篮临场表现统计（场均）

投篮方式	投次	中次	命中率
二次进攻投篮	7.2	4.2	58.3%
总投篮	56.5	27.4	48.5%

从表7–19和表7–20可以看出，二次进攻投篮场均投篮次数为7.2次，命中率为58.3%，比总投篮命中率高10%左右。其中进攻球员争抢到进攻篮板球后就地发起个人进攻投篮是最高效的投篮方式，体现出欧洲队员在近距离区域突出的个人进攻投篮能力，命中率可达到69.6%，超过了直接补篮的命中率。欧洲队员在比赛中积极拼抢进攻篮板球，冲抢进攻篮板球的人数多，当创造出“一打一”二次进攻机会时，队员便果断地进行个人攻击，向篮下移动冲击篮筐，收到了很好的效果。二次进攻中，当队员处于“以少打多”的情况时，大多数队员能保持头脑清醒，不盲目强行投篮，稳定下来重新组织进攻。重新组织进攻衔接比较流畅，投篮命中率较高，从比赛细节中能体现出队员扎实的基本功与良好的篮球意识。

3. 身体对抗投篮的临场表现

在篮球比赛中的攻防两端，不论有球或是无球处处存在着身体对抗。篮球运动是对抗性运动，身体对抗能力是队员立足赛场的根本。没有强壮的身体、强有力的身体对抗能力作为支撑，再好的个人技术也无处施展，对抗投篮能力是衡量投篮技术水平重要的指标。欧洲队员身材高大、强壮，身体素质强，善于利用身体对抗来创造得分机会或阻碍对手投篮，进攻队员利用身体对抗创造出的投篮机会很多，投篮把握性较高。为研究欧洲球队在身体对抗下投篮的临场表现，对2017年欧洲男子篮球锦标赛决赛阶段的10场比赛身体对抗投篮临场表现情况做出了详细统计，结果如表7–21和表7–22所示。

表 7–21 身体对抗投篮与无身体对抗投篮临场表现统计（场均）

投篮形式	身体对抗下投篮	无身体对抗投篮	总投篮
投次	9.5	47.0	56.5
中次	4.9	22.5	27.4
命中率	51.6%	47.9%	48.5%
得分	9.9	53.2	63.1
投次占比	16.8%	83.2%	—
得分占比	15.7%	84.3%	—

表 7–22 远、中、近各区域身体对抗投篮临场表现统计（场均）

区域	近距离		中距离	远距离
方式	投篮	上篮		
投次	4.85	3.25	1.20	0.20

续表

区域	近距离		中距离	远距离
方式	投篮	上篮		
中次	2.50	1.75	0.60	0.05
命中率	51.5%	53.8%	50.0%	25.0%
得分	5.00	3.50	1.20	0.15
投次占比	51.6%	34.6%	12.8%	2.1%
得分占比	50.8%	35.5%	12.2%	1.5%

从表7–21可以看出，身体对抗投篮场均为9.5次，占总投篮的16.8%，得分为9.9分，占总得分的15.7%，命中率较高，为51.6%；比没有身体对抗下的投篮命中率高3.7%，表明队员身体对抗投篮临场表现出色。队员在投篮过程中具有主动寻找身体对抗的意识，通过对抗创造出投篮空间，往往能创造出较好的投篮机会，身体对抗投篮的效率很高。按常理说在没有身体对抗的情况下投篮，投篮难度应小于有身体对抗投篮，但命中率方面，身体对抗投篮还超过了无身体对抗的投篮，进一步表明欧洲男篮身体对抗投篮临场表现出色。

从表7–22可以看出，在近距离区域的投篮中，身体对抗投篮所占的比例很高，场均得分最多为5分，占身体对抗投篮总得分的50%以上。内线队员需要通过对抗挤开防守者创造出投篮空间，身体对抗投篮的区域绝大部分发生在近距离区域，其中近距离个人进攻投篮是最主要的方式；欧洲队员在身体对抗后的勾手投篮技术运用娴熟，效率很高。欧洲队员也经常突破到内线对抗上篮，场均投次为3.25次，占身体对抗投篮总投次的34.6%，得分占总得分的35%以上。欧洲队员在上篮时主动寻找身体对抗，既可以有效地躲避防守队员的封盖，又能够有机会造成防守犯规罚球。欧洲的后卫和前锋队员主动寻找身体对抗完成上篮的意识很强，能够利用好身体对抗创造出的上篮空间，当遇到高大内线队员补防时也不露惧色，往往通过出色的核心力量在空中与内线防守队员对抗后上篮，对抗上篮的命中率较高。在中距离范围内对抗投篮主要出现在后卫和前锋队员通过有球掩护抢出领先于防守者的半步空间，进攻队员用身体背部倚靠防守者完成跳投，中距离对抗投篮的命中率为50.0%，效率很高。

综上所述，欧洲球员在身体对抗投篮中表现优异，其中近距离区域是身体对抗投篮得分最多的区域，中、近距离区域对抗投篮，对抗上篮和对抗投篮的效率都很高，队员投篮技术动作完全不受高强度身体对抗的影响，反而在身体对抗下投篮命中率更高，展现出了很高的投篮技术水平与身体对抗能力，对抗投篮技术值得学习和借鉴。

三、结论与建议

（一）结论

（1）欧洲男篮近距离和远距离区域得分多于中距离区域，各区域投篮比例较为均衡，命中率均处于较高水平。在远距离区域主要依靠队友分球创造出的投篮机会得分，原地跳投得分是最主要的进攻手段；在中距离区域，队员主要通过自主创造出投篮机会得分，运球急停跳投是最主要的投篮得分方式；在近距离区域，欧洲男篮投篮得分的方式多，队员可以根据不同的防守情况运用较为合理的投篮方式完成投篮。

（2）欧洲男篮在阵地进攻中不盲目地运用个人进攻投篮，主要通过基础配合完成投篮，基础配合投篮效率明显高于个人进攻投篮。基础配合投篮多为有球掩护与突破分球配合投篮，突破分球配合投篮效果较佳。

（3）欧洲男篮快攻投篮区域分布广，不局限于近距离上篮得分，队员突出的个人能力是完成快攻投篮的主要因素。欧洲男篮在进攻中传球的质量与效率高，不过分要求传球的次数，主要通过简练、高效的传导球完成投篮，效果良好。

（4）欧洲男篮冲抢进攻篮板球意识强，二次进攻投篮命中率高，队员投篮选择明确，能较合理地选择个人进攻或重新组织进攻；善于利用身体对抗创造投篮机会，对抗投篮命中率高。

（二）建议

（1）投篮技术教学训练建议：通过本专题发现，欧洲男篮在投篮技术方面表现出色，许多特点值得我们学习与借鉴，主要有以下几方面：①在投篮技术教学中，建议重点提高运球急停跳投、原地接球跳投、突破后低手上篮等技术。②在投篮技术教学与比赛中，要求队员注重远、中、近各区域投篮的均衡性，不要只注重某一区域的投篮。③多练习通过基础战术配合后的投篮，尤其是通过连续掩护、连续突破分球后的投篮，不提倡过量运用个人进攻投篮。④在教学比赛中，注重队员传球的效率与质量，不过分要求传球的次数，通过传球创造出良好的投篮机会时应果断投篮。⑤增强队员冲抢篮板球意识，创造出更多二次进攻投篮的机会，二次进攻中要注重时机的把握，不要在防守严密的情况下执着地选择个人进攻投篮。⑥抓住攻防转换的时机，提高攻防转换的速度，不要执着于快攻上篮，在合适的时机果断运用中、远距离跳投。

（2）本专题对2017年欧洲男子篮球锦标赛远、中、近各区域投篮运用比例、各种投篮方式、快攻投篮、二次进攻投篮、个人进攻投篮与基础配合投篮临场表现方面做出了基本的研究，但在投篮技术动作影响因素、不同防守强度投篮、复杂战术配合投篮等方面没有做具体分析，对此可进行进一步的深入研究。

专题八

篮球比赛中突破技术的运用

欧美篮球强队不仅拥有优秀的强力内线队员和外线投手，而且拥有具备强力突破能力的优秀后卫队员，如美国队的哈登和欧文、塞尔维亚队的特奥多西奇和博格达诺维奇、西班牙队的纳瓦罗、巴西队的巴博萨、斯洛文尼亚队的德拉季奇。虽然他们的身材往往不够高大，但是可以利用优秀的突破技术突入内线直接得分，或通过突破分球来吸引防守为全队创造进攻机会。后卫作为一支球队的大脑和后场指挥官，其作用越来越重要，后卫队员的突破技术是衔接内外线、盘活全队进攻的重要手段。纵观首届男篮世界杯比赛，美国队依靠欧文、哈登的强大进攻能力和个人能力获得冠军；塞尔维亚队在特奥多西奇和博格达诺维奇的带领下获得亚军；获得第四名的立陶宛队有突破能力很强的塞巴蒂斯，前八名的巴西队拥有在美职篮打球多年并且以速度和突破见长的巴博萨；美职篮全明星后卫德拉季奇带领斯洛文尼亚队进入前八名。

2012年伦敦奥运会中国男篮以五战皆负的战绩小组垫底，创下了近三届男篮奥运会的最差战绩；2013年男篮亚锦赛中国队以第五名的战绩兵败马尼拉，创下了男篮参加亚锦赛的最差战绩；2014年的仁川亚运会，中国男篮竟然没有进入前四，创下了亚运会男篮的最差战绩。中国男篮屡屡在大赛中创下最差战绩，给我们敲响警钟：中国男篮的后卫队员过于黏球，突破能力弱、突破威胁小，无法在恰当的时候将球传给同伴，与欧美强国优秀后卫队员差距越来越大，严重制约了我国篮球的竞技水平。本专题通过对第一届男篮世界杯优秀后卫队员突破技术运用情况进行统计分析，对世界优秀后卫队员突破过程中的技术动作、突破方式、时机、效果、区域等进行研究，总结归纳世界优秀后卫队员突破技术的特征，为我国后卫队员突破技术科学化训练提供理论依据，为提高我国后卫队员的进攻能力提供参考。

一、主要研究方法

（一）录像观察法

对2014年第一届男篮世界杯8强赛18场比赛录像反复观看，采用正常速度、慢放暂停和倒退等各种方式，对后卫队员突破技术的各项指标进行数据统计。调查对象及统计的比赛场次如表8–1所示。

表8–1中的9名队员为第一届男篮世界杯前八名球队的主力后卫队员，每支球队选出一名队员，冠军美国队和亚军塞尔维亚队各有两名队员。美国队的哈登、欧文综合实力都比较强，而且具有很强的突破能力；塞尔维亚队的特奥多西奇和博格达诺维奇为塞尔维亚后卫线的领军人物。本专题主要对后卫队员的突破时机、突破效果、突破方式、突破区域等体现突破技术运用的技术指标进行数据统计。

表 8-1 比赛场次统计

姓名	国籍	比赛对手
哈登	美国	塞尔维亚（冠亚军决赛）、立陶宛（半决赛）、斯洛文尼亚（四分之一决赛）、墨西哥（八分之一决赛）
欧文	美国	塞尔维亚（冠亚军决赛）、立陶宛（半决赛）、斯洛文尼亚（四分之一决赛）、墨西哥（八分之一决赛）
特奥多西奇	塞尔维亚	美国（冠亚军决赛）、法国（半决赛）、巴西（小组赛）、巴西（四分之一决赛）
博格达诺维奇	塞尔维亚	美国（冠亚军决赛）、法国（半决赛）、巴西（四分之一决赛）、巴西（小组赛）
胡特尔	法国	立陶宛（三、四名决赛）、塞尔维亚（半决赛）、西班牙（四分之一决赛）、克罗地亚（八分之一决赛）
塞巴蒂斯	立陶宛	法国（三、四名决赛）、美国（半决赛）、土耳其（四分之一决赛）、克罗地亚（八分之一决赛）
巴博萨	巴西	塞尔维亚（四分之一决赛）、阿根廷（八分之一决赛）、塞尔维亚（小组赛）、西班牙（小组赛）
戈兰-德拉季奇	斯洛文尼亚	美国（四分之一决赛）、多米尼加（八分之一决赛）、立陶宛（小组赛）、韩国（小组赛）
纳瓦罗	西班牙	法国（四分之一决赛）、塞内加尔（八分之一决赛）、巴西（小组赛）、塞尔维亚（小组赛）

（二）数理统计法

运用Excel软件对队员突破方式、突破效果、突破时机以及结合突破配合次数和效果等技术统计指标进行处理，算出统计指标所占的百分比，从而得出相关结论。

（三）逻辑分析法

采用归纳、演绎、对比和综合分析等逻辑思维方法对采集的数据进行对比分析，归纳总结出第一届男篮世界杯优秀后卫队员突破技术运用的特征。

二、研究结果与讨论

（一）优秀后卫队员突破技术相关概念的界定

1. 优秀后卫队员的界定

本专题中的优秀后卫队员指2014年男篮世界杯前八名球队中效率值排名前九的后卫队员。效率 =[（得分+篮板+助攻+抢断+盖帽）-（投篮次数-命中次数）-（罚球次数-罚中次数）-失误] / 上场次数。后卫队员的突破技术指控制球的突破技术，不包括无球移动中的突破。

2. 技术统计指标相关概念的界定

近区：限制区。

中区：限制区和三分线之间的区域。

远区：三分线到中线的球场区域，不包括后场的区域。

（二）后卫队员突破技术运用的相关分析

1. 优秀后卫队员在2014年男篮世界杯的基本情况

研究者共统计了2014年男篮世界杯的18场比赛，其中绝大部分是淘汰赛的比赛，包括八分之一决赛、四分之一决赛、半决赛以及三、四名决赛和冠亚军决赛；还包括小组赛中激烈精彩的比赛场次。美国队、法国队、立陶宛队的比赛全部为淘汰赛的比赛；塞尔维亚队除了淘汰赛的比赛还包括小组赛同巴西队的比赛。由于塞尔维亚队、巴西队、法国队、西班牙队分在了同一小组，巴西队小组赛战胜了塞尔维亚队，因此选取此场比赛进行分析。斯洛文尼亚队的比赛除了淘汰赛，还包括小组赛同立陶宛队和韩国队的比赛；斯洛文尼亚队和立陶宛队同为欧洲老牌劲旅，实力水平较为接近，在同立陶宛队的小组赛中斯洛文尼亚队几乎全场领先，却在第四节后半段崩盘被立陶宛队逆转输掉3分；而同韩国队的比赛斯洛文尼亚队直到第三节快结束时还落后于韩国队，所以分析这两场比赛。西班牙队在2014年男篮世界杯比赛进入前八，但却在八进四的比赛中输给了法国队，除了分析西班牙队淘汰赛与塞内加尔队和法国队的比赛，还分析小组赛中同塞尔维亚队和巴西队的比赛。

本专题中的优秀后卫队员指的是男篮世界杯前八名球队中效率值排名前九名的后卫队员，其中美国队和塞尔维亚队各两人，法国队、立陶宛队、巴西队、斯洛文尼亚队、西班牙队各一人。美国队两人是哈登和欧文，哈登是美国队2014年男篮世界杯比赛中场均得分最多的队员，欧文在2014年男篮世界杯比赛中凭借出色的发挥获得MVP；塞尔维亚队的特奥多西奇和博格达诺维奇是2014年男篮世界杯亚军塞尔维亚队后卫线最为倚重的球员，在场均得分还有突破等方面在后卫队员中均表现较优异；塞巴蒂斯是立陶宛队的先发后卫队员，其场均得分和场均助攻都领先于立陶宛队的其他后卫队员；胡特尔是法国队2014年男篮世界杯比赛的先发后卫，由于法国队的主力后卫托尼·帕克并没有参加比赛，胡特尔作为先发后卫很好地完成了衔接内外线的任务；巴博萨、纳瓦罗分别是巴西队、西班牙队的主力后卫，巴西队的巴博萨曾在NBA效力多年，是一名速度奇快突破能力极其出色的后卫队员；西班牙队的纳瓦罗是一名比较典型的欧洲后卫，具备优异的三分投射能力和突破抛投能力；而斯洛文尼亚队的戈兰·德拉季奇是曾效力于美国NBA菲尼克斯太阳队的明星后卫队员，并且多次入选美职篮的全明星阵容。根据表8–2可以看出，9名后位队员中，除了法国队的胡特尔，其余队员身高都在190厘米以上。另外2014年男篮世界杯后卫队员呈现年轻化趋势，除了巴博萨和纳瓦罗之外，其他后卫队员都是出生于1985年以后的球员。

在得分方面如表8–3所示：9名后卫队员场均得分，除了法国队的胡特尔以及立陶宛队的塞巴蒂斯都高于10分，而塞巴蒂斯和胡特尔的场均得分也接近10分，说明2014年男篮世界杯后卫都具有较强的得分能力。在助攻方面，除了巴博萨和纳瓦罗，其余队员的场均助攻都高于2.5次，特奥多西奇、德拉季奇、胡特尔的场均助攻都超过4次，说明优秀后卫队员具有较好的传球意识。

表8–2　前八名球队优秀后卫队员具体情况统计

姓名	国籍	球衣号码	身高（厘米）	体重（千克）	出生年月
哈登	美国	13	196	100	1989年8月
欧文	美国	10	191	88	1992年3月
特奥多西奇	塞尔维亚	4	195	92	1987年3月
博格达诺维奇	塞尔维亚	7	197	96	1992年8月
胡特尔	法国	4	188	82	1989年4月
巴博萨	巴西	10	191	87	1982年11月
塞巴蒂斯	立陶宛	9	196	88	1985年7月
德拉季奇	斯洛文尼亚	11	191	87	1986年5月
纳瓦罗	西班牙	7	191	83	1980年6月

表 8-3 优秀后卫队员在 2014 年男篮世界杯赛中的表现

姓名	国籍	得分	两分球	三分球	罚球	助攻	效率
哈登	美国	14.2	3.2—5.4	1.3—3.1	3.8—4.7	3.2	15.44
欧文	美国	12.1	3.4—6.3	1.6—2.6	1.6—2.3	3.6	14.11
特奥多西奇	塞尔维亚	13.6	2.0—2.9	2.6—5.3	1.9—2.3	4.4	15.00
博格达诺维奇	塞尔维亚	12.0	2.6—4.2	1.6—5.0	1.0—1.6	2.6	10.97
胡特尔	法国	9.7	2.6—4.6	0.8—2.0	2.2—2.7	4.0	11.11
巴博萨	巴西	11.9	3.3—6.1	1.3—3.0	1.4—2.0	1.1	11.02
德拉季奇	斯洛文尼亚	14.0	4.9—7.1	1.0—3.6	1.3—2.1	4.0	14.00
塞巴蒂斯	立陶宛	9.8	2.6—5.6	0.7—1.9	2.7—2.9	3.1	10.37
纳瓦罗	西班牙	10.0	1.9—3.3	1.6—4.4	1.6—2.1	2.4	10.15

2. 突破区域

如表8-5所示，从总体上看，9名队员在18场比赛中共突破643次，近区的突破总数为0，中区的突破总数为117次，远区的突破总数是526次。近区的突破次数为零，主要是因为近区为限制区，离篮筐的距离近，后卫队员在近区面对的防守压力较大，防守队员较多，不易进行突破。9名后卫队员在中区的突破共计117次，比例为18.2%；在远区的突破为526次，比例为81.8%；远区的突破较多，要远远多于中区的突破。究其原因是：一方面，远区是三分线外的区域，面对防守队员的压力较小，而后卫队员的运球技术出色，启动速度快，面对较小的防守压力更容易发挥速度快、控制能力强的优势，从而突入限制区得分或者为同伴创造得分机会；

另一方面，后卫队员更容易利用中锋或前锋队员的掩护为自己的突破创造空间。

表 8–4　优秀后卫队员近、中、远区突破次数统计

姓名	总数	近区	比例	中区	比例	远区	比例
哈登	61	0	0.0%	15	24.6%	46	75.4%
欧文	62	0	0.0%	16	25.8%	46	74.2%
特奥多西奇	72	0	0.0%	10	13.9%	62	86.1%
博格达诺维奇	57	0	0.0%	11	19.3%	46	80.7%
胡特尔	89	0	0.0%	13	14.6%	76	85.4%
塞巴蒂斯	65	0	0.0%	13	20.0%	52	80.0%
巴博萨	61	0	0.0%	12	19.7%	49	80.3%
德拉季奇	126	0	0.0%	17	13.5%	109	86.5%
纳瓦罗	50	0	0.0%	10	20.0%	40	80.0%
总数	643	0	0.0%	117	18.2%	526	81.8%

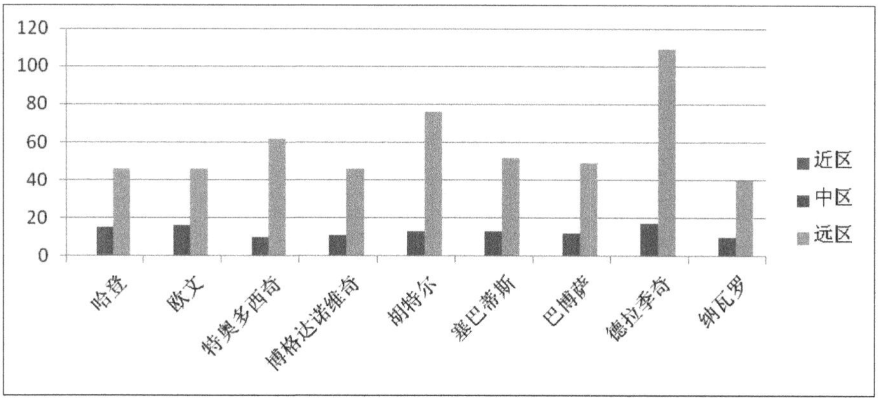

图 8–1　优秀后卫队员突破区域统计次数

综上，面对限制区内极大的防守压力以及众多的防守队员，后卫队员通常不会在近区进行突破；由于远区宽广，利于后卫队员加速和各项技术的运用，因此，后卫队员在远区的突破比例要远远大于在中区的突破比例。

3. 突破方式

从表8-5可以看出，9名队员运球突破的总数为458次，持球突破的总数为185次；运球突破次数占总突破次数的71.2%，持球突破次数占总突破次数的28.8%；运球突破的比例远远大于持球突破。大部分队员运球突破占70%—80%，但塞尔维亚队的博格达诺维奇、立陶宛队的塞巴蒂斯、巴西队的巴博萨、西班牙队的纳瓦罗的运球突破低于70%。博格达诺维奇运球突破次数为34次，占59.6%；塞巴蒂斯运球突破次数为45次，占69.2%；巴博萨运球突破次数为34次，占55.7%；纳瓦罗运球突破次数为30次，占60.0%。这主要与他们的技术特点及全队战术打法有关，他们相对于其他队员更喜欢持球进攻。博格达诺维奇、巴博萨等队员接球后常常利用隐蔽的投篮假动作晃过对手进行持球突破；西班牙队是一支内线优势较明显的球队，而纳瓦罗的三分球命中率较高，西班牙队内线吸引包夹后，由内线队员将球分给外线的纳瓦罗，防守队员在防守纳瓦罗时通常防得较紧，纳瓦罗在接球后往往是做投篮假动作后突入内线上篮得分。

表8-5 优秀后卫队员突破方式统计

姓名	总数	运球突破次数	百分比	持球突破次数	百分比
哈登	61	43	70.5%	18	29.5%
欧文	62	49	79.0%	13	21.0%

续表

姓名	总数	运球突破次数	百分比	持球突破次数	百分比
特奥多西奇	72	51	70.8%	21	29.2%
博格达诺维奇	57	34	59.6%	23	40.4%
胡特尔	89	75	84.3%	14	15.7%
塞巴蒂斯	65	45	69.2%	20	30.8%
巴博萨	61	34	55.7%	27	44.3%
德拉季奇	126	97	77.0%	29	23.0%
纳瓦罗	50	30	60.0%	20	40.0%
总数	643	458	71.2%	185	28.8%

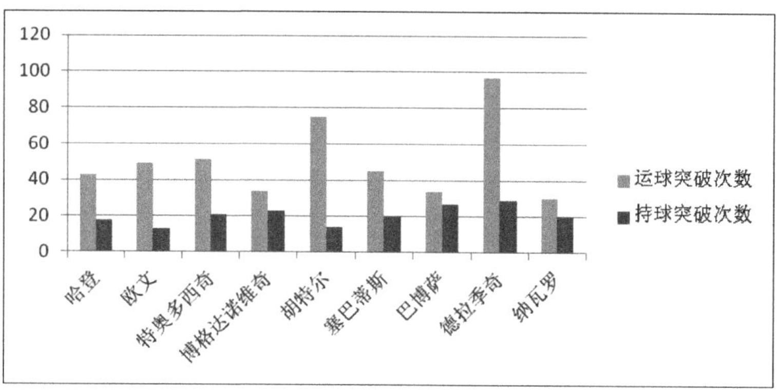

图 8-2　突破方式

2014年男篮世界杯优秀后卫队员在运球突破的次数上要远远大于持球突破的次数，主要是因为随着现代竞技篮球运动的发展，防守队员的防守技巧较以前有很大的提高，防守强度增加，单单依靠徒手的假动作已经很难摆脱防守队员。持球突破本身有一定的局限性：持球突破不利于充分发挥后卫队员的速度优势，如果利用持球的假动作没有摆脱防守队员，进攻队员只能传球或者投篮，这就大大降低了后卫队员的威胁。而运球突破可以充分发挥后卫队员速度快的优势，如没有摆脱防守还可以继续利用其他的运球方式。运球突破的方式多种多样：胯下运球、背后运球、后转身运球、体前变向运球、突然加速运球等等，后卫队员大都具有较娴熟的运球技能，可以采取各种各样的运球方式突破防守；而持球突破只有顺步和交叉步两种，后卫队员的选择面相对狭窄。

（1）运球突破。

由表8–6可知，从总体上看，胯下运球总数19次，占4.1%；背后运球总数26次，占5.7%；转身运球总数15次，占3.3%；体前变向运球总数97次，占21.2%；突然加速运球总数301次，占65.7%。胯下、背后、转身等运球突破方式比例较低，体前变向运球和突然加速运球的比例远远大于胯下、背后、转身运球。优秀后卫队员常用的运球突破方式中，运用频率由多到少依次为突然加速运球、体前变向运球、背后运球、胯下运球、转身运球，后卫队员主要运用突然加速运球和体前变向运球的突破方式。

表 8–6 优秀后卫队员突破过程采用的各项运球技术统计

姓名	总数	胯下	比例	背后	比例	转身	比例	体前变向	比例	突然加速	比例
哈登	43	4	9.3%	4	9.3%	2	4.7%	12	27.9%	21	48.8%
欧文	49	3	6.1%	5	10.2%	3	6.1%	16	32.7%	22	44.9%
特奥多西奇	51	1	2.0%	3	5.9%	1	2.0%	5	9.8%	41	80.4%

续表

姓名	总数	胯下	比例	背后	比例	转身	比例	体前变向	比例	突然加速	比例
博格达诺维奇	34	2	5.9%	2	5.9%	1	2.9%	4	11.8%	25	73.5%
胡特尔	75	2	2.7%	3	4.0%	1	1.3%	19	25.3%	50	66.7%
塞巴蒂斯	45	2	4.4%	3	6.7%	1	2.2%	8	17.8%	31	68.9%
巴博萨	34	2	5.9%	1	2.9%	1	2.9%	9	26.5%	21	61.8%
德拉季奇	97	2	2.1%	3	3.1%	3	3.1%	21	21.6%	68	70.1%
纳瓦罗	30	1	3.3%	2	6.7%	2	6.7%	3	10.0%	22	73.3%
总数	458	19	4.1%	26	5.7%	15	3.3%	97	21.2%	301	65.7%

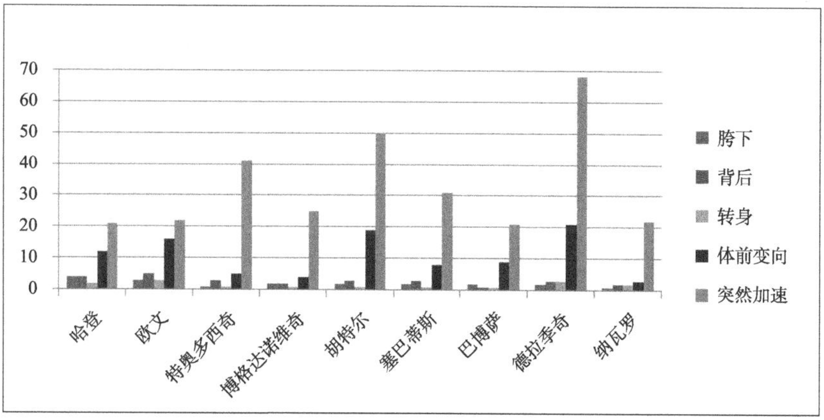

图 8-3　突破过程采用的各项运球技术

优秀后卫队员除了喜欢利用内线队员的掩护和自己的速度优势突然加速突破外，体前变向突破共计97次，占到21.2%。其中哈登和欧文分别为12次和16次；胡特尔和德拉季奇分别为19次和21次，巴博萨和塞巴蒂斯也分别有9次和8次。后卫队员突然降低重心的体前变向较容易突破防守队员，在快攻时更是如此：由于防守队员在快攻中往往采用侧身防守，边退边防，运球队员加速推进时，防守者的后退速度也快，在进攻队员改变前进的方向时，防守队员由于惯性的作用，不能及时改变方向以维持对进攻者的防守，这样，运球队员就能轻易突破防守。

（2）持球突破。

由表8–7和图8–4可知，从总体上看，9名后卫队员4场比赛中持球突破185次，顺步持球突破61次，占33.0%；交叉步持球突破124次，占67.0%。交叉步持球突破次数和比例远大于顺步持球突破，说明优秀后卫队员在运用持球突破时多使用交叉步持球突破。持球突破是持球队员运用合理的脚步动作与运球技术相结合，快速超越防守队员的一项攻击性很强的进攻技术。在比赛中，及时地把握突破时机，合理地运用突破技术，是直接切入篮下得分的重要手段；同时还可打乱对方的防御部署，为同伴创造更多更好的投篮机会。若能将突破巧妙地与投篮、传球等结合运用，使突破技术灵活多变，就能更好地发挥突破技术的攻击力。运用持球突破时，持球队员应该利用逼真的假动作晃开防守队员。顺步持球突破对于习惯用右手运球的队员较有利，而不利于右手球员利用左手顺步持球突破；但交叉步持球突破往左右两侧突破都较为方便，更有利于腿部发力，所以优秀后卫队员常用交叉步持球突破。

表8–7 优秀后卫队员持球突破次数方式统计

姓名	总数	顺步持球突破	比例	交叉步持球突破	比例
哈登	18	6	33.3%	12	66.7%

续表

姓名	总数	顺步持球突破	比例	交叉步持球突破	比例
欧文	13	4	30.8%	9	69.2%
特奥多西奇	21	7	33.3%	14	66.7%
博格达诺维奇	23	12	52.2%	11	47.8%
胡特尔	14	4	28.6%	10	71.4%
塞巴蒂斯	20	8	40.0%	12	60.0%
巴博萨	27	6	22.2%	21	77.8%
德拉季奇	29	8	27.6%	21	72.4%
纳瓦罗	20	6	30.0%	14	70.0%
总数	185	61	33.0%	124	67.0%

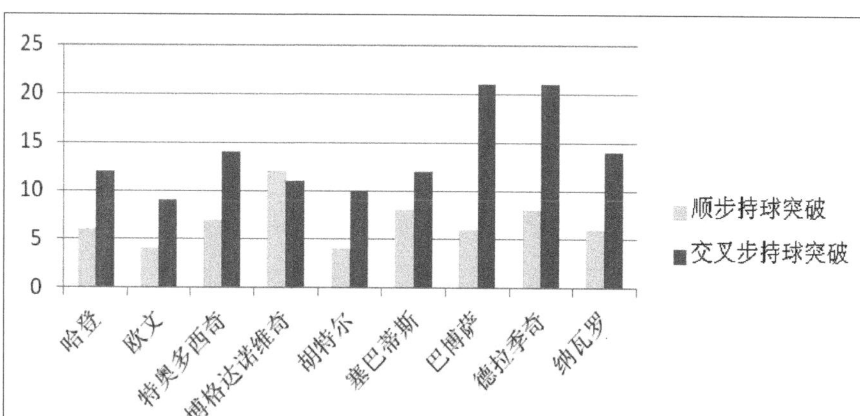

图 8-4　优秀后卫队员持球突破次数统计

从个体上看，大部分后卫队员顺步持球突破的比例都低于40%，只有塞尔维亚队的博格达诺维奇和立陶宛队的塞巴蒂斯顺步持球突破的比例高于40%；博格达诺维奇为52.2%，塞巴蒂斯为40.0%。博格达诺维奇身高197厘米，在9名后卫队员中是最高的，而且博格达诺维奇在2014年男篮世界杯中平均每场可以投进1.6个三分球，在9名后卫队员中仅次于队友特奥多西奇，而塞尔维亚队的特奥多西奇是主力控球后卫，占有大量的球权。防守队员对于博格达诺维奇贴身防守，所以在有限的球权中接球后利用投篮的假动作晃开防守队员进行突破也成为博格达诺维奇的重要得分手段。在交叉步持球突破方面：德拉季奇、巴博萨、胡特尔等球员占有率较高，分别为21次、21次、10次，德拉季奇和巴博萨在交叉步持球突破次数方面在9名后卫队员中最多，作为拥有NBA背景的2名后卫队员，两人都有很强的突破能力，所以两人面对的防守压力也较大，在无法顺利地依靠运球突破摆脱对手时，交叉步的持球突破便成了很好的选择。通过视频分析，后卫队员的持球突破不仅仅是发生在面对防守者时，内线队员给后卫队员的掩护也成了很好的利用持球突破的机会。在持球突破占有率远不及运球突破的情况下，后卫队员采用的突破方式大多还是交叉步持球突破。

4. 突破时的配合

如表8-8所示，从总体看，后卫队员无配合的个人突破为297次，占总突破次数的46.2%；后卫队员利用配合的突破次数为346次，占总突破次数的53.8%；后卫队员利用配合的突破次数要多于个人突破。通过录像分析看出，后卫队员利用配合突破的时机，往往是利用无球移动和中锋队员在外线的挡拆和掩护之后突入内线为本队创造得分机会。通过内线队员的掩护，后卫队员出现了空当便可自行突破得分；而内线队员出现了空位便将球分给内线队员或者外线队员打乱对方的防守部署。在对抗激烈的世界大赛上，由于防守强度的加大，对后卫队员突破能力的要求越来越高，在后卫队员没有机会摆脱防守时，利用全队的配合为后卫队员创造突破的机会已经成为团队篮球的一种重要的方式；不仅可以盘活全队的进攻，而且还起到了打乱对方防守的作用。

表 8-8　优秀后卫队员在突破时有无配合统计

姓名	总数	无配合个人突破	比例	有配合个人突破	比例
哈登	61	45	73.8%	16	26.2%
欧文	62	41	66.1%	21	33.9%
特奥多西奇	72	23	31.9%	49	68.1%
博格达诺维奇	57	30	52.6%	27	47.4%
胡特尔	89	34	38.2%	55	61.8%
塞巴蒂斯	65	23	35.4%	42	64.6%
巴博萨	61	26	42.6%	35	57.4%
德拉季奇	126	60	47.6%	66	52.4%
纳瓦罗	50	15	30.0%	35	70.0%
总数	643	297	46.2%	346	53.8%

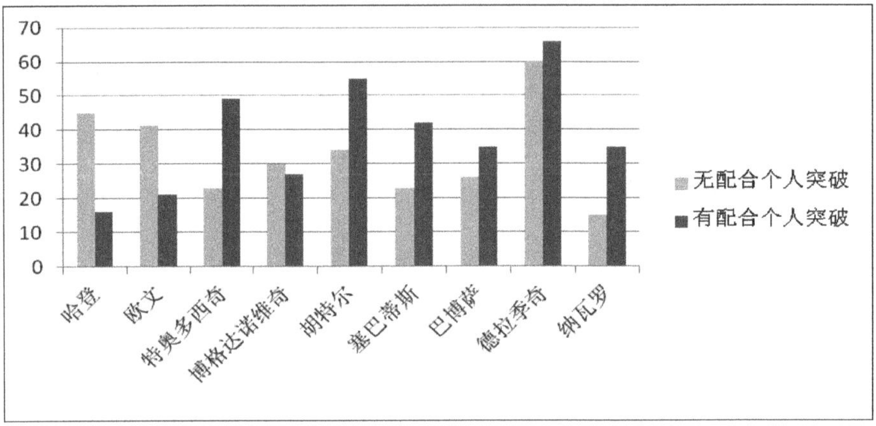

图 8–5　突破时有无配合

从个体上看，美国队的哈登和欧文有配合的突破分别为26.2%和33.9%，欧文和哈登是美国队的首发后卫，由于美国队整体实力比其他队要高，进攻大都是由外线队员完成的，统计数据也反映了这两人极强的突破能力；哈登和欧文往往是利用自己超强的突破能力突入内线创造得分机会。而其他的后卫队员，有配合的突破基本都占60%左右，可以看出，欧洲球队主要是依靠整体作战。2014年男篮世界杯发挥非常出色的特奥多西奇、胡特尔、德拉季奇，他们的突破次数分别为72次、89次、126次；其中他们依靠配合的突破次数分别为49次、55次、66次，比例分别为68.1%、61.8%、52.4%。这几名队员都是欧洲的传统控球后卫，依靠内线队员在外线的掩护突破分球，有机会则自己上篮进攻得分。特奥多西奇属于典型的欧洲后卫，在突破时利用高大强壮的内线队员拉杜利察，因为防守队员身体力量悬殊不能抢前一步防守而被挡在身后；如果防守队员采用穿过防守则会被后卫队员从另一侧突破；如果防守队员进行换防则造成错位，身材高大行动缓慢的内线队员根本跟不上后卫队员的脚步。这是欧洲后卫队员屡屡采用的掩护突破方式，轻易地撕开对手的防线从而创造有利的进攻机会。依靠团队突破的队员在助攻次数上也较多；特奥多西奇、胡特尔、德拉季奇的场均助攻在助攻榜上都靠前。塞巴蒂斯、巴博萨、纳瓦罗等利用配合的突破次数也远远大于他们个人突破的次数，立陶宛队、巴西队、西班牙队都有身强力壮的内线队员：立陶宛队的瓦兰丘纳斯、巴西队的瓦莱乔和内内、西班牙的加索尔兄弟，他们都可以为本队突破能力强的后卫队员掩护以创造突破机会。除了美国队的哈登、欧文具备超强的个人能力，其他球队的主力后卫队员的突破方式主要还是依靠全队的配合、内线队员的无球掩护和在外线利用内线队员的挡拆进行的，这是后卫队员突破技术运用的有效方式。

5. 突破时机的选择

从生物力学的角度分析，突破就是在防守队员身体重心向一侧打破平衡的“瞬间”，进攻队员向防守队员失去平衡的另一侧迅速地打破自己的身体平衡，而形成超越防守队员的过程，而突破“时机”就是防守队员的身体失去平衡的“瞬间”。无论是运球突破还是原地持球突破，“时机”的寻找是关键。在技术运用上，要根据场上的具体情况，一是利用防守队员本身的动作，二是合理地运用假动作，从而利用防守队员失去平衡与进攻队员迅速打破平衡的“时间差”完成突破。利用假动作突破是常见的寻找突破时机的重要手段，另外，后卫队员还常常利用内线队员在外线的掩护为自己创造突破时机。在全队没有很好的进攻机会时，往往需要后卫队员强行突破：如当对方在一节全队犯规已达四次或者防守后卫的队员个人犯规达到4次时，后卫队员可以采用强行突破的策略进攻。

从表8–9可以看出，优秀后卫队员运用突破技术的时机依次为：利用掩护297次，占46.2%；利用假动作170次，占26.4%；强行突破105次，占16.3%；利用防守队员防守站位不稳突破71次，占11.0%。其中比例较高的是利用掩护和利用假动作，这充分反映了现代篮球的突破特点，熟练掌握掩护配合和假动作技术成为高水平队伍的重要条件。强行突破占16.3%，排在第三位，在全队没有良好的进攻机会时，往往需要后卫队员强行突破，利用自己的速度和技术优势强行超越防守队员。

表8–9 优秀后卫队员突破时机选择的统计

姓名	总数	假动作	比例	掩护	比例	强突	比例	防守未站稳	比例
哈登	61	20	32.8%	15	24.6%	14	23.0%	12	19.7%
欧文	62	19	30.6%	17	27.4%	15	24.2%	11	17.7%
特奥多西奇	72	9	12.5%	49	68.1%	8	11.1%	6	8.3%
博格达诺维奇	57	16	28.1%	23	40.4%	12	21.1%	6	10.5%
胡特尔	89	23	25.8%	47	52.8%	13	14.6%	6	6.7%
塞巴蒂斯	65	13	20.0%	42	64.6%	5	7.7%	5	7.7%
巴博萨	61	20	32.8%	24	39.3%	11	18.0%	6	9.8%
德拉季奇	126	37	29.4%	54	42.9%	20	15.9%	15	11.9%
纳瓦罗	50	13	26.0%	26	52.0%	7	14.0%	4	8.0%
总数	643	170	26.4%	297	46.2%	105	16.3%	71	11.0%

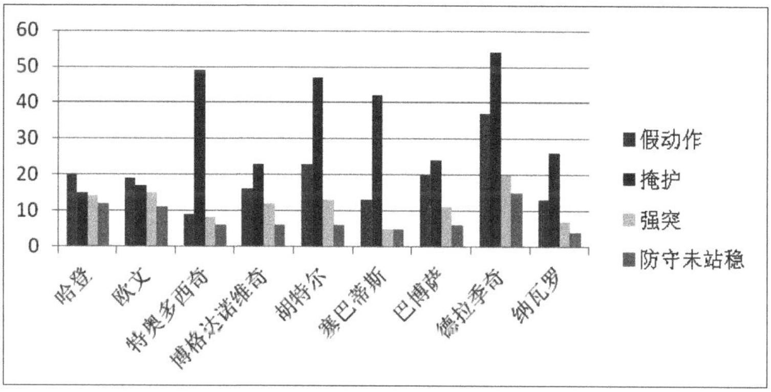

图 8-6　突破的时机

通过观察比赛录像发现，哈登和欧文的突破主要为在原地的持球突破以及运球过程中的突然的体前变向，多是通过运用假动作迷惑防守而突破，这样既保存了体力，又可避免无谓的失误。哈登和欧文利用防守队员站位未稳的突破次数占19.7%和17.7%，排在前两名，说明哈登和欧文阅读比赛能力较强，可以随时根据场上多变的情况进行有效的突破。塞尔维亚队的特奥多西奇和博格达诺维奇在突破时利用掩护的比例较高，特别是特奥多西奇利用掩护的突破次数达到了49次，占68.1%。特奥多西奇和博格达诺维奇属于典型的欧洲后卫，在突破时利用强壮的内线队员拉杜利察，拉杜利察高大强壮，由于防守队员身体力量悬殊往往做不到抢前一步防守而被挡在了防守队员身后；如果防守队员采用穿过防守则被后卫队员从另一侧突破；如果防守队员进行换防则造成错位，身材高大移动缓慢的内线队员根本跟不上后卫队员的脚步。博格达诺维奇利用假动作持球突破较多，达到了16次，大多为持球交叉步突破，通过假动作晃开防守突入内线得分。博格达诺维奇利用防守队员站位不稳的突破次数占10.5%，仅次于美国队的哈登和欧文以及斯洛文尼亚队的德拉季奇，高于其他后卫队员。这是因为博格达诺维奇身高将近两米，且速度快，爆发力出色，能根据防守的站位不稳果断突破给防守造成压力。利用内线队员的掩护为后卫队员创造突破的时机，已经成为后卫队员突破最有效的手段，前8名的球队中，几乎每支球队都有为后卫队员进行掩护的内线队员：塞尔维亚队有拉杜利察、法国队有戈贝尔、立陶宛队有瓦兰丘纳斯、巴西队有内内和瓦莱乔、西班牙队有加索尔兄弟和伊巴卡等。这些内线队员都具有一定的中距离投篮能力，不仅可以为后卫队员进行掩护，还可以通过掩护之后接球进攻，使防守队员难以防守。胡特尔、塞巴蒂斯、巴博萨、德拉季奇、纳瓦罗等都是利用掩护的突破次数最多，其次是利用假动作的突破。德拉季奇和巴博萨的强行突破次数较高，属于突破能力非常强的队员，以速度快而见长，两人在NBA效力多年，往往在球队打不开局面时通过强行突破来撕开对方的防线。利用防守站位不稳果断突破反映了后卫队员抓住机会的能力，这需要后卫队员无球跑动和穿插做得到位，通过球的转移和队员的跑动创造出突破机会。通过观看比赛录像发现，胡特尔、德拉季奇、博格达诺维奇等队员跑动较积极，队员间通过不断的有目的的跑位、穿插，大范围地转移球，造成了防守队员在防守时出现漏洞或失误，从而创造突破的机会。

综上，后卫队员在突破时机的选择上排前两位的是掩护和利用假动作，强行突破排在第三，说明后卫队员要具备很强的突破能力才能为全队创造得分机会。利用防守队员站位不稳的突破次数排在第四，虽然比例较低，但是与后卫队员需要利用积极的跑动、穿插以及大范围的转移球，使防守队员出现判断失误创造突破机会有关。

6. 一次突破及二次突破

本专题界定，超越指突破后持球队员身体位置超过防守队员，比防守队员更接近于篮筐；一次突破指队员在突破过程中只做出了一次超越的尝试；二次突破指队员在第一次突破未成功后尝试再次突破。

如表8–10所示，整体上，9名后卫队员一次突破总次数为505次，占总突破次数的78.5%；第一次突破能超越防守队员的次数为393次，比例为77.8%；第二次突破能超越防守队员的次数为67次，始终未超越防守队员的次数为35次，总的突破超越率为71.5%。一次突破的百分比占到了78.5%，一次突破的超越率达到了77.8%。优秀后卫队员一次突破比例均高于70%，一次突破的超越率也都高于70%，充分说明了优秀后卫队员的突破朝着快速、灵敏、准确、简洁的方向发展。优秀后卫队员突破时的速度与节奏越来越快，尽可能争取在较短的时间内完成多次进攻，通过速度来争取时间和空间上的优势。进攻中大量运用内线队员上提三分线的掩护和后卫队员快速突入内线的突破分球等局部区域的基础配合完成攻击，已经成为2014年男篮世界杯比赛的“主旋律”。

表8–10　优秀后卫队员一次突破、二次突破统计

姓名	一次突破	比例	第一次能超越	超越率	二次突破	比例	第二次能超越	始终未超越	总超越成功率
哈登	52	85.2%	43	82.7%	9	14.8%	6	3	80.3%
欧文	50	80.6%	41	82.0%	12	19.4%	7	2	77.4%
特奥多西奇	57	79.2%	44	77.2%	15	20.8%	6	5	69.4%
博格达诺维奇	44	77.2%	33	75.0%	13	22.8%	6	4	68.4%
胡特尔	68	76.4%	52	76.5%	21	23.6%	9	5	68.5%

续表

姓名	一次突破	比例	第一次能超越	超越率	二次突破	比例	第二次能超越	始终未超越	总超越成功率
塞巴蒂斯	48	73.8%	36	75.0%	17	26.2%	6	4	64.6%
巴博萨	49	80.3%	38	77.6%	12	19.7%	8	3	75.4%
德拉季奇	101	80.1%	80	79.2%	25	19.8%	16	4	76.2%
纳瓦罗	36	72.0%	26	72.2%	14	28.0%	3	5	58.0%
总数	505	78.5%	393	77.8%	138	21.5%	67	35	71.5%

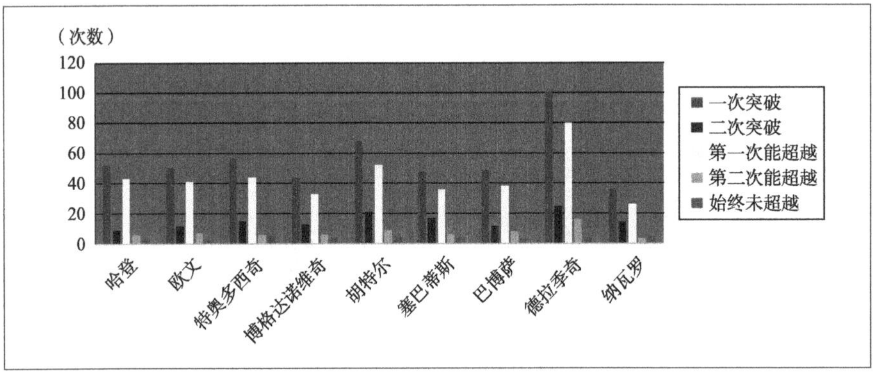

图 8–7　一次突破、二次突破

从个体上看，美国队的哈登和欧文一次突破的比例分别为85.2%和80.6%，第一次突破超越率分别为82.7%和82.0%，超过了平均水平4.9和4.2个百分点，明显高于其他后卫队员，且一次突破中摆脱防守的成功率非常高。德拉季奇是一名传统的欧洲后卫队员，控球技术非常出色，又具备很强的得分能力；在所统计的四场比赛中突破次数为126次，远高于其他后卫队员。德拉季奇第一次突破比例达到了80.1%，第一次突破超越率为79.2%，仅次于哈登和欧文。由于斯洛文尼亚队整体水平有限，作为主力后卫的德拉季奇占据了大部分的球权，德拉季奇启动速度快、假动作较多，再加上内线队员的频频掩护，所以德拉季奇一次突破超越率较高。巴西队的巴博萨一次突破占80.3%，高于平均水平1.8个百分点；一次突破超越率为77.6%，一次突破的成功率较高。巴博萨也是一名个人能力较为突出的后卫队员，拥有犀利的速度，假动作较多且具有很强的突破能力，频频利用犀利的速度和多变的假动作突破防守，再加上巴西队强力内线队员内内、斯普利特、瓦莱乔常常为其掩护，所以巴博萨的一次突破超越率较高。

后卫队员在一次突破没有超越防守队员时，往往需要进行二次突破。通过表8-10可知：后卫队员进行二次突破的次数远远小于一次突破的次数，主要是因为在有限的进攻时间内，如果后卫队员无法超越防守队员，则需要创造其他的进攻机会而不是一味地进行二次突破。从二次突破成功超越防守队员的次数上看，德拉季奇16次、胡特尔9次、巴博萨也有8次，其余队员基本都有6—7次，最少的是西班牙队的纳瓦罗3次。在有限的二次突破中，优秀后卫队员都尽可能地摆脱防守队员为本队创造机会，突破始终未能超越防守队员的次数基本都在3—5次，说明第一届男篮世界杯比赛优秀队员的二次突破能力较强，在有限的二次突破中，超越防守队员的次数基本都多于未超越防守队员的次数。2014年男篮世界杯比赛优秀后卫队员的平均超越率达到了71.5%，但纳瓦罗只有58.0%，这是因为西班牙队是一支以内线为主的球队，球队中拥有强力内线队员加索尔兄弟和伊巴卡，作为后卫的纳瓦罗主要负责将球交给内线队员；此外，纳瓦罗主要的得分方式是三分球和抛投，往往在突破过程尚未摆脱防守队员时就进行三分投射，所以纳瓦罗在突破过程中总超越率较低。

通过分析优秀后卫队员一次突破和二次突破可以发现，优秀后卫队员的突破朝着快速、简洁的方向发展，在短时间超越防守队员为全队创造得分机会成为一种趋势，后卫队员常常通过无球跑位和内线队员的掩护等简单的小配合超越防守队员；二次突破中后卫队员的超越率较高，表明后卫队员在突破中具备较强的超越能力。

7. 突破效果

（1）突破分球。

由表8–11可以看出，优秀后卫队员突破分球率达到了56.3%，说明后卫队员在突破过程中主要是以突破分球为主，不停的突破分球打乱了对方的防守，从而为本队创造良好的进攻得分机会。9名优秀后卫队员的场均得分接近或超过了10分，表明优秀后卫队员得分能力较强；分球形成的助攻占到了16.3%，说明后卫队员通过突破分球为本队创造了较多的进攻得分机会。由表8–12可知，优秀后卫队员在突破分球方式上主要采用单手体侧传球、双手胸前传球及双手击地传球。优秀后卫队员传球方式多样、多变，具有敏锐的观察力、宽阔的视野，传球及时准确，突然性、隐蔽性强；往往利用良好的控球技术吸引防守，在防守队员协防的瞬间，传球助攻，为同伴创造接球投篮的机会。

表 8–11 优秀后卫队员突破分球次数及分球助攻次数统计

姓名	突破总数	突破分球数	分球比例	突破形成助攻次数	分球助攻率
哈登	61	28	45.9%	3	10.7%
欧文	62	33	53.2%	3	9.1%

续表

姓名	突破总数	突破分球数	分球比例	突破形成助攻次数	分球助攻率
特奥多西奇	72	43	59.7%	8	18.6%
博格达诺维奇	57	30	52.6%	5	16.7%
胡特尔	89	58	65.2%	11	19.0%
塞巴蒂斯	65	45	69.2%	6	13.3%
巴博萨	61	31	50.8%	5	16.1%
德拉季奇	126	65	51.6%	13	20.0%
纳瓦罗	50	29	58.0%	5	17.2%
总数	643	362	56.3%	59	16.3%

表 8–12　优秀后卫队员分球方式次数统计

姓名	突破分球数	双手胸前	双手头上	双手击地	单手体侧	单手击地	背传	其他
哈登	28	6	4	5	7	3	1	2
欧文	33	9	4	6	7	4	0	3
特奥多西奇	43	15	3	6	14	4	0	1
博格达诺维奇	30	9	4	5	6	4	0	2
胡特尔	58	16	7	8	17	7	1	2
塞巴蒂斯	45	13	5	7	14	4	0	2
巴博萨	31	9	4	5	7	5	0	1

续表

姓名	突破分球数	双手胸前	双手头上	双手击地	单手体侧	单手击地	背传	其他
德拉季奇	65	17	10	9	16	7	3	3
纳瓦罗	29	10	1	4	8	5	0	1
总数	362	104	42	55	96	43	5	17

（2）突破造犯规。

突破造成对方防守队员犯规是衡量突破能力的重要指标，当对手的犯规达到一定次数后，本队便可获得罚球机会。强有力的突破会使对方主力队员受到犯规的困扰，使其不能尽全力防守，这会对比赛的结果产生较大的影响。这就要求后卫队员具有强有力的突破能力，不仅可以突破直接得分，分球给队友创造得分机会，还可以利用突破造犯规，打乱对方的防守部署，使对方防守队员不敢尽全力防守。激烈的比赛胜负之间差之毫厘，突破造犯规罚球已经成为很多欧美强队的重要得分方式。

从个体上看，除了哈登和巴博萨突破造犯规率达到了11.5%，博格达诺维奇和德拉季奇分别达到8.8%和8.7%，其余队员相差不大。通过比赛录像发现，哈登的技术特点是突破中习惯利用身体接触，再加上多变的假动作和灵活的脚步，对方防守队员很难跟上哈登的脚步，很多情况下被哈登突破后防守队员不得不采取犯规，所以哈登的突破造犯规率较高。巴博萨是一名速度相当快的后卫队员，突破时第一步非常快而且步子较大，基本一步就可以超越防守队员；上篮方式和手法也较多，所以防守队员和内线队员对其犯规也较多。德拉季奇是一名具备很强突破能力的队员，突破次数远远高于其他队员，利用多变的假动作、出色的手感以及灵活的脚步，诱使防守队员出现漏洞而成功突破，所以德拉季奇造犯规的次数也较多。

表 8–13　优秀后卫队员突破造犯规次数统计

姓名	突破总数	突破造犯规次数	突破造犯规率
哈登	61	7	11.5%
欧文	62	3	4.8%
特奥多西奇	72	4	5.6%
博格达诺维奇	57	5	8.8%
胡特尔	89	7	7.9%
塞巴蒂斯	65	4	6.2%
巴博萨	61	7	11.5%
德拉季奇	126	11	8.7%
纳瓦罗	50	3	6.0%
总数	643	51	7.9%

（3）突破失误。

从总体上看，优秀后卫队员突破失误率平均为6.7%，突破失误的种类按照失误率由高到低依次是：传球失误（失误率4.7%）、运球失误（失误率1.7%）和进攻犯规（失误率0.3%）。优秀后卫队员处理球能力较强，失误较少。在突破失误上，突破分球失误较多，通过录像分析发现：后卫队员有时在突破后没有很好的得分机会，在分球时传球的隐蔽性不高或意图过于明显被对手断球；运球失误主要集中在后卫队员在突破时被防守队员包夹，顾此失彼被防守队员从身后断球；进攻犯规的比例最低，9名队员在4场比赛中只有两次进攻犯规，而且比赛中对进攻队员在突破时的非法用手（如推、拉防守队员）判罚非常严，这说明优秀后卫队员在突破时技术运用较合理。

表8-14　优秀后卫队员突破失误次数统计

姓名	总数	传球失误	失误率	运球失误	失误率	进攻犯规	犯规率	总失误数	总失误率
哈登	61	3	4.9%	1	1.6%	0	0.0%	4	6.6%
欧文	62	3	4.8%	0	0.0%	0	0.0%	3	4.8%
特奥多西奇	72	2	2.8%	2	2.8%	1	1.4%	5	6.9%
博格达诺维奇	57	3	5.3%	1	1.8%	0	0.0%	4	7.0%
胡特尔	89	4	4.5%	2	2.2%	0	0.0%	6	6.7%
塞巴蒂斯	65	2	3.1%	1	1.5%	0	0.0%	3	4.6%
巴博萨	61	2	3.3%	0	0.0%	0	0.0%	2	3.3%
德拉季奇	126	9	7.1%	3	2.4%	1	0.8%	13	10.3%
纳瓦罗	50	2	4.0%	1	2.0%	0	0.0%	3	6.0%
总数	643	30	4.7%	11	1.7%	2	0.3%	43	6.7%

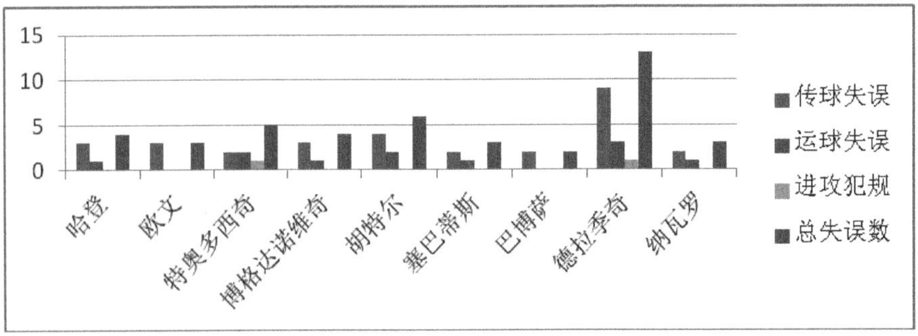

图8-8　突破失误

从个体上看，德拉季奇的突破失误率达到了10.3%，远高于其他队员。德拉季奇个人能力较强，突破能力突出，在比赛中面对的防守压力较大，突入内线时经常被防守队员包夹，在摆脱不了防守的情况下往往在分球时较为被动，被协防的队员抢断；加上德拉季奇占据球权时间较长，导致德拉季奇的突破失误率较高。

综上，优秀后卫队员在突破时失误主要集中在突破分球和运球上。因此，后卫队员在突破分球时要提高分球的隐蔽性和威胁性，注意把握好突破分球的时机；在突破运球时要护好球，同时不要黏球，处理球要突然、果断。

（4）突破得分。

突破形成的总得分主要是后卫队员突破直接得分、突破造犯规罚球得分以及突破分球助攻队友得分。在突破直接得分中，德拉季奇为45分，远远高于平均的23.6分；在突破形成总得分中，德拉季奇的82分也高于其余队员以及平均值46.8分。德拉季奇场均得14分，仅次于14.2分的哈登，是一名得分能力很强的后卫队员，具备较强的突破能力；他速度快、假动作多，较容易超越防守队员，其投射能力较强，投篮命中率较高，斯洛文尼亚队稳定的得分点不多，各种进攻以及关键球的处理都交给德拉季奇，所以他的突破次数远远高于其他队员。再加上德拉季奇场均4次助攻，在9名后卫队员中仅次于特奥多西奇，分球助攻率较高，所以突破形成的总得分最多。塞尔维亚的特奥多西奇也是一名突破得分能力较强的后卫队员，突破直接得分为27分，高于平均值。塞尔维亚队是2014年男篮世界杯比赛的亚军，球队阵容配置均衡：后卫线拥有特奥多西奇和博格达诺维奇两名出色的后卫队员，小前锋是能突能投的别利察，内线拥有强力中锋拉杜利察；特奥多西奇的突破大多是利用内线拉杜利察的掩护，与其他几位后卫队员相比，特奥多西奇拥有极其出色的三分球能力，场均投进2.6个三分球，三分球命中率高达49%，除了突破直接上篮得分，突破后的三分球也是特奥多西奇的主要得分方式。特奥多西奇的突破大多利用内线队员的掩护，掩护后直接分球给内线队员得分；场均4.4次助攻在9名后卫队员中排名第一，利用掩护突破后可以在第一时间分球给空位同伴进攻得分，所以突破造成的直接得分较多。在突破过程中哈登和欧文表现出了极强的突破能力，最重要的体现在了突破直接得分上，两人的突破直接得分分别为30分和29分，均远高于平均得分23.6分。但是哈登和欧文突破形成的总得分在9名队员中仅排在第四和第五，在突破造犯规罚球得分有限的情况下，突破分球助攻队友得分显得尤为重要，哈登和欧文在突破后分球次数较少，而且基本上都是过渡性传球，通过突破分球助攻队友得分次数不多，所以哈登和欧文在突破造成的总得分中排名不高。胡特尔和塞巴蒂斯场均得分不足10分，得分能力相对于其他几名后卫队员来说弱，但是胡特尔通过突破形成的总得分为51分，远远高于自己的突破直接得分。胡特尔突破次数为89次，仅次于德拉季奇，突破分球次数也较多，场均有4次助攻；而且胡特尔突破后有很好的视野，分球的隐蔽性较强，加之法国队投手较多，胡特尔在突破后利用防守队员协防的瞬间第一时间将球分到同伴手中，给同伴创造进攻得分的机会较多。在突破造犯规罚球上，胡特尔也有较高的罚球命中率，把握罚球得分的能力较强，所以胡特尔突破形成总得分较多。

表 8–15　优秀后卫队员突破得分统计

姓名	突破直接得分	突破形成的总得分
哈登	30	49

续表

姓名	突破直接得分	突破形成的总得分
欧文	29	42
特奥多西奇	27	53
博格达诺维奇	16	39
胡特尔	18	51
塞巴蒂斯	13	33
巴博萨	17	40
德拉季奇	45	82
纳瓦罗	17	32
平均	23.6	46.8

综上，优秀后卫队员具备较强的突破得分能力，突破直接得分能力较强，同时通过突破分球来打乱对方的防守部署。作为球队的大脑，具备一定的得分能力也是衡量优秀后卫队员的重要因素。优秀后卫队员在突破时具备较强的侵略性，可以造成防守队员犯规，给防守队员心理上增加压力。

8. 突破得分方式

从总体上看，基本上所有优秀后卫队员突破后得分方式由多到少依次为：跳投、上篮、抛投；除了德拉季奇，其余8名队员跳投都超过55%，除了塞巴蒂斯和纳瓦罗，其余后卫队员跳投命中率都在45%以上。说明优秀后卫队员的跳投能力较强，突破后的跳投是优秀后卫队员得分最重要的方式。由表8–16可以看出，大部分后卫队员上篮的比例在20%—

30%，但是上篮的命中率较高，除了纳瓦罗其余队员都超过了50%，说明在运动战中通过突破上篮是后卫队员较有把握的得分方式。大部分优秀后卫队员抛投的比例在10%—20%，抛投平均命中率要高于跳投，说明抛投逐渐成为优秀后卫队员突破得分的方式。从罚球命中率上看，9名队员罚球命中率都在75%以上，大部分队员罚球命中率都超过了80%，突破造罚球是后卫队员最稳健的得分方式。在总命中率上，9名优秀后卫队员都超过了45%，其中哈登、欧文、特奥多西奇、德拉季奇的命中率甚至超过了52%。在防守压力如此之大的世界高水平比赛中，投篮命中率能保持在45%以上，说明后卫队员发挥出了较高的水平。

表8-16 优秀后卫队员突破后得分方式统计

姓名	上篮百分比	命中率	跳投百分比	命中率	抛投百分比	命中率	罚球命中率	总命中率
哈登	28.6%	53.7%	57.4%	49.3%	14.0%	48.3%	81.4%	52.9%
欧文	28.2%	53.3%	58.3%	52.1%	13.5%	52.2%	82.7%	52.8%
特奥多西奇	23.8%	53.5%	65.5%	53.4%	10.7%	49.7%	81.2%	53.3%
博格达诺维奇	27.3%	51.5%	64.3%	45.1%	9.4%	47.6%	80.0%	48.8%
胡特尔	26.8%	51.7%	61.8%	45.3%	11.4%	47.7%	82.6%	48.9%
塞巴蒂斯	27.9%	50.2%	59.5%	44.6%	12.6%	44.3%	90.5%	45.0%
巴博萨	28.5%	52.4%	61.4%	47.7%	10.1%	48.2%	75.5%	50.5%
德拉季奇	40.5%	55.4%	43.5%	47.2%	16.0%	53.5%	77.8%	52.3%
纳瓦罗	18.1%	47.6%	62.5%	43.5%	19.4%	48.5%	76.2%	45.5%

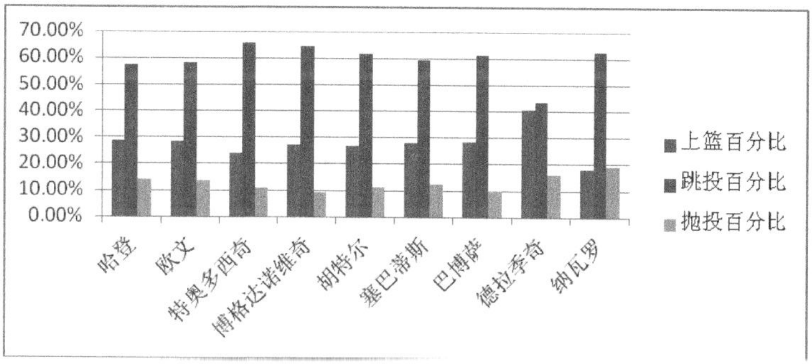

图 8-9　突破后得分方式百分比

从个体上看，德拉季奇以40.5%的上篮百分比远远高于其余8名队员，而且上篮的命中率为55.4%，说明德拉季奇突破上篮的得分能力非常强，具有很大的威胁性；但其跳投命中率只有47.2%，远低于上篮和抛投的命中率。特奥多西奇的跳投百分比占到总投篮方式的65.5%，命中率高达53.4%；特奥多西奇拥有出色的投射能力，突破急停跳投能力强，场均命中2.6个三分球，命中率高达49.0%，突破后总的投篮命中率也高达53.3%，说明特奥多西奇突破得分能力非常强。哈登和欧文的上篮命中率、跳投命中率、抛投命中率、总命中率都排在前五名，表明他们在突破得分的各种方式上都非常高效，给防守队员造成的压力较大。除了哈登、欧文、德拉季奇，其余后卫队员跳投百分比都接近或超过60%，说明突破后急停跳投是后卫队员突破后最常用的得分方式；除纳瓦罗外，跳投命中率都接近或超过了45%。纳瓦罗上篮百分比为18.1%，上篮命中率较低，为47.6%，但是纳瓦罗的抛投百分比为19.4%，命中率为48.5%；纳瓦罗绰号"炸弹"，外线的三分球和突破后的抛投是其主要的得分方式。在突破后造罚球的命中率上，最高的塞巴蒂斯为90.5%，其余队员都集中在75%—83%。后卫队员突破造犯规罚球次数有限，最高的是哈登，场均4.7次，其余队员场均1.6—2.9次，但突破造犯规罚球是后卫队员一种较为稳妥的突破得分方式。在总的突破投篮命中率上，特奥多西奇、哈登、欧文、德拉季奇、巴博萨等命中率都超过了50%，主要是因为这些后卫队员在上篮、跳投、抛投等方面都保持了较高的命中率。博格达诺维奇、胡特尔、塞巴蒂斯、纳瓦罗等突破后上篮、跳投、抛投均有一项较弱、命中率较低，所以总的命中率低于50%。

综上，优秀后卫队员在突破后的投篮命中率较高，最常用的得分方式是突破后跳投，投射能力强、命中率较高；突破后直接上篮的命中率较高；突破后的抛投逐渐成为优秀后卫队员重要的得分手段；突破造犯规罚球成为最有把握的得分方式。

三、结论与建议

（一）结论

（1）优秀后卫队员突破的区域集中在中区和远区，尤以远区为主。运用运球突破频率较高，运球突破更能发挥后卫队员的速度优势。各种运球突破技术运用中，突然加速和体前换手变向运用较多，尤其是运球突然加速；而胯下、背后、转身等运球突破利用率较低。在持球突破技术运用中，交叉步持球突破的运用率高，威胁性更大。

（2）优秀后卫队员无配合的个人突破较少，利用配合的突破较多，主要利用内线队员的上提掩护以及无球队员牵制为后卫队员突破创造空间。在突破时机选择上，比例由高到低分别是：利用掩护、利用假动作、强行突破、防守队员站位不稳。

（3）优秀后卫队员一次突破比例较高，一次突破的超越率也较高，二次突破的比例低于一次突破；优秀后卫队员的突破朝着快速、准确、简洁的方向发展。

（4）优秀后卫队员突破分球时分球具有较强的隐蔽性和突然性，传球方式呈现多样化趋势。突破失误率较低，失误主要集中在突破分球以及运球失误。跳投是后卫队员突破后最主要的得分方式，上篮是突破后最稳定的得分方式，抛投逐渐成为后卫队员突破得分的重要方式。

（二）建议

（1）技术的运用离不开战术的指导，队员的突破技术依赖于篮球战术的实施与衍生，有必要在本专题的基础上，以具体运用的战术为指导做更进一步的研究。

（2）本专题仅对后卫队员突破技术运用的特点进行了初步探讨，对于在无球移动中技术的运用没有涉及，可就此方面进行深入的探讨和研究。

专题九

篮球比赛中抢篮板球技术的运用

篮板球的争夺是攻守转换的关键，是获得控制球权的重要方式，对比赛的胜负至关重要。现代篮球比赛中，由于比赛节奏的加快和投篮次数的增多，更多的投篮意味着比赛双方对于篮板球的争夺也更加激烈。抢篮板球能力较强的球队能在比赛中掌握主动权，在增加本队进攻次数的同时还能减少对方的反击次数，打乱对方的进攻节奏，使对方陷入被动。

尽管中国篮坛曾出现了姚明、王治郅、巴特尔、易建联等出色的内线队员，他们不仅身材高大，技术全面，而且篮板球能力均较为突出，但中国男篮在世界大赛中篮板球的抢获数量却总是落后于对手。从历届大赛篮板球的技术统计可知：1994年世锦赛、1996年奥运会篮板球排名均十名开外，2000年奥运会，拥有“移动长城”的中国男篮，内线优势突出，对防守篮板球的保护尚可，但进攻篮板球却在十名之外；2002年、2006年世锦赛中国男篮篮板球总数排名分别为第十、第十二；2010年第16届男篮世锦赛篮板球总数排名第十三；印象最深刻的是在第27届亚洲男篮锦标赛上，中国队先后输给了伊朗队和韩国队，后在与中华台北队的四分之一决赛中，本以为中国男篮会以一场大胜来重整士气，但中国男篮在上半场领先对手17分的情况下，下半场被对手实现大逆转，最终失去了进入四强的机会。在篮板球的环节上，中国男篮的进攻篮板球整整输给对方12个。究其原因，中国男篮在这次亚锦赛中对于篮板球的争夺积极性不高、争夺意识不强，太过依赖于内线队员，技术动作不够灵活，致使中国队篮板球处于落后局面。

亚洲杯是代表亚洲最高水平的比赛，随着伊朗队、菲律宾队等的崛起以及澳大利亚队和新西兰队的加入，中国男篮将面临更加严峻的挑战。篮板球一直是中国男篮的短板，合理地运用篮板球技术、提高外线队员参与对篮板球争夺的积极性是当务之急。本专题通过对第一届男篮亚洲杯比赛的录像进行数据统计，对中国男篮与比赛对手的篮板球技术运用情况进行比较，研究中国篮球队员在篮板球争抢方面存在的优势与不足，分析其原因及影响因素，提出相应的建议与对策，为抢篮板球技术的训练提供参考。

一、主要研究方法

（一）问卷调查法

对具有多年篮球教学训练及研究经验的专家进行三轮的问卷调查。在查阅相关资料及理论研究成果的基础上，设计了第一轮专家问卷并发放，针对专家提出的不同意见对问卷进行调整与修改，修改后发放第二轮问卷，专家对相关的篮板球技术指标进行进一步的筛选与修改，在第三轮专家问卷后最终确定相关的统计指标以及统计尺度。其间共计发放专家问卷27份，回收27份，回收率是100%，其中27份问卷中有效问卷27份，有效率是100%。

（二）录像分析法

在FIBA官网完整下载中国男篮与对手的比赛录像。根据专家访谈与三轮专家问卷后最终确定的相关概念、定义、统计指标以及统计尺度，在比赛录像中提取这些数据。同时为了保证数据的准确性与可靠性，研究者将会对每场比赛分别统计两次，并重点运用回放和慢放等手段对比赛数据进行细致的统计。

表9-1　中国男篮与对手比赛场次

对阵双方	比赛结果
中国vs菲律宾	87：96
卡塔尔vs中国	67：92
伊拉克vs中国	60：61
中国vs叙利亚	81：79
中国vs澳大利亚	71：97
中国vs约旦	86：55
中国vs黎巴嫩	79：78

（三）数理统计法

运用Excel对中国男篮与比赛对手的篮板球相关指标进行数据统计，并运用SPSS统计软件对相关数据进行处理和具体分析。

（四）逻辑分析法

采用归纳、演绎、对比和综合分析等逻辑方法对采集的数据进行分析，归纳总结出第一届男篮亚洲杯中国男篮与比赛对手篮板球技术的运用特点。

二、研究结果与讨论

（一）相关概念及统计指标的界定

篮球比赛中，队员争抢投篮未中从篮板或篮筐反弹回的球，统称为抢篮板球。进攻队员争抢本队投篮未中的球称为抢进攻篮板球；防守队员争抢对方未投中的球称为抢防守篮板球。

（1）篮板球抢获位置：包括内线和外线，内线指场上担任4、5号位的队员，外线指场上担任1、2、3号位的队员。

（2）抢获方式：包括挡抢、冲抢、对落点的预判、自然落点、点拨、高度抢获和其他。其中挡抢是指通过挡人卡位而获得的篮板球；冲抢是指通过冲抢的方式获得的篮板球；对落点的预判是指通过对落点的判断，从而抢占有利的位置而获得篮板球，包括经过身体接触与未经过身体接触的预判；自然落点是指球员没有经过任何拼抢和人体接触而获得的、在投篮队员出手以后未经任何干扰的自然落下的篮板球；点拨是指通过挑拨的方式获得的篮板球；高度抢获是指利用身高优势而获得的篮板球；其他是指以其他方式获得的篮板球。

（3）参抢人数：包括单人抢获、多人抢获和多人配合抢获三种。其中单人抢获指篮板球的获得由一位球员运用各种技术动作获得的情形；多人抢获指篮板球的获得由一方多名球员（至少两名队员）同时参抢获得；多人配合抢获指篮板球的获得由一方多名球员同时通过配合参抢获得，如有人挡人，有人卡位，其他队友获得篮板球。

（4）抢获篮板球后的行动：攻防双方获得篮板球之后的后续行动，包括抢得进攻篮板球后的直接二次进攻、重新组织进攻、造成犯规以及抢获防守篮板球后的发动快攻、重新组织进攻、造成犯规。

（5）起跳动作：包括原地双脚起跳、跨步双脚起跳、跨步单脚起跳以及其他。其中原地双脚起跳指原地通过双脚蹬地发力直接起跳的动作；跨步双脚起跳是指在双脚起跳前通过跨步加大身体惯性从而增加起跳高度的动作；跨步单脚起跳是指在单脚起跳前通过跨步加大身体惯性从而增加起跳高度的动作；其他是指以其他方式起跳的动作。

（6）空中抢球动作：包括双手抢球、单手抢球、点拨抢球和其他。其中双手抢球指通过双手抢获篮板球的技术动作；单手抢球指通过单手抢获篮板球的技术动作；点拨抢球指通过点拨抢获篮板球的技术动作；其他是指以其他方式获得篮板球的技术。

（二）中国男篮基本情况分析

1. 中国男篮与比赛对手年龄的对比

年龄与运动员的运动能力、竞技状态、身体机能等有着密不可分的联系。年龄在某种程度上代表着成熟，标志着经验。篮球作为一项集体运动项目，运动员的经验对于理解战术意图以及对技术的合理运用意义重大。一支球队的年龄结构是否合理标志着球队是否成熟，所以球员的年龄是判断球员以及球队是否处于最佳竞技状态的重要依据。从表9–2可以看出，中国队平均年龄仅为26.2岁，是所有球队中最年轻的。在世界高水平的联赛中，队员平均年龄为28岁左右；而对手的平均年龄恰好为28岁。资料显示，26—29岁为篮球运动员的黄金年龄。中国队年龄最小的球员是胡金秋，仅为20岁，于德豪22岁、吴前23岁、郭艾伦24岁，顾全、李慕豪都为25岁，年龄小于26岁的有6名球员，中国队有一半是年轻球员。年轻球员虽然体力充沛，有激情，但是缺少经验的沉淀和技术的磨炼。年龄最大的是韩德君和曾令旭，均为30岁，但都是第一次打洲际大赛，整体上，中国男篮不仅年龄结构年轻且大赛经验不足。

表 9–2　中国男篮队员与对手平均年龄对比

中国男篮队员年龄结构			中国男篮与对手平均年龄		
姓名	位置	年龄（岁）	球队	平均年龄	排名
刘晓宇	PG	28	中国队	26.2	8
郭艾伦	PG	24	菲律宾队	27.3	7
顾全	SF	25	叙利亚队	28.2	3
周鹏	SF	28	卡塔尔队	27.5	6
李根	SF/PF	29	伊拉克队	28.1	4
于德豪	SG	22	澳大利亚队	28.4	2
任俊飞	PF	27	约旦队	27.7	5
胡金秋	C	20	黎巴嫩队	28.6	1
曾令旭	PG	30	对手平均	28	
吴前	SG	23			
韩德君	C	30			
李慕豪	C	25			

2. 中国男篮队员与比赛对手身体形态的对比

（1）身高。

身高是人体形态结构与生长发育水平的重要指标。篮球是一项巨人运动，身高越高，距离篮筐越近，投篮的命中率也会越高，同时篮板球的争抢也变得更为容易。随着现代篮球运动继续向高大化的方向发展，对运动员的身高也有了更进一步的要求。特别是双方在篮板球的争抢方面，身高较高的一方总会在空间的争夺中占据主动。

从21世纪初到现在，我国篮球运动紧跟篮球发展大势，运动员在身高上有了突破性的变化，并且已经超过了世界强队，跻身世界前列。2002年我国男篮平均身高已达203厘米，已超越美国男篮；2008年北京奥运会，中国男篮平均身高202厘米，在所有参赛队伍中排名第二；第16届男篮世锦赛中国男篮以202厘米的平均身高排名第三，在第27、28届男篮亚锦赛中，中国男篮平均身高分别为203厘米和201厘米，均排在所有参赛队伍中的第一位。由此可以看出中国男篮在运动员的选拔上对身高这一指标十分重视。

从表9-3不难看出，中国男篮在第一届男篮亚洲杯比赛中平均身高仅为200厘米，但仍然领先于所有比赛对手，表明中国男篮对阵这7支队伍均有身高优势。叙利亚队和澳大利亚队分别以199厘米、197厘米排名第二、第三，平均身高最低的为菲律宾，仅为191厘米。7支队伍的平均身高为195厘米，中国男篮足足高出5厘米，优势巨大。

表9-3　中国男篮队员与对手平均身高对比

球队	平均身高（厘米）	平均身高排名
中国队	200	1

续表

球队	平均身高（厘米）	平均身高排名
菲律宾队	191	7
叙利亚队	199	2
卡塔尔队	193	6
伊拉克队	193	6
澳大利亚队	197	3
约旦队	194	5
黎巴嫩队	196	4
对手平均	195	

（2）体重。

在现代篮球比赛攻守转换越来越快、外线投篮越来越多的发展趋势下，比赛双方对于篮板球的争抢也越来越激烈。每一次篮板球的争夺往往是4—5名队员同时争抢，顶人卡位、空中抢球，对抗无处不在，运动员的力量素质就显得尤为重要。体重是反映人体充实度和力量素质的重要指标，很大程度上决定了运动员的力量素质与身体对抗能力。体重作为评价现代篮球运动员身体能力的一项重要指标，在运动员的选拔与评价上应引起足够的重视。

根据表9–4可知，中国队员的平均体重为97.2千克，排名仅为8支队伍中的第五；澳大利亚队与黎巴嫩队分别以100.4千克、99.8千克排名第一和第二，大幅领先中国队；最低的为卡塔尔队，仅为95.8千克。所有对手的平均体重为97.8千克，略高于中国队。澳大利亚队在第一届亚洲杯中，队员平均身高在所有对手中排名第二，体重排名高居榜首。众所周知，澳大利亚队在世界范围内也属于强队，作风强悍，运动员身材高大且身体对抗能力强，这得益于队员身体强壮、充实度高。黎巴嫩队作为东道主球队，也表现出了极强的竞争力，球员平均体重排名第二，在对中国队的比赛中也表现出了对抗上的优势，在篮板球争抢上更是全方位压制，足足领先中国12个。中国男篮在身高上领先所有对手，但在体重上却排名靠后，这也是中国男篮对抗能力不足的根源之一。中国队其实并不缺乏大体重球员，如韩德君、李慕豪、李根等，在同位置的所有对手中无人出其右，但外线与锋线球员，如刘晓宇、郭艾伦、曾令旭、于德豪、周鹏等体重均偏低，身体较为单薄，在与对手的对抗中容易处于下风且受伤的概率也会增大。综合来看，第一届亚洲杯中国男篮由于体重不足而导致对抗能力不足，且突出表现在外线与锋线球员上。

表 9–4　中国男篮队员与对手平均体重对比

球队	平均体重（千克）	平均体重排名
中国队	97.2	5
菲律宾队	96.5	6
叙利亚队	98.3	3
卡塔尔队	95.8	8
伊拉克队	97.9	4
澳大利亚队	100.4	1
约旦队	96.1	7
黎巴嫩队	99.8	2
对手平均	97.8	

（三）中国男篮与比赛对手篮板球争抢情况的对比分析

1. 防守篮板球与进攻篮板球抢获数量的对比

从图9–1可看出，中国男篮相比于对手在篮板球抢获数量上有很明显优势，篮板球总数中国男篮以237：206领先对手多达31个，$P<0.05$存在显著差异；其中防守篮板球以155：139领先对手16个，进攻篮板球以82：67领先对手15个。但从表9–5的具体对战情况来看，除去各方面实力都与中国男篮有着巨大差距的卡塔尔和约旦，中国男篮的优势其实并不明显。进攻篮板球的争抢依然有一定优势，在大部分场次中都处于领先地位，只是小幅度落后于澳大利亚和东道主黎巴嫩。但是在防守篮板球的保护上做得却不尽如人意，对阵菲律宾、叙利亚、澳大利亚均为落后，领先伊拉克仅仅2个，与东道主黎巴嫩的争夺中落后多达9个。从比赛结果来看，5场比赛中国也仅仅取得3胜2负的战绩，赢的3场分差最大为2分，赢得非常艰难。在对比图9–1和图9–2中可以明显看出，在除去对阵卡塔尔与约旦的比赛后，中国男篮虽在进攻篮板球总数上大幅度领先对手，但在防守篮板球总数上由领先变为落后，总篮板球数的领先幅度也大大缩小。

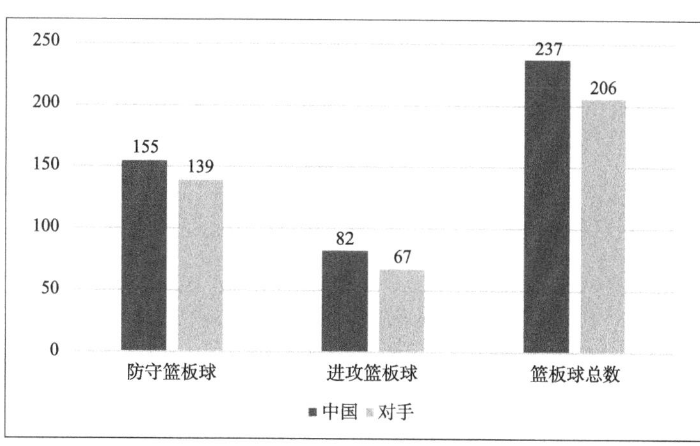

图9–1　篮板球抢获总数对比

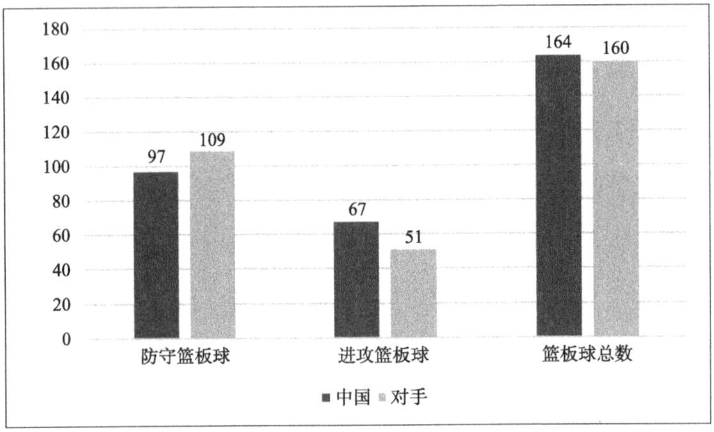

图 9–2　篮板球抢获总数对比①

表 9–5　防守篮板球与进攻篮板球抢获数量对比

对阵双方	防守篮板球	进攻篮板球	篮板球总数	比赛结果
菲律宾vs中国	19 ∶ 17	8 ∶ 19	27 ∶ 36	96 ∶ 87负
卡塔尔vs中国	16 ∶ 28	7 ∶ 9	23 ∶ 37	67 ∶ 92胜
伊拉克vs中国	28 ∶ 30	10 ∶ 11	38 ∶ 41	60 ∶ 61胜
叙利亚vs中国	19 ∶ 18	6 ∶ 17	25 ∶ 35	79 ∶ 81胜
澳大利亚vs中国	18 ∶ 16	15 ∶ 11	33 ∶ 27	97 ∶ 71负
约旦vs中国	14 ∶ 30	9 ∶ 6	23 ∶ 36	55 ∶ 86胜
黎巴嫩vs中国	25 ∶ 16	12 ∶ 9	37 ∶ 25	78 ∶ 79胜
对手vs中国	139 ∶ 155	67 ∶ 82	206 ∶ 237	
t检验	$P<0.05$	$P<0.05$	$P<0.05$	

综上所述，中国男篮在篮板球总数上以及场均篮板球上确实有一定的优势，但这种优势是在实力悬殊的比赛中积累而形成的。在双方实力相近

① 不包括对阵卡塔尔与约旦的比赛。

的比赛中，中国男篮的进攻篮板球争抢表现尚可，但防守篮板球的保护却不到位。特别是在与澳大利亚和黎巴嫩队的比赛中，对手均为身体对抗能力极强的球队，当面对这样的对手时中国男篮往往发挥不出自己身高上的优势，加之对抗能力弱，所以进攻篮板球与防守篮板球被全面压制。

2. 每节比赛篮板球抢获数量的对比

亚洲杯是亚洲范围最高级别的比赛，比赛紧张、节奏快、身体对抗激烈，无论是对参赛队员的心理抗压能力还是体能的要求都较高。良好的体能是技战术训练和提高成绩的基础，是运动员承受大负荷训练和高强度比赛的前提条件，是运动员在训练和比赛中保持稳定、良好的心理状态的保证。从表9–6数据可看出，中国男篮第一节抢获篮板球的数量落后于对手，但差距微小，仅为0.8个，同时$P>0.05$，无显著差异；中国男篮篮板球抢获数量在第一节最少，而对手则为最多。随着比赛的进行，第二节中国由落后变为领先；当比赛进行到第三节时，中国男篮将篮板球差距迅速拉大，领先对手2.6个，第四节虽有所回落，但依然领先对手1.4个。综合来说，在上半场体能都充沛的条件下，双方对篮板球的争夺并未有明显差异，但当比赛进行到下半场，在双方体能都有所下降的情况下，中国男篮由于其球员年龄结构年轻，这时在体能上的优势就得到了充分的体现，下半场整整比对手多抢4个篮板球。在与伊拉克、叙利亚、黎巴嫩的3场比赛中，中国男篮都是在关键的第四节实现逆转，这与中国男篮在关键时刻对篮板球的控制密切相关。球员的体能问题一直是影响中国男篮在世界大赛中实现成绩突破的关键因素。但在第一届男篮亚洲杯比赛中，中国男篮队员的体能问题有了很大的改观。球员年轻，体能优势突出是一方面原因，对争抢篮板球战术的良好贯彻以及平时对体能有针对性的训练也是重要的原因。第一届男篮亚洲杯赛只是亚洲范围的比赛，虽然体能问题已有很大的改观，但中国男篮要想在世界性比赛中展现竞争力，缩小与世界强队的差距，球员的体能有待在训练中继续提高与发展。

表 9–6　每节篮板球抢获数量对比

节次	中国队平均篮板球	对手平均篮板球	差值	t检验
第一节	8.2	9.0	–0.8	$P>0.05$
第二节	8.3	7.1	+1.2	$P>0.05$
上半场	16.5	16.1	+0.4	$P>0.05$
第三节	8.9	6.3	+2.6	$P<0.05$
第四节	8.4	7.0	+1.4	$P>0.05$
下半场	17.3	13.3	+4.0	$P<0.05$

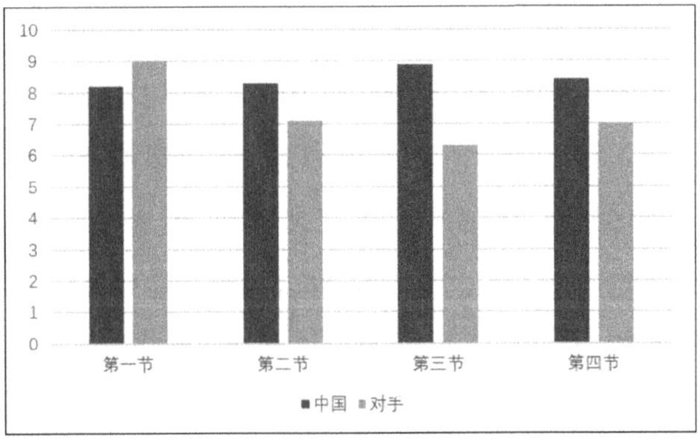

图 9–3　每节篮板球抢获数量对比

3. 篮板球参抢人数的对比

结合表9–7、图9–4数据可以看出，在单人抢获篮板球的个数上双方存在显著差异，中国队以116：92大幅度领先对手，这说明了中国男篮对篮板球争夺的个人能力要强于对手；在多人抢获篮板球的个数上中国以微弱的优势领先对手2个，$P>0.05$无显著差异，可以说是旗鼓相当；但在多人配合抢获篮板球的数量上中国则以57∶39领先对手多达18个，配合率也比对手高近6个百分点，同时$P<0.05$双方存在显著差异。多人配合争抢篮板球以挡抢为主要形式，可见中国男篮队员之间的默契度更高，对争抢篮板球的技战术运用更加熟练。有研究表明，在争抢篮板球的过程中，如果一方有三人以上配合拼抢，该队抢获篮板球的概率为80%以上，如果参抢的变为两人，概率则下降为50%；当只有一名队员参抢时，该队获得篮板球的概率仅仅为20%。可见，通过多人配合争抢更易获得对篮板球的控制。对于对抗能力较弱的中国男篮来说，通过多人配合获取篮板球的方式是中国男篮应该继续提高与发扬的。

表9–7　篮板球参抢人数对比

对阵双方	单人	多人	多人配合	配合比例（%）
中国vs对手	116∶92	101∶99	57∶39	26.3∶20.4
t检验	$P<0.05$	$P>0.05$	$P<0.05$	$P<0.05$

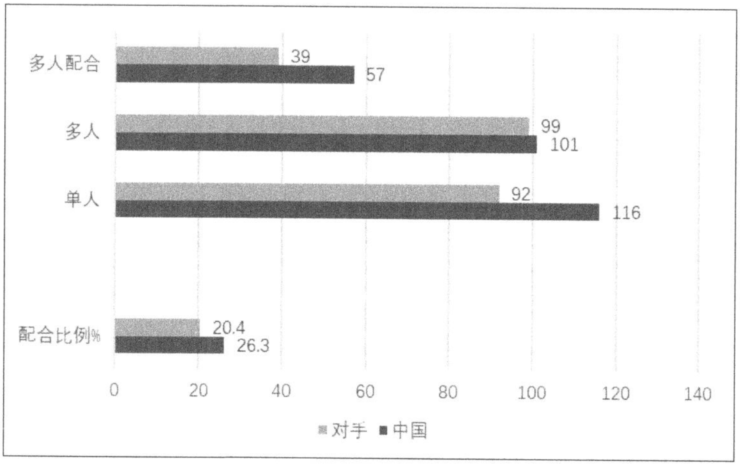

图9–4　篮板球参抢人数对比

从图9-5可知，中国男篮单人参抢的次数总体呈下降趋势，多人参抢以及多人配合参抢的次数除第三场有所起伏外，总体均呈上升趋势。通过观看比赛录像发现，在亚洲杯比赛的开始阶段，中国男篮争抢篮板球积极性不高，常出现本方一人与对方多人争抢的局面，多人争抢往往各自为战，队员之间缺少联系。但随着比赛的深入，中国男篮渐入佳境，不仅争抢积极性高，而且队员之间的配合逐渐增多。这些积极的变化都反映出了中国男篮在篮板球的争抢方面具有良好的调整能力。

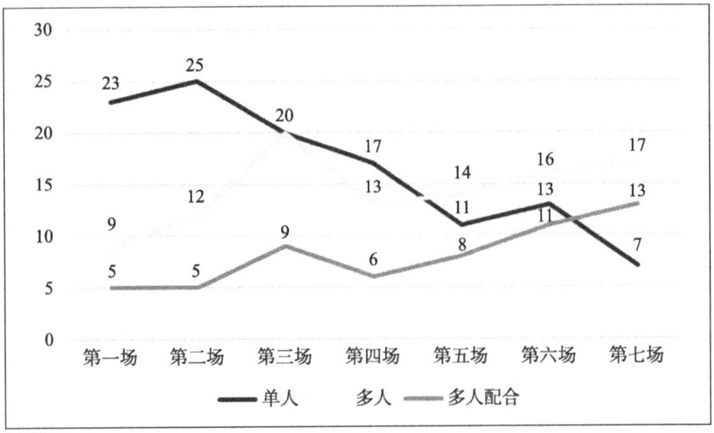

图9-5　中国男篮篮板球参抢人数趋势

4. 篮板球抢获位置的对比

篮板球抢获位置分为内线和外线，其中内线是指场上担任4、5号位的队员，外线是指场上担任1、2、3号位的队员。篮板球的争抢不只是内线队员的职责，外线队员也应积极地参与其中，一支真正的篮板球强队内外线争抢篮板球是相对平衡的。在世界最高水平的比赛中，内线队员往往有着较强的争抢篮板球能力，而且外线队员的争抢篮板球能力同样不错。

在NBA像哈登、保罗、威斯布鲁克这样的外线队员，经常可以在一场比赛中抢得十几个篮板球，这不仅和他们优秀的身体素质有关，更重要的是他们有良好的篮板球争抢意识。从表9–8可以看出，中国男篮在内线与外线篮板球抢获数量上，分别以120：106、97：85领先对手，P均小于0.05，存在显著差异；但从比例上来看，中国男篮内线以55.3%：55.5%落后对手0.2个百分点，外线以44.7%：44.5%领先对手0.2个百分点，P均大于0.05，并无显著差异。双方外线抢获篮板球占比均将近45%，说明中国男篮与对手都很好地分担了各自内线在篮板球上的压力。

表9–8　篮板球抢获位置对比

对阵双方	内线	外线	内线占比（%）	外线占比（%）
中国	120	97	55.3	44.7
对手	106	85	55.5	44.5
t检验	P<0.05	P<0.05	P>0.05	P>0.05

（四）中国男篮与比赛对手篮板球技术运用的对比分析

1. 篮板球参抢方式的对比分析

（1）挡抢、冲抢篮板球的对比。

在争抢篮板球的过程中，防守队员一般在进攻队员的内侧，比进攻队员更加靠近篮筐，防守队员在利用好自己位置优势的同时还要积极地挡住进攻队员的移动路线，俗称“挡人卡位”，突出一个“挡”字，用挡抢的方式来抢得篮板球。进攻队员要想抢得篮板球就需要运用积极的移动和假动作摆脱和迷惑对手，提前判断球的落点，运用“冲”抢的方式去争夺篮板球。

从表9–9可看出，除抢获率外P均小于0.05，存在显著差异，中国男篮在挡抢技术的运用上有一定优势。其中通过挡抢获得的篮板球为88个，占篮板球总数的比例达到了37.1%，比对手高出将近7个百分点；在挡抢的次数上更是以133∶103遥遥领先，抢获率上中国男篮以66.2%的成功率领先对手5个百分点，同样占据上风。在争抢防守篮板球时，中国男篮队员虽然体重较小，身体的对抗能力不占优势，但堵位意识较强，利用积极的脚步移动和高大的身材优势，在抢占有利位置的同时也将对手挡在了身后，对手由于位置不占优势，同时起跳能力受到了很大影响，从而在篮板球的争夺中失去先机。

表 9–9　挡抢篮板球对比

对阵双方	篮板球总数	参抢方式（挡抢）			
		挡抢次数	抢获个数	抢获率（%）	占比（%）
中国	237	133	88	66.2	37.1
对手	206	103	63	61.2	30.6
t检验	$P<0.05$	$P<0.05$	$P<0.05$	$P>0.05$	$P<0.05$

通过观看比赛录像可看出，中国男篮挡抢技术的运用有明显的进步。在以往的比赛中，中国男篮在对手投篮不中时更多的是凭借位置与身高的优势抢获篮板球，虽然也有堵位，但队员首先做的是观察球的飞行路线，并没有明确对手的位置，致使对手能轻而易举地绕过堵位，从而抢得篮板球。而第一届男篮亚洲杯中国男篮在对手投篮不中时，队员的第一反应是明确对手的位置，然后用身体贴住对手，同时用余光观察球的飞行路线再向球移动起跳抢球，篮板球的抢获率也大大提升。也正是这一积极的变化

与调整，使得中国男篮在挡抢篮板球环节占据了较大优势。

冲抢篮板球是指进攻队员在同队队员投篮不中时，利用准确的判断和虚晃变向、绕前等脚步动作摆脱防守队员的阻截，冲向篮下抢占有利位置，拼抢篮板球或补篮。对进攻篮板球的冲抢，不仅能够提升全队的士气，增加队友投篮的自信，同时还能挫伤对方锐气。冲抢篮板球不仅体现了个人的力量、弹跳、柔韧等多方面素质，而且在比赛的关键时刻，一次冲抢往往决定着比赛的胜负。

从表9-10可以看出，P均小于0.05，说明双方存在显著差异。中国男篮在争夺篮板球的过程中运用冲抢技术的次数仅为28次，其中抢获篮板球13个，占总篮板球数的比仅为5.5%；而对手利用冲抢技术的次数为46次，抢获的篮板球数为25个，几乎为中国队的2倍，占对手总篮板球数的比虽然也不高，但达到了12.1%。从成功率来看，中国队同样以46.4%：54.3%处于下风，这表明冲抢技术的使用率与抢获的成功率成正比，即冲抢次数越多，成功率越高。经过几组数据的对比，可以说中国男篮在冲抢篮板球这一环节处于全面落后地位。观看比赛录像不难看出，中国男篮拼抢积极主动，但在选择抢获方式时，队员更多的是选择挡抢或者其他方式，选择冲抢的情况很少，7场比赛仅仅运用冲抢28次是很好的证明，这充分说明中国男篮在冲抢意识上的欠缺。运用冲抢技术的一般是距离篮筐较远的一方，中国男篮在冲抢篮板球时表现得较为盲目，隐蔽性不强，脚下移动速度较慢，在被对手挡在身后时不善于运用力量或者假动作去摆脱，从而失去争夺篮板球的优势位置。除冲抢次数少以外，对冲抢技术运用不恰当也是中国男篮冲抢篮板球成功率不高的原因之一。在第一届亚洲杯比赛中，冲抢篮板球技术运用最多最有效的是澳大利亚队，他们在冲抢篮板球时移动迅速且突然，凭借敏锐的篮板球嗅觉在对手或队友投篮出手后，能快速地利用各种绕步以及假动作摆脱防守队员冲向篮下，并利用强壮的身体卡住防守者，从而抢获篮板球。澳大利亚队员超强的身体对抗能力也许是中国队难以企及的，但对方良好的冲抢意识和对技术的合理运用是值得中国男篮学习的。

表 9–10　冲抢篮板球对比

对阵双方	篮板球总数	参抢方式（冲抢）			
		冲抢次数	抢获个数	抢获率（%）	占比（%）
中国	237	28	13	46.4	5.5
对手	206	46	25	54.3	12.1
t检验	P<0.05	P<0.05	P<0.05	P<0.05	P<0.05

（2）点拨、自然落点等参抢方式的对比。

从表9–11可知，中国男篮通过点拨技术抢获篮板球个数以24 ：19领先，双方在占总篮板球数的比例方面分别为10.1%、9.2%，P均大于0.05，无显著差异。可以说双方对于点拨球技术的运用都较少。点拨球是当争抢篮板球的队员不能在第一时间控制篮板球时，运用单手指端将球点拨到自己可以控制球的位置，或将球点拨给位置更好的同伴的一种技巧性较强的抢球技术。这种技术的优点是触球点高，能扩大空中控制范围，但对球员的身体灵敏性以及连续起跳能力要求较高。中国男篮队员虽然体重整体偏小，但身体的灵活度更高，且队员之间的配合意识也强于对手；但中国男篮并没有很好地利用这些优势，对于点拨球技术的运用比例明显不足。

表 9–11　点拨、自然落点等参抢方式的对比

对阵双方	总篮板球数	参抢方式									
		点拨	占比（%）	高度抢获	占比（%）	自然落点	占比（%）	落点预判	占比（%）	其他	占比（%）
中国	237	24	10.1	21	8.9	47	19.8	26	11.0	18	7.6
对手	206	19	9.2	10	4.9	38	18.4	35	17.0	16	7.8
t检验	$P<0.05$	$P>0.05$	$P>0.05$	$P<0.05$	$P>0.05$	$P<0.05$	$P>0.05$	$P<0.05$	$P<0.05$	$P>0.05$	$P>0.05$

在高度抢获方面，P小于0.05，双方存在显著差异。中国男篮优势较为明显，以21：10大幅度领先，中国男篮在第一届男篮亚洲杯比赛中很好地利用了自己的身高优势。通过对落点的预判而抢获篮板球方面，P小于0.05，存在显著差异，中国男篮做得明显不如对手，不管是抢获篮板球的个数还是占总篮板球数的比例均处于落后地位。对篮板球落点的预判不仅需要球员有灵敏的篮板球嗅觉以及对篮板球反弹规律的熟知，同时要清楚地了解队友的投篮习惯和力度。国外优秀的篮板球手多数时候是在队友做出投篮动作之前就已经迅速地做出预判，并抢占有利位置，这些球员非常清楚自己队友的投篮习惯和力度，而中国男篮在这些方面做得明显不足。

在自然落点和以其他方式抢获方面，虽然占总篮板球数的比例双方无明显差异，但在抢获的个数上中国队却比对手多抢了11个，占总比例的近30%。但这并不是优势，因为通过自然落点和其他方式抢获都是在非对抗的情况下获得，而这种获取篮板球的方式在对抗更加激烈的世界杯中是不可行的。

2. 起跳动作的对比分析

起跳动作是抢篮板球技术的重要环节，起跳时不仅要求其腾空达到一定的高度，而且要根据球的反弹高度、方向和落点，选取合适的起跳蹬地用力方向，以便于腾空后抢球手在空中接近球反弹的落点和方向。起跳动作可分为原地双脚起跳、跨步双脚起跳、跨步单脚起跳以及其他。起跳动作的选择与个人的习惯、身体素质密切相关，但不管选择哪种起跳方式都应注意起跳时的快速、有力以及对起跳时机的准确把握。通过图9–6可以看出，中国男篮在运用跨步双脚起跳技术上优势明显，运用次数以104：71大幅领先对手；在原地双脚起跳技术的运用方面，中国男篮以53：71落后对手18次。起跳方式的选择与个人习惯以及来球的方向、落点有关，原地双脚起跳用时短，触球更快，能更早地获得对篮板球的控制，但是这种起跳技术对身体爆发力的要求很高，因为这种起跳方式没有借助任何外力增加起跳前的惯性，它的动力源几乎全部来自自身的身体爆发力。因此，在运用此技术上的劣势也充分暴露了中国男篮队员身体爆发力的不足，所以在平时的训练中，中国男篮应加强对身体爆发力的训练。在跨步单脚起跳技术的运用方面，双方旗鼓相当，中国队以23：22仅领先对手1次，不具有明显差异。

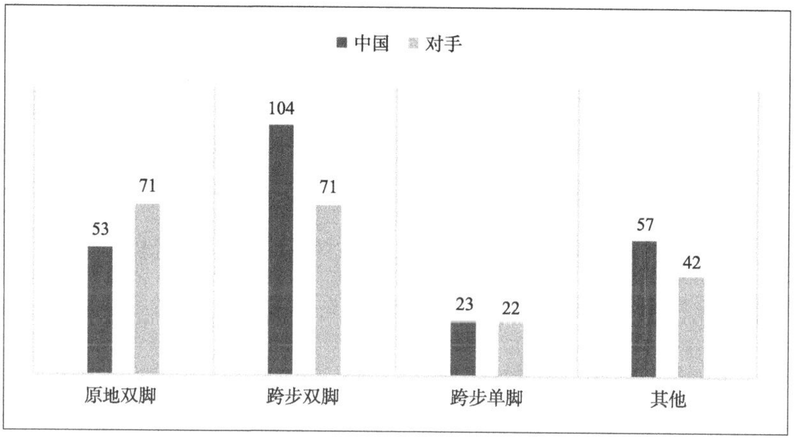

图 9-6　起跳动作运用情况对比

3. 空中抢球动作的对比分析

空中抢球技术分为双手抢球、单手抢球、点拨抢球以及其他。如图9-7所示，中国男篮运用次数最多的是双手抢球技术，达到了116次，与对手相比占绝对优势。双手抢球技术的特点是争抢高度低，对来球的控制范围小，但双手抓球牢固，不易得而复失造成失误。在双手抢球技术运用上的优势反映出了中国男篮在身高占优的情况下对篮板球保护求稳的心态。在单手抢球技术的运用方面对手占据上风，以84∶67领先中国男篮17次，同时单手抢球技术是对手运用次数最多的抢球技术，说明对手对单手抢球技术的运用更加娴熟。相比于双手抢球，单手的触点高，动作速度更快，对篮板球的控制范围也更大，同时在单手抢球时身体另一侧的肩背可与对方产生对抗，使对手在篮板球的争夺中处于不利地位。但由于身体接触多，且是单手抢球，失误率也会大大增加。对手在身高上处于劣势，但对抗能力强，所以更多地运用单手抢球技术就不足为奇了。点拨抢球方面，中国男篮微弱领先，双方无明显差异。

综上所述，中国男篮对于篮板球的争夺更偏重于双手抢球技术的运用，对单手抢球技术以及点拨抢球技术的运用明显不足。空中抢球技术并没有绝对的好坏之分，均有各自的优点与不足。在篮板球的争抢过程中，具体选择哪种方式争抢，与球队的风格、队员的习惯、队员的身体条件等都密切相关，但中国男篮要想在世界大赛中展现更强的篮板球能力，技术的全面化是中国男篮必须力争做到的。

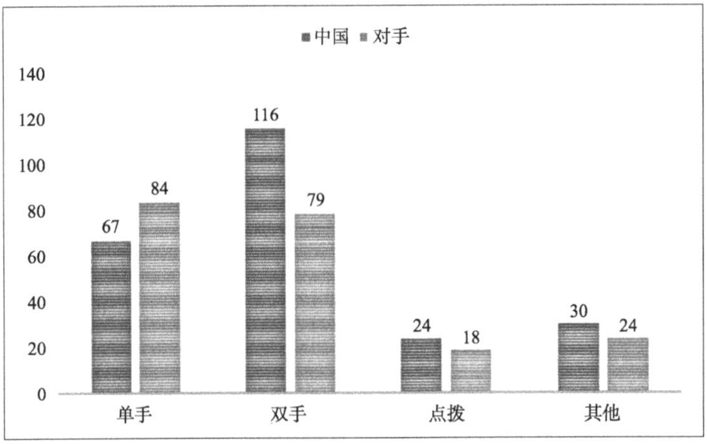

图 9-7　空中抢球动作运用情况对比

4. 抢获篮板球后的行动及效果对比分析

（1）抢获防守篮板球后的行动及效果对比。

目前，越来越多的球队顺应篮球运动发展趋势，加强了对攻守转化速度的重视，并将其作为赢得比赛的重要环节，其中，快攻是较为有效的手段之一。快攻是由守转攻时，攻方以最快的速度将球推进至前场，造成人数和位置上的优势和主动，果断合理进行攻击的一种进攻战术。队员在比赛中总是有较强的快攻意识并能熟练运用快攻战术，这是世界强队所共有的特征。快攻的类型可分为抢获防守篮板球发动快攻、利用对手失误发动快攻和投掷外球发动快攻。据统计，抢获防守篮板球发动快攻的比例达到70%以上，而利用对手失误和投掷外球发动快攻的比例仅为25%和5%。可见，抢获防守篮板球后发动快攻是主要形式。

从表9-11中的数据可知，相比于对手，中国男篮在防守篮板球数、快攻次数以及快攻得分上均占据上风，这说明了中国男篮具有较强的快攻意识。但从快攻成功率来看，中国男篮反而以62.5%：69.3%低于对手，快攻次数比对手多整整18次，快攻得分却仅比对手多得14分。通过观看比赛录像不难发现，中国男篮发动快攻的形式较为单一，主要是以内线队员抢得篮板球一传给后卫队员，或者后卫队员抢得防守篮板球后直接发动个人纵贯全场的快速强攻。内线队员参与快攻的意识较差，抢到篮板球落地后大都面向后场，等转身寻找接应队员的时候对方队员已经落入防守阵容，在失去了一传最佳时机的情况下打快攻，成功率明显降低，表明内线队员只负责防守篮板球的保护，对快攻的策动能力明显不足。中国的后卫队员郭艾伦、曾令旭、吴前、于德豪都是以速度见长、控运能力强、快攻意识突出的后卫，这是中国男篮的优势所在，但中国男篮并没有很好地利用这些优势，在快攻的推进和结束阶段接应点少，配合意识较差。同时受困于我国后卫队员身体单薄，对抗能力较弱，当对手防守到位时，得分将变得更加困难，最终导致快攻次数多但成功率却不高。同时，对手快攻成功率高也反映出中国男篮在由攻转守时防守得不及时，甚至经常出现对手在抢得防守篮板球后长传直接上篮得分的情况。

表 9-11　抢获防守篮板球后的行动及效果对比

对阵双方	防守篮板球数	快攻次数	快攻率（%）	快攻得分	快攻成功率（%）
中国	155	54	34.8	69	62.5
对手	139	36	25.9	55	69.3
*t*检验	$P<0.05$	$P<0.05$	$P<0.05$	$P<0.05$	$P<0.05$

综上所述，中国男篮在抢得防守篮板球后发动快攻的次数和快攻得分上均领先对手，但快攻成功率较低。究其原因在于快攻形式单一，接应点少，内线队员策动以及参与快攻的能力较差。中国男篮之所以在快攻方面还占据一定优势，是因为对手除澳大利亚外整体实力都较弱，当在水平相当或者级别更高的比赛中时，中国男篮的不足可能会被放大。

（2）抢获进攻篮板球后的行动及效果。

篮球比赛中，抢得进攻篮板球不仅能减少对方的进攻次数，还可以使本队获得更多的进攻机会，同时在二次进攻中还可以造成对方尤其是内线运动员的犯规，使对方的内线防守陷入被动。

在第一届亚洲杯比赛中，中国男篮虽然年轻球员较多，大赛经验不足，但队员们都敢打敢拼，展现出了非常好的精神风貌。在进攻篮板球的争抢方面，几乎可以说做到了每投必抢；加之中国男篮身高优势明显，所以在进攻篮板球的争抢上中国男篮表现得可圈可点。但中国男篮也有做得不足的地方，在与实力相近的黎巴嫩队以及实力高出中国队一筹的澳大利亚队的比赛中，中国男篮打硬战的实力还有所欠缺，二次进攻和造犯规的能力比较薄弱。分析表9-12数据可知，中国男篮在进攻篮板球总数上领先对手15个，表明中国男篮拥有比对手更多的二次进攻机会，但中国男篮却没有很好地利用这些优势，而是更多地选择了将球转移，重新组织进攻，二次进攻的次数反而落后对方6次，这与“内线队员在空中得球后，二次进攻首先要力争补篮得分”的原则相悖。很明显，尽管中国队能够在争抢进攻篮板球上占据优势，但是由于得球后的二次进攻的次数以及进攻能力的不足，导致无法给对方施压。通过观察比赛录像可以发现，中国男篮队员在空中控制身体平衡的能力以及对抗能力较弱，二次进攻信心不足，对二次进攻节奏的把握也有所欠缺。在与澳大利亚队以及黎巴嫩队的比赛中，对手在抢到进攻篮板球的二次进攻中分别造成了中国队员4次犯规，而且这些犯规多为内线队员，内线队员受困于犯规影响了整个球队攻防体系的发挥。结果是：一场溃败，一场险胜，打得非常艰难。中国男篮在与对手进行的7场比赛中，二次进攻只造成对手5次犯规，场均连一次都不到，说明中国男篮二次进攻的冲击力不够，对对手的内线队员不能造成有效的杀伤。

表 9–12　抢获进攻篮板球后的行动及效果对比

对阵双方	进攻篮板球数	二次进攻次数	造犯规次数	重新组织进攻次数
菲律宾vs中国	8 ：19	5 ：7	1 ：2	3 ：12
卡塔尔vs中国	7 ：9	3 ：4	0 ：1	4 ：5
伊拉克vs中国	10 ：11	7 ：5	1 ：1	3 ：6
叙利亚vs中国	6 ：17	4 ：8	0 ：0	2 ：9
澳大利亚vs中国	15 ：11	11 ：5	4 ：1	4 ：6
约旦vs中国	9 ：6	5 ：6	1 ：0	4 ：0
黎巴嫩vs中国	12 ：9	10 ：4	4 ：0	2 ：5
对手vs中国	67 ：82	45 ：39	11 ：5	22 ：43
t检验	$P<0.05$	$P>0.05$	$P<0.05$	$P<0.05$

三、结论与建议

（一）结论

（1）中国男篮在篮板球抢获总数上占明显优势，但这种优势大多是在实力悬殊的比赛中积累而形成；当双方实力相近时，中国男篮对防守篮板球的争抢却不如对手。在每节比赛抢获篮板球数量的对比中，除第一节外，中国男篮每节比赛抢获篮板球的数量均比对手多，且随着比赛节次的增加，抢获篮板球数量呈逐步上升趋势，而对手则恰恰相反。这反映出中国男篮体能优势明显，其中队员年龄结构年轻化是重要原因。

（2）在参抢人数方面，中国男篮单人拼抢的次数多于对手，说明中国男篮队员对于篮板球的争夺有着较强的个人能力；多人参抢次数双方无明显差异，但多人参抢中中国男篮多人配合争抢的次数更多，队员之间的配合意识更强。

（3）中国男篮对挡抢技术的运用以及通过高度抢获篮板球方面优势明显，其中挡抢篮板球是中国男篮运用次数最多同时也是抢获篮板球效率最高的争抢方式，这是因为中国男篮在挡抢过程中做到了首先明确对手位置再进行争抢的积极变化。对冲抢技术的运用与对篮板球落点的预判方面与对手差距较大，主要表现为队员的冲抢意识薄弱、冲抢过程中的身体对抗能力不足，没有重视假动作对摆脱对手堵位的积极作用，同时对篮板球落点的判断意识较差。在起跳动作的对比中，中国男篮运用次数最多的是跨步双脚起跳，由于身体爆发力不足，中国男篮对原地双脚起跳技术的运用不如对手；空中抢球动作中国男篮更偏重于对双手抢球技术的运用。

（4）从抢得防守篮板球的行动和效果来看，中国男篮后卫线的快攻意识较强，但内线队员参与、策动快攻的能力较差，快攻成功率较低；从进攻篮板球的行动及效果来看，中国男篮的进攻侵略性不足，在抢得进攻篮板球后更多的是选择重新组织进攻，当选择二次进攻时不能给对手造成有效的杀伤。

（二）建议

（1）重视对防守篮板球的保护，增强队员争抢篮板球的自信心，敢于与对手进行身体对抗；健全和丰富队员间配合争抢篮板球的战术，减少单人拼抢的次数，重视多人配合争抢的积极作用。

（2）提高冲抢篮板球意识，在平时的训练中加强对假动作以及挤过、绕过对手技术的练习与运用，同时要更好地利用篮板球的反弹规律判断球的落点，进而抢占有利的篮板球位置；充分发挥中国男篮跨步双脚起跳以及双手抢篮板球的技术优势，在平时的训练中加强对原地双脚起跳以及单手抢球、点拨抢球技术的练习。

（3）强化内线队员的快攻意识，丰富快攻形式，提高快攻得分的成功率；加强力量训练，提高身体充实度、对抗能力以及身体爆发力，增强中国男篮二次进攻的信心，同时要增加二次进攻时与对手的身体接触比例，以提高在不能直接得分的情况下给对方造成有效杀伤的概率。

专题十

篮球比赛中攻击性防守技术的运用

篮球运动防守历经了站立式防守、消极防守、积极防守、攻击性防守阶段。防守从被动到主动，战术从单一到现在的灵活多变，从区域联防到紧逼人盯人防守。防守对手是一项综合性的个人技术，它不仅需要快速的脚步移动和灵活多变的手部攻击动作，而且还要具备良好的观察、判断和敏捷的反应能力。5名防守队员都要积极地抢占合理的位置，保持合理的距离，灵活地运用各种脚部动作与手部动作，积极干扰、破坏对手的进攻行为，力争夺取控制球权，创造更多的进攻，并想方设法主动破坏对方的战术配合并限制对方的进攻速度。防守对手是个人防守技术，也是集体防守战术配合的基础。因此，必须高度重视个人防守技术以及集体防守战术配合的教学训练，以促进防守和进攻技战术的全面提高。

纵观亚洲女子篮球的发展，2011年之前的历届亚锦赛冠军得主均在中国队与韩国队之间产生，日本队仅在1970年获得冠军。然而2013 — 2015年的亚洲女子篮球比赛中，日本女篮迅速崛起，连夺两次冠军，而我国女子篮球队在2013年亚锦赛中跌至季军，在2015年亚锦赛中更是出乎意料地以35分之差，惨败于日本女篮，屈居亚军。在世界性大赛上，我国女篮的辉煌时期还是在1992年奥运会和1994年世界女子锦标赛上，在这两届世界性大赛上女篮勇夺两次亚军。然而好景不长，1996年奥运会落至第9名、1998年世锦赛落至第12名，1999年因未能夺取亚锦赛冠军而失去了参加2000年奥运会的资格，2002年世锦赛获得第6名、2004年雅典奥运会获得第9名、第28届奥运会中国女篮获得第9名…… 近年来，随着欧美女篮职业化，欧美女子篮球运动迅速发展，在2014年世界女子篮球锦标赛中美国、西班牙、澳大利亚分获第一、二、三名，中国女篮最终获得第6名，在总体成绩有所进步的同时，也暴露出一些问题。从比赛中的得失分上看，明显体现出中国女篮防守能力弱于其他世界强队，前三名队伍在小组赛中的总失分分别为174分、149分、156分，平均失分160分；而中国女篮的总失分高达191分。由此可以看出中国女篮现今的整体水平虽处在第二集团前列，但与世界强队相比，仍有不小差距，尤其是防守。在现代篮球防守技战术越来越强调攻击性和压迫性的趋势下，中国女篮要想保持较好成绩，重夺亚洲霸主地位，需要在了解、认识、把握世界篮球防守技战术发展特点与趋势的基础上，归纳总结自身在防守方面所存在的优缺点，不断提升防守的压迫性与攻击性。本专题从2015年亚洲女篮锦标赛中国女篮攻击性防守着手，通过对比赛中相关数据进行统计，分析中国女篮攻击性防守运用的临场表现及特点，研究其不足及产生原因，并提出针对性的建议和对策，为我国女篮的防守教学训练提供参考。

一、主要研究方法

（一）德尔菲法

为界定相关概念以及确定统计指标体系，共发放三轮专家问卷。通过三轮调查，反复征询、修改，最终归纳总结各位专家基本达成一致的看法，确定统计指标体系。为了有效地分析攻击性防守的运用情况，引入了攻击性防守、延误配合、“关门”式夹击三个概念，具体定义与解释如下：

（1）攻击性防守：攻击性防守是基于常规防守之上，不仅限于限制进攻，而且强调利用逼抢、打断等技术主动破坏进攻，主动制造抢断球的时机；强调积极拼抢球权的意识和集体协作精神，从而提高整体防守的压迫性、破坏性的防守。

（2）延误配合：对方进行掩护时，防守掩护者的防守队员大胆上前延误被掩护队员运球，或与同伴形成短暂的夹击，延误持球队员的运球，之后迅速退回继续防守原来的进攻队员。

（3）“关门”式夹击：临近的两名防守队员协同，对持球队员运球突破进行堵截和围夹的一种防守配合方法。例如，当持球队员突破到内线后，临近的两名防守队员要抢先移动靠拢，尽量“关门”不留缝隙，但是当持球队员已起步上篮或来不及“关门”时，两名防守队员要尽量“关门”共同堵截在持球队员的移动路径上，形成围夹干扰投篮动作。

部分统计指标的界定：

（1）干扰投篮：封盖投篮时，防守人距离投篮队员一米之内且手臂向前伸直。

（2）干扰接球：在接球人接球前瞬间碰球或改变球飞行路线，使接球人接球不稳或直接断球。

（3）改变传球路线：球传出后的飞行路线被改变。

（二）录像观察法

本专题主要通过对比赛录像进行观察收集相关数据，观察的比赛场次详见表10–1。主要利用计算机视频软件进行反复观看，对于看不清或者复杂的动作利用回放、慢放、定格观察等手段进行反复观察，对确定的攻击性防守指标进行手动统计分析。

表 10–1　比赛统计场次信息一览

场次编号	决赛类型	对阵双方	最终比分	优胜队
1	冠亚军决赛	中国 vs 日本	50：85	日本
2	季军赛	中华台北 vs 韩国	45：82	韩国
3	半决赛	中国 vs 韩国	60：45	中国
4	半决赛	日本 vs 中华台北	65：58	日本
5	小组赛	中国 vs 中华台北	76：62	中国
6	小组赛	日本 vs 中国	57：56	日本
7	小组赛	韩国 vs 中华台北	76：58	韩国
8	小组赛	中华台北 vs 日本	44：60	日本
9	小组赛	韩国 vs 中国	58：74	中国
10	小组赛	韩国 vs 日本	53：59	日本

（三）逻辑分析法

采用归纳、演绎、对比和综合分析等逻辑方法对采集的数据进行分析，归纳总结世界强队与中国队攻击性防守技术的临场表现情况和运用特点。

二、研究结果与讨论

（一）中国队攻击性防守技术的运用分析

消极防御实际上是假防御，只有积极的防御才是真防御，才是为了反攻和进攻的防御。这句话充分体现了攻击性防守的防御理念。随着篮球运动的发展，运动员身体素质的不断提高，技战术的不断发展，攻防对抗的激烈程度随之增强，攻击性防守技术就是在这样的形势中发展起来的。为了便于分析，本专题从防有球、防无球、抢断球与抢防守篮板球三个方面研究分析中国女篮攻击性防守技术的运用情况。

1. 防守有球队员时攻击性防守技术的运用

随着篮球运动的不断发展，对抗性越来越强，防守更加强调以球为主，对持球人的防守更具压迫性和攻击性。在20世纪90年代初，南斯拉夫和美国优秀的篮球教练员来华访问的时候就提出："防守，特别是防持球队员时，要以战斗的姿态出现。"攻击性防守要求运动员防守持球人时必须要有威胁性，给予持球人压力，除了整体战术需要，或者个人防守策略需要对持球人进行松动防守之外，无论是缩小人盯人、扩大人盯人、紧逼人盯人，还是不同形式的区域联防，均要求对持球人采取紧逼和"贴身式"防守。当持球队员投篮时，应尽力地干扰、封盖；传球时挥动手臂，扩大防守面积，极力干扰其传球；防突破时，要运用积极的防守脚部动作，延误、破坏其进攻的流畅性。下面就从防传球、防运球、防投篮与防突破四个方面，分析中国女篮在2015年亚锦赛中针对持球队员运用攻击性防守技术的情况。

（1）防守传球。

传球在篮球比赛中起着桥梁和纽带的作用，而接球是运用传球和投篮技术的前提条件。准确、巧妙的传球，不仅能够打破对方的防御部署，而且能够创造出更多、更好的投篮机会。因此针对如此重要的进攻技术，需要一种积极的、极具破坏性的防守技术与之博弈、对抗，攻击性防守的运用目的之一就是干扰、延误，甚至是直接破坏对方的传接球，切断此种联系，尽可能多地获得球权变换，创造更多、更好的反攻机会。2015年亚洲女篮锦标赛防守传球技术统计见表10–2。

表10–2　2015年亚洲女篮锦标赛防守传球技术统计（总次数）

球队	干扰传球			获得球权	成功率
	改变传球路线（球出界）	封堵一传	停球贴身紧逼		
日本	34（2）	17	39	26	28.9%
中国	21（7）	23	37	17	21.0%
韩国	26（6）	31	35	19	20.7%
中华台北	29（8）	32	37	21	21.4%

以表10–2数据为基础，合并计算干扰传球的总次数，得出图10–1：

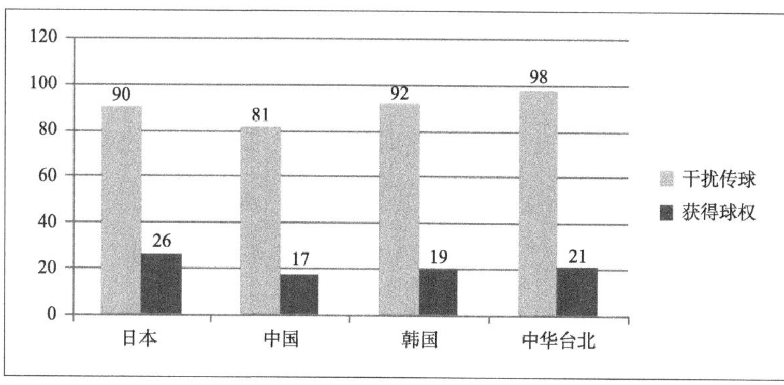

图10–1　干扰传球与直接获得球权情况统计

由表10–2与图10–1、图10–2可以看出，在此次亚锦赛前四强队伍之间的对阵中，中国队干扰对手传球总次数最少，通过干扰传球获得球权的成功率相较于日本队也有很大的差距，具体情况分析如下。

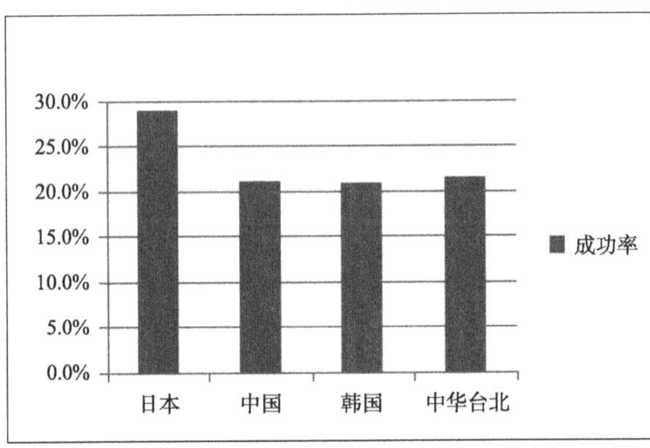

图 10–2　干扰传球获得球权成功率

从图10–3可以看出，四支队伍在防守时改变对手传球的路线（包括拦截传球时将球断出界的情况）分别为36次、28次、32次和37次，其中日本队、韩国队和中华台北队都在30次以上，而中国队只有28次。当持球队员将球传出球在空中飞行时，其他9名队员都有去拦截球的可能，特别是防守传球者的防守人和球飞行路线附近的防守人，都要判断持球人的传球意图，大胆出手干扰。在封堵拦截进攻队员传球时可能会使球出界，虽然进攻队继续拥有球权，但是进攻时间越短，成功组织进攻的可能性越小。中国队在传球方面给对手的压力是最小的，从而让对手能够用传球较为流畅地衔接全队的进攻。防守队员应对有球队员贴身紧逼，干扰其进攻行为，在进攻队员传球时应封堵阻挠，改变其传球意图和路线，进而影响进攻效果，同时选择合适的时机积极抢夺球权。日本队移动速度快，脚步灵活，下手快，擅长贴身防守，不断掏、打进攻队员的球。图10–3显示，日本队改变对手传球路线的次数虽然不是最多，为36次，但是直接获得球权有23次，成功率高达63.9%，这说明日本队防守传球技术干扰强度大，给对手威胁大。中国队队员身高普遍比其他三支队伍高，脚下相对不够灵活，如果贴身防守容易被进攻队员轻松摆脱。在28次改变传球路线中有12次直接抢断球获得球权，成功率为42.9%，是四支队伍中成功率最低的球队。

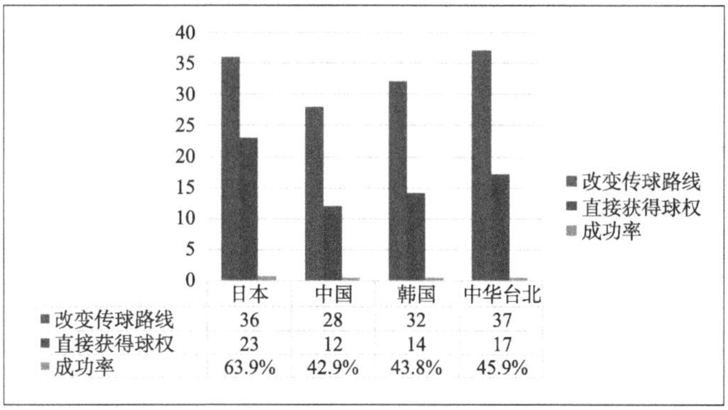

图 10–3　改变传球路线与效果数据统计

从表10–2还可看出，四支队伍在停球贴身紧逼次数上基本持平，都在35次以上。持球队员可以选择传球、运球、投篮、突破等进攻行为，一旦运球则不会轻易停球，运球时可衔接突破、投篮和传球动作。一旦停止运球，防守队员应立即贴身紧逼防守，手臂不断挥摆影响持球队员的视野，加大身体对抗强度，并伺机掏、打持球队员手中的球，不给其传球的机会或迫使其传球失误。最好的防守效果就是尽可能减少对手进攻次数，增加本方进攻次数，在停球贴身紧逼对手时很有可能争得球权。如图

10–4所示，日本队、中国队、韩国队和中华台北队分别抢获2次、5次、4次和1次球权，成功率分别为5.1%、13.5%、11.4%和2.0%，中国队停球贴身紧逼次数不是最高，但成功率最高。原因是中国队球员身高臂长，一旦上前贴身，防守强度更大，就会像牢笼一样将持球队员罩住，使持球队员不能传球或传球失误，中国队应充分发挥这一优势。

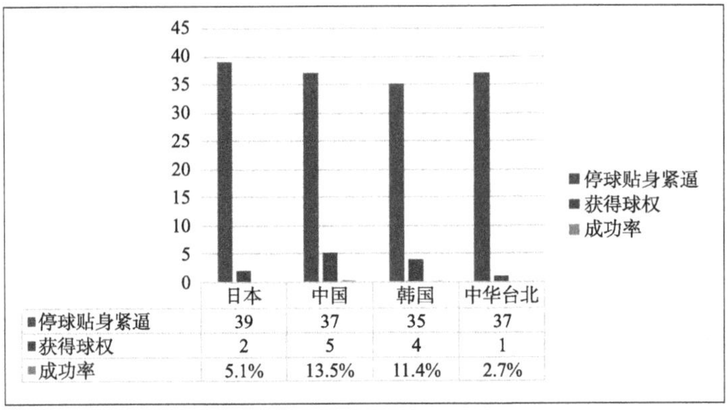

	日本	中国	韩国	中华台北
停球贴身紧逼	39	37	35	37
获得球权	2	5	4	1
成功率	5.1%	13.5%	11.4%	2.7%

图 10–4　停球贴身紧逼成功率一览

封堵一传主要目的不是抢夺球权，而是遏制快攻、延误进攻时间，攻击性防守的优势就是时时给进攻方压力，通过抢、打、掏、断、封、堵等技术主动抢获球权。由表10–2可知，四支队伍封堵一传分别为17次、23次、31次和32次。在封堵一传时，韩国队和日本队分别直接抢获球权1次，中华台北队抢获球权3次，即刚刚失去球权便又夺回球权，减少对手一次进攻机会同时增加本方一次进攻的机会，而后场的抢断往往会形成无人防守或防守失去位置直接得分的局面。日本女篮是非常善于抢攻的队伍，往往在对手回防未稳的情况下球已转移到篮下，这得益于日本队的速度和后卫队员超强的传球能力，这样的球队，如果一传没有受到任何干扰，那得分会异常容易。

通过对防守传球技术的数据分析发现：防守传球时，改变传球路线与直接抢获球权成正比，因此在比赛中要积极干扰、大胆封堵传球，主动干扰，降低传球质量；中国女篮在防守传球时比较保守，由于害怕失去防守位置，不敢大胆出击封堵传球，没有给对手传球构成压力；在落位阵地防守时，中国女篮在对手停球后，敢于大胆上前贴身防守，防守强度大，并利用身高臂长限制对手传球和投篮的机会，也获得了更多的控制球权的机会；在由守转攻之时，封堵一传不仅会限制对手快攻，同时也有抢断球的意外收获。

（2）防守运球。

运球技术是比赛中创造传球、突破、投篮机会的基础与保障，也是控制比赛节奏、调控战术配合的重要手段。控制对手的核心队员获得球与处理球，便控制了对方进攻的命脉。球由后场到前场绝大部分是通过后卫队员运球推进，并在运球过程中观察同伴以及防守队员的位置，在头脑中产生进攻意图，组织前场的进攻。攻击性防守应该在失去球权的一瞬间，立即开始给对方的进攻实施压迫，干扰后卫运球推进，力争限制对方8秒内运球到前场，达到消耗后卫队员体力、延缓对方推进速度、延误落位后的组织进攻、打乱对方进攻节奏的目的。防守运球的原则是“堵中逼边”，封堵中路的运球，迫使进攻队员运球到边路。攻击性防守防运球的目的就是使后卫队员不能轻易运球推进到前场，并使其将主要精力放在保护球上，限制后卫队员的视野，破坏进攻的流畅性，为本方创造抢获球权的机会。

从表10–3和图10–5可以看到，在日本队、中国队、韩国队和中华台北队四支队伍之间的10场比赛中，各队在后场运球推进到前场的次数上基本持平。但对运球过程中的防守，中国队干扰率最低，在干扰运球推进的次数上中国队仅为51次，场均10.2次。并且防守对方后卫的队员失球后并没有立刻就地紧逼防守，而是在对方后卫2—3米的距离上随之退守，甚至让运球队员从中路不降低速度、不改变方向地直线运球到前场，显然并没有达到耗费运球队员体力、延缓进攻速度、减少进攻时间的目的，反而浪费了自己的体力。而日本队、韩国队和中华台北队则是一直试图通过干扰运球推进给予对方压力，韩国队更是通过干扰后场运球推进157次，成功直接抢获球权15次之多，也就是说场均比对手多三次进攻机会。在2015年亚锦赛中，中国女篮在防后场运球推进到前场时，没有给予对手必要的威胁，防守攻击性不强，使对手轻易运球过半场，有足够的时间组织阵地进攻。其原因在于中国女篮队员虽然平均身高要比其他国家（或地区）队员高出很多，但脚步移动速度跟不上日本队、韩国队和中华台北队队员；另外就是压迫防守意识不强，不善于积极主动出击。

表10-3　2015年亚洲女篮锦标赛防守运球技术统计

球队	对手后场运球推进到前场	干扰运球			干扰率	抢获球权
		干扰对手推进	断球出界	对手8秒		
日本队	317	136	2	0	43.5%	5
中国队	326	48	2	1	15.6%	2
韩国队	330	149	6	2	47.6%	15
中华台北队	325	118	3	0	37.2%	5

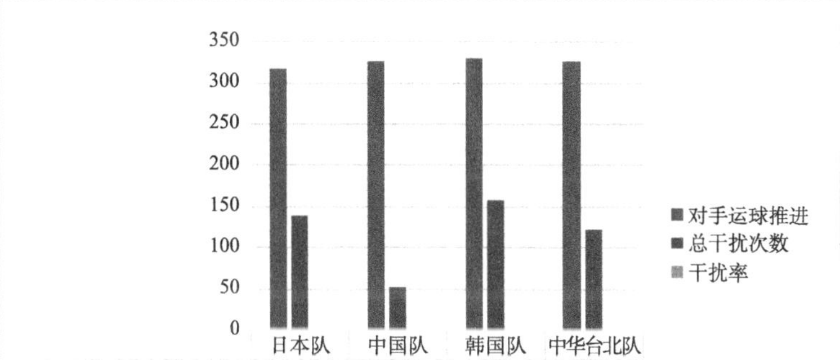

	日本队	中国队	韩国队	中华台北队
对手运球推进	317	326	330	325
总干扰次数	138	51	157	121
干扰率	43.5%	15.6%	47.6%	37.2%

图 10-5　干扰运球推进情况一览

在由攻转守时，通过掏、打等动作干扰对手从后场推进到前场，并于对手在边角运球时掌握时机主动夹击，如果对手传球不及时可以导致8秒违例。例如，韩国队干扰对手运球推进次数、干扰率、造成直接抢获球权次数、边角运球夹击次数都是四支队伍中最高的，使中国队2次8秒违例，原因正是韩国队在防运球时攻击性强。压迫干扰运球可能会使球出界，篮球新规则规定：当球出界时，如果球权不发生转换，剩余进攻时间连续计算。因此使球出界会破坏对手进攻计划，延误对手进攻。

分析防守运球技术的数据统计发现：对后场运球推进的干扰率与直接抢获球权次数成正比，在防守后场运球推进时干扰强度越大，抢获球权的机会越大；中国队防守强度仅限于前半场，在对手后场运球推进到前场时防守不积极，队员不善于主动给运球队员压力干扰运球，只是保持2—3米的距离与之退回到阵地防守，使对手轻松运球推进组织进攻。而其他三支队伍通过干扰对手后场运球推进到前场，给后卫队员施加压力，频频直接抢获球权。

（3）防守投篮。

篮球比赛是以得分多少决定胜负的，进攻方的一切进攻技战术安排都以最终投篮得分为目的，而防守方的最终目的是防止对手投篮得分。不言而喻，防守投篮就是防守最重要的环节。攻击性防守投篮的目的就是降低投篮命中率，甚至封盖直接抢获球权。要贴身干扰对手传、运、突、投，使对手不能顺利做出投篮动作，如若对手做出投篮动作，则要积极运用封盖干扰其投篮；在持球进攻队员被漏防时，要大胆补防，把投篮作为防守重点。在持球队员运球突破投篮时要协防“关门”，利用局部基础配合与整体积极拼抢意识，阻挠其投篮得分。

由表10–4可知，第一，无论是两分球还是三分球，在有干扰时的投篮命中率均小于无干扰时的投篮命中率，且差值大多在30%左右；第二，无论是在有干扰还是在无干扰情况下，内线投篮命中率都高于外线投篮命中率（韩国队有干扰时除外，两分球命中率低于三分球命中率）。这说明，第一，对投篮动作是否实施干扰，直接影响投篮命中率的高低；第二，对内线的投篮要更加重视。在防守有球队员时应贴身紧逼，在做出投篮动作或突破上篮时做出干扰，竭尽全力降低对手投篮命中率。干扰投篮动作可以降低投篮命中率，干扰强度大，不仅可以对投篮队员造成心理压力，还可以使投篮范围控制在外线，从而降低对手的投篮命中率。

表 10–4 2015 年亚洲女篮锦标赛有无干扰的投篮命中率对比

球队	两分球		三分球	
	有干扰时命中率	无干扰时命中率	有干扰时命中率	无干扰时命中率
日本队	41.4%	58.2%	19.1%	39.3%

续表

球队	两分球		三分球	
	有干扰时命中率	无干扰时命中率	有干扰时命中率	无干扰时命中率
中国队	34.4%	60.7%	32.6%	44.0%
韩国队	31.5%	57.1%	37.2%	38.7%
中华台北队	33.9%	67.2%	8.0%	58.3%

由表10–5可见，从防守投篮情况上看，中国队给了对手271次两分球投篮机会，在四支队伍中最高，而日本队、韩国队和中华台北队将对手两分球投篮次数控制在240次以下。中国队对对手的两分球干扰率仅低于日本队，但是干扰成功率最低，只有61.5%，说明中国队在防守两分球投篮的攻击性上不如其他三支队伍。防守投篮首先要利用贴身、逼抢、掏打、干扰等动作控制对手，不给对手投篮机会，控制对手投篮的次数。其次要在对手投篮时封盖干扰，降低对手的投篮命中率。在高强度的防守下，四支队伍的两分球投篮命中率日本队最高，中国队仅仅高于韩国队不到四个百分点。日本队、韩国队和中华台北队虽然平均身高不及中国队，但都具备快速、灵活等显著特征，擅长贴身防守，用快速脚下移动、人的轮转以及掏打球弥补身高上的缺点，总是给进攻队员的传球、运球、投篮、突破造成不小的干扰。中国队虽然平均身高高达1.86米，且有5个身高1.90米以上的球员，面对对手的快速转移，防守虽能及时到位，但干扰强度低，对对手投篮命中率影响较小。

表 10-5　2015 年亚洲女篮锦标赛防守投篮技术统计

球队	盖帽	两分球				三分球			
		对手投篮次数	干扰率（%）	干扰成功率（%）	本方命中率（%）	对手投篮次数	干扰率（%）	干扰成功率（%）	本方命中率（%）
日本队	20	211	80.1	67.5	52.7	67	99.3	75.0	27.1
中国队	12	271	78.6	61.5	40.4	63	58.7	75.7	36.6
韩国队	8	238	76.1	63.5	36.8	52	59.6	67.7	38.1
中华台北队	12	222	74.3	64.2	42.1	101	35.6	69.2	24.3

由表10–5可知，中国队和韩国队防守对方三分球的干扰率基本持平，但要比日本队低40个百分点；防守三分球的成功率中国队与日本队基本持平。比赛中三分球出手时机一般有以下情况：利用快速转移球吸引防守集中到强侧，突然传球到弱侧空位投篮；持球队员被掩护后防守者被完全挡住；防守者担心持球队员突破与持球队员保持一定的防守距离；持球队员被迫投篮。针对不同情况，对三分球的防守要有侧重。对于外线投射能力强的队员要重点盯防，一旦接球，必须立刻到位干扰投篮；中国队对外线投篮的防守基本到位，不仅控制住对手三分球出手次数，且干扰强度高，降低了对手三分球命中率。

盖帽不仅可以阻挠投篮，给投篮队员造成心理负担，同时更能增强防守队员信心，提升整体士气，是攻击性防守的重要指标。中国队有5名1.90米以上的球员，平均身高1.86米，而日本队只有1名1.90米以上的球员，平均身高仅为1.80米。如表10–5所示，中国队在防对手投篮时，盖帽12次，仅比韩国队多4次，而比日本队少8次。说明中国队身高的优势没有充分发挥。盖帽除了需要有身高、弹跳的优势，同时还需要与投篮队员保持较近的防守距离，保持身体对抗强度，否则对投篮是不能构成威胁的。日本队虽不是四支球队中身高最高的，但攻击性防守意识强，对于持球队员始终保持高强度对抗，积极主动破坏进攻，在最后一道防线防投篮上更是保持最高的干扰率。

通过对2015年亚洲女篮锦标赛防投篮情况的统计分析发现：有无干扰对投篮命中率有直接影响，对投篮的干扰率是球队实力强弱的重要体现；防守投篮干扰率越高，攻击性防守强度越大，球队在比赛中取得的成绩越好；攻击性防守越强，盖帽次数越多，两者相互促进；中国队防投篮的攻击性不强，没有控制好对手的投篮次数，虽然做出干扰，但干扰强度低，尤其是在内线投篮上；中国队具有身高优势，应改进脚下移动速度，大胆运用攻击性防守，利用贴身紧逼，加大防守干扰强度，合理、适时采用抢、打、断等技术主动压迫进攻，主动获取球权，减少对手进攻机会与投篮次数，增加本方进攻机会与投篮次数。

（4）防守突破。

突破技术是持球队员运用脚步动作与运球技术等相结合，快速超越对手的一项攻击性很强的技术。突破技术若巧妙地与投篮、传球、假动作等技术动作有机结合起来，将使突破技术更加灵活多变，从而显示出突破技术的攻击性。具有杀伤力的突破可以撕裂、牵制防守，这就对防守提出了更高的要求。攻击性防守要在规则允许范围内，用最大限度的身体对抗遏制对手突破，主动造成对手失误或直接抢获球权。首先是第一道防线，即突破的防守人，要封堵突破路线，使突破队员很难顺利起第一步，贴身紧逼，即使突破起步，也很难顺利投篮，使之传球或停球，转化突破投篮的威胁；其次是第二道防线，即邻近的防守同伴，当防守突破的同伴被突破或突破队员已经顺利起步时，要大胆放弃原来的防守人，快速进行补防，与同伴“关门”堵截突破。

防守持球队员突破上篮，球进则认为防守失败，不进则认为防守成功；防守持球队员突破分球，突破直接衔接分球则认为防守失败，突破后停球后再寻找合适接球同伴，则认为防守成功；在防守突破时，进攻队员突破到内线后没有投篮，也没有传球，而是将球又运到外线重新组织进攻，则认为是防守突破成功。由表10–6和表10–7可知，在防守突破投篮时，成功率最高的是日本队，高达73.0%；最低的是中国队，仅为58.2%，突破投篮的命中率受到防守强度的直接影响。通过观看比赛录像发现，中国队在防突破投篮时，第一道防线容易被假动作迷惑，脚步跟不上，导致被对手顺利起步；第二道防线协防补防意识差，往往在突破队员已经突到内线形成投篮时也没有补防意识，导致整体防守突破投篮的强度低，因此防突破投篮成功率低。在防守突破分球时，中国队防守成功率为14.0%，即化解了14.0%的突分威胁。由于中国队队员的身高优势，尤其是内线队员，当突破队员突到内线时，可以很好地限制对手的顺利衔接传球，降低突破分球的成功率。

表 10–6　2015 年亚洲女篮锦标赛防守突破统计

指标	防突破总次数	防突投总次数	防突分总次数	防突运总次数	防突破抢断			对方突破违例失误犯规	防守突破犯规
					抢断突破	抢断突分	盖帽突破投篮		
日本队	253	111	137	5	9	14	13	7	21
中国队	252	141	100	11	4	7	10	5	11

续表

指标	防突破总次数	防突投总次数	防突分总次数	防突运总次数	防突破抢断			对方突破违例失误犯规	防守突破犯规
					抢断突破	抢断突分	盖帽突破投篮		
韩国队	184	105	73	6	2	4	9	6	27
中华台北队	237	97	125	15	7	4	7	9	20

表 10–7　2015 年亚洲女篮锦标赛防守突破效果统计

球队	防突破投篮成功率（%）	防突破分球成功率（%）	抢断率（%）	造犯规违例失误率（%）	防守犯规率（%）
日本队	73.0	11.0	14.2	2.8	8.3
中国队	58.2	14.0	8.3	2.0	4.4
韩国队	68.6	19.2	8.2	3.3	14.7
中华台北队	62.9	4.0	7.6	3.8	8.4

防突破时的攻击性防守效果体现在直接抢断球权，具体有以下情况：第一，在一对一防守突破时，根据对手习惯突破方法和强侧手等特点，提前封堵堵截，形成抢断球。例如，在中国队与日本队的决赛中，针对中国队员邵婷习惯右手后转身运球的突破方法，日本队提前抢在转身放球前一瞬间，连续2次抢断邵婷的突破运球，对邵婷心理造成负担，影响了邵婷整场比赛的发挥；第二，在突破投篮时进行盖帽形成抢断球；第三，在突破分球时形成抢断球。从表10–6和表10–7可知，中国队抢断率为8.3%，

基本与韩国队、中华台北队持平，但仅为日本队的一半左右；也就是说在防突破时，日本队比中国队抢断多接近一倍。在三种抢断球的情况中，中国队盖帽突破投篮次数比其他两种情况多，但比平均身高只有1.80米的日本队少3次，这说明中国队发挥了身高优势。但日本队在身高不占优势的情况下，充分利用集体协作，降低突破投篮质量，形成盖帽的机会。其他两种抢断的情况：中国队抢断突破4次，抢断突破分球7次。说明中国队在防突破技术时攻击性不强，个人防守强度与整体防守强度有待加强，提高一对一时的防守能力，提前预判，下手抢断，提高协防补防意识，集体协作，压迫进攻，造成失误，主动抢获球权。

针对攻击性极强的突破技术，防守必须用激烈的身体对抗与默契的防守配合限制突破技术的发挥，压迫性的防守可以使进攻失误、违例和犯规，同时要在规则允许范围内，利用身体对抗与之抗衡。但是只有出现身体对抗才会出现侵人犯规，也就是说造违例犯规率与防守犯规率都是攻击性防守的体现。通过表10-6和表10-7发现，中国队造犯规违例失误率与防守犯规率都是最低的，说明防守时身体对抗强度低，没有对突破形成较大压力。中国队应积极利用身体紧逼防守，加强对抗强度，提高防守质量，提前预判，迫使对手主动失误。

2. 防守无球队员时攻击性防守技术的运用

篮球运动在项群训练理论中属于技能主导类——同场对抗性的运动项目，是集体对抗性项目。场上五名进攻队员中，只有一名队员持球，其他四名队员都是无球队员。同样，防守队员中，只有一名队员对位防守持球队员。因此全队80%的防守精力分配在防无球队员身上。持球队员可以传球、运球、投篮、突破，对防守方构成直接威胁，对持球队员防守的重要性不言而喻。但是防守无球队员时一方面要防住自己的对手，另外还要兼顾有球队员进攻，随时准备协防补防。无论是在防守的精力分配还是防守人的难度上来讲，对无球队员的防守都是至关重要的环节。通过观察发现，场上无球队员的牵制与抢位、切入都是为接球成为有球队员服务的，因此对于无球队员的防守主要就是防守接球。其攻击性防守的目的，就是对内线接球队员贴身紧逼，外线要顶抢、卡位，使得无球队员不能接到球或不能顺畅地接到球进而顺利衔接下一个进攻动作，尤其是在攻击区域内的接球。

篮球运动是同场对抗性项目，有对抗就难免会有犯规动作。由表10–8和图10–6可知，在防投篮、防运球和无球队员间犯规这些主要犯规中，日本队防投篮犯规占犯规总次数的38.1%，无球队员间犯规（包括无球队员进攻犯规和防无球队员接球时的犯规）占犯规总次数的17.5%，防运球犯规占犯规总次数的15.9%，三种犯规次数百分比呈递减趋势；中国队防投篮犯规占犯规总次数的36.8%，无球队员间犯规占犯规总次数的21.1%，防运球犯规占犯规总次数的21.1%，与无球队员间犯规百分比相同，小于防投篮犯规的百分比；韩国队防投篮犯规占犯规总次数的34.5%，无球队员间犯规占犯规总次数的21.4%，防运球犯规占犯规总次数的20.2%，三种犯规次数百分比呈递减趋势；中华台北队防投篮犯规占犯规总次数的38.9%，无球队员间犯规占犯规总次数的23.6%，防运球犯规占犯规总次数的20.8%，三种犯规次数百分比呈递减趋势。四支队伍代表亚洲女篮的最高水平，说明亚洲女篮对无球队员的防守越来越重视，加大了对无球队员的防守力度，可以牺牲犯规次数控制无球队员内线接球尤其是在攻击区域内的接球，干扰接球效果。

表 10-8　2015 年亚洲女篮锦标赛主要犯规统计

球队	无球队员间犯规	百分比	防投篮犯规	百分比	防运球犯规	百分比	总犯规
日本队	11	17.5%	24	38.1%	10	15.9%	63
中国队	8	21.1%	14	36.8%	8	21.1%	38
韩国队	18	21.4%	29	34.5%	17	20.2%	84
中华台北队	17	23.6%	28	38.9%	15	20.8%	72

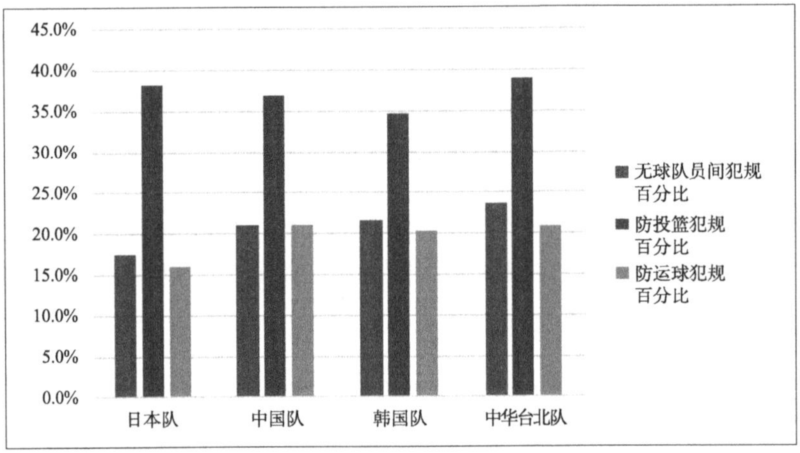

图 10-6　2015 年亚洲女篮锦标赛主要犯规百分比

由表10-9可见，日本队干扰接球29次，成功抢断球14次，成功率为48.3%；中国队干扰接球次数23次，成功抢断球8次，成功率为34.8%；韩国队干扰接球39次，成功抢断球14次，成功率为35.9%；中华台北队干扰接球34次，成功抢断球10次，成功率为29.4%。干扰接球次数上韩国队最高，成功率仅次于日本队；日本队干扰接球次数上处于第三，但成功率最高；中国队干扰接球次数最低，成功率也只比第四名的中华台北队高5.4个百分点。能对无球队员的接球造成干扰，前提是与无球队员保持较近的防守距离，或提前顶抢卡位，在球未接稳的时候干扰或试图将球打掉。在干扰接球时可能会使球出界，虽然没有直接获得球权，但篮球新规则规定当球出界时，如果球权不发生转换，剩余进攻时间连续计时。因此使球出界会破坏对手进攻计划，延误对手进攻时间，这是攻击性防守效果的体现。由表10–8和表10–9可知，中国队在防守无球队员时，尤其是防接球时的攻击性不及日本队和韩国队，原因是没有在无球队员即将变成有球队员时，在规则允许范围内利用身体对抗及凶狠有力的动作干扰接球，为抢打球创造良好的时机。无论是对有球队员还是对无球队员，都要用身体对抗加大防守强度，给予压迫，干扰有球队员的传球和无球队员的接球，对传接球形成压力。

表10–9　2015年亚洲女篮锦标赛防无球技术统计

球队	干扰接球次数	直接抢获球权	成功率	限制区附近接球夹击	干扰接球时使球出界
日本队	29	14	48.3%	42	3
中国队	23	8	34.8%	21	2
韩国队	39	14	35.9%	45	7
中华台北队	34	10	29.4%	40	5

根据防投篮的数据统计，各个球队两分球出手次数要比三分球出手次数多2—4倍，两分球的投篮命中率要远远高于三分球的投篮命中率，说明离篮筐越近，出手可能性越大，投篮命中率越高。因此，防守无球时要

对限制区附近的所有接球更加重视。无球的中锋在限制区附近时，防守队员要根据球的位置调整防守姿势，抢占有利防守位置。无球的前锋和后卫队员切入限制区附近时，防守队员要封堵切入路线，尽力使其背向篮、背向球的方向切入。无球队员只要是进入攻击区域，防守人都要贴身紧逼防守；一旦接到球，邻近防守人立刻与同伴共同夹击接球队员。从表10–9可知，日本队在限制区附近击夹接球42次，韩国队在限制区附近夹击接球45次，中华台北队在限制区附近夹击接球40次。中国队在限制区附近夹击接球仅有21次，是其他三支球队的二分之一左右。通过观看比赛录像发现，中国队的防守相对于其他球队来说，不善于集体协作，协防合作夹击不积极，导致团队防守攻击性不强。

通过分析防守无球队员的统计数据发现，在外线干扰无球队员接球，可利用提前判断、顶抢、卡位干扰接球质量，从而制造抢断球的最佳时机；在内线限制区附近，无球队员接球时防守队员要夹击，消除近距离投篮的威胁，利用夹击使球背向篮的方向传出或使进攻队员失误，主动抢获球权。对无球队员防守时，高强度的身体对抗可以消耗进攻队员体能，干扰接球后的投篮节奏和其他进攻行为。中国队在防守无球方面整体表现不及其他三支队伍，对无球队员的接球干扰不及时，没有利用身体优势加大对抗强度，影响无球队员接球质量。

3. 抢断球与抢防守篮板球技术的运用

（1）抢断球技术的运用。

篮球比赛中攻守转换包括由守转攻及由攻转守。由守转攻又分为主动转攻和被动转攻两种，攻击性防守强调的是通过压迫防守主动由守转攻。在比赛中，主动转攻的防守包括：抢、打、断进攻队员手中的球、抢到防守篮板球以及抢获跳球时的球。三种主动由守转攻方式中，抢、打、断球技术是最具攻击性的防守技术。抢、打、断球后能够快速形成反击，趁对方立足未稳，转守时间紧张的时机，形成有效的攻击。大胆、果断地运用抢、打、断技术，不仅可以直接破坏对手的进攻，使对手处于被动的防守局面，而且可以极大地鼓舞本队士气，激发潜能，同时也会给对手造成严峻的心理考验。抢、打、断球要抓住良好的时机：如封堵传球改变传球路线、干扰接球、停球贴身紧逼、干扰运球推进、边角运球夹击、封盖投篮等手段都可以创造主动获得球权的机会。

从表10–10可知，日本队抢断56次，场均11.2次；中国队抢断30次，场均6.0次；韩国队抢断50次，场均10.0次；中华台北队抢断42次，场均8.4次。只有做好充分的准备才能创造抢、打、断的有利时机：对持球人的贴身紧逼防守，对传、运、投、突施加高强度的压迫；对无球人顶抢卡位、干扰接球，影响接球质量等。中国队抢断球次数最少，日本队抢断球次数将近中国队的两倍。在中国队与日本队的决赛中，日本队抢断中国队12次，而中国队抢断日本队只有4次。抢断球的明显差距，真实反映了两支球队的攻击性防守运用情况。抢断球并不仅依靠个人的防守技术，大多时候依靠全队的防守配合，前后呼应，环环相扣。例如，贴身紧逼防守持球队员对其造成压力，降低其传球质量，另一端防守无球队员的防守人要顶抢卡位，及时轮转干扰接球，才可能创造良好的抢断球机会。日本队不仅个人拼抢积极，而且形成了拼抢凶狠的风格，作风顽强。在日本队与中国队的小组赛中，第三节还剩5分12秒时，邵婷在罚球线接到队友传球，在她转过身准备面筐进攻时，发现面前已经站了3名扑过来协防的日本队员，邵婷个人能力再强也不可能面对3名防守队员将球打进。日本队不仅个人拼抢凶狠，团队合作的拼抢能力更加可怕。反观中国队，就像主教练马赫所说，中国队的球员目前太依赖个人，而不像一个团体；每一名球员拿到球都想靠个人能力突破对方的防守直接得分，防守方面亦如此。

表 10-10　2015 年亚洲女篮锦标赛抢断球技术次数统计

球队	日本队	中国队	韩国队	中华台北队
总次数	56	30	50	42
场均次数	11.2	6.0	10.0	8.4

综上所述，中国女篮个人防守压迫性弱，不能利用抢、打、顶、卡、封堵技术有效地控制对手的活动，未能创造出有利的抢断球时机；不擅长利用局部防守配合加大防守强度，拼抢不凶狠，没有充分发挥集体协作的团队精神。

（2）抢防守篮板球技术的运用。

篮板球是球权转换的分界点，代表着新球权的产生。抢进攻篮板球占优势，可以增加二次进攻机会和篮下得分，并增强外线投篮队员信心；抢防守篮板球占优势，不仅可更多地控制球权，创造更多快攻反击的机会，而且能对投篮的进攻队员产生巨大的心理压力。因此，篮板球的争夺受到各队教练员的高度重视，是衡量球队整体实力的重要指标之一，也是衡量攻击性防守的一项重要指标。争抢篮板球的基本条件除了身高、队员之间合理分工、技术熟练之外，还要有强烈的争抢意识。

由表10-11可知，除了中国队和日本队的两场比赛中，负队中国队比日本队抢获的进攻篮板球数多之外，其中7场比赛都是胜队抢获进攻篮板球数更多。抢获进攻篮板球直接形成二次进攻，也就是说进攻篮板球的获得可以在一定程度上直接影响胜负关系。由此可见，防守方对防守篮板球的保护至关重要，要利用团队配合积极组织有效的防守配合，保证防守篮板球的抢获率。

表 10–11　进攻篮板球得失与胜负关系的比较分析

胜队	日本	韩国	中国	日本	中国	日本	韩国	日本	中国	日本
负队	中国	中华台北	韩国	中华台北	中华台北	中国	中华台北	中华台北	韩国	韩国
胜队	9	27	14	12	17	12	14	13	14	12
负队	18	16	7	4	8	13	10	9	14	5
差值	9	–9	–7	–8	–9	1	–4	–4	0	–7
失分	35	7	15	7	14	1	18	16	16	6

从表10–12中防守篮板球的获得情况上看，日本队抢获率是72.6%，中国队抢获率是77.4%，韩国队抢获率是62.7%，中华台北队抢获率是59.9%。中国队防守篮板球抢获率最高。篮板球是球权的归属是否发生转换的临界点，对进攻与防守而言意味着一个回合的终点和起点。争抢篮板球不仅需要每个队员具有正确的拼抢技术、身高优势，还需要团队集体协作共同完成。其防守攻击性具有以下特征：第一，整个防守过程都要积极、具有攻击性，来最大限度地干扰传、运、投、突及无球队员跑动，从而降低投篮命中率，为抢获防守篮板球创造有利条件；第二，先转身挡人，再起跳拼抢；第三，对弹跳能力好、拼抢能力特别强的队员要重点防守，顶抢到位，分工明确，为其他同伴争抢篮板球创造机会。

表 10–12 2015 年亚洲女篮锦标赛防守篮板球统计

球队	防守篮板球总数	抢防守篮板球	失防守篮板球	防守篮板球抢获率
日本队	179	130	49	72.6%
中国队	221	171	50	77.4%
韩国队	177	111	66	62.7%
中华台北队	207	124	83	59.9%

（二）中国队攻击性防守战术的运用分析

1. 防守战术基础配合的运用

（1）夹击配合的运用。

夹击配合是指两个以上的防守队员，利用对手在场地边角运球或运球停止时，突然快速上前封堵和围夹持球者的一种防守配合方法。夹击配合是一种主动性、攻击性很强的防守配合方法，能有效地控制持球队员的活动，迫使对手失误，创造断球反击的机会。同时，夹击配合可以给对手造成心理压力，降低动作质量，干扰进攻流畅性。夹击配合的首要目的不是直接从持球队员手中抢获球权，而是利用夹击队员的包夹，双臂上举封堵，迫使持球队员传球失误，为同伴创造抢断球的机会。

夹击配合的使用可以增强防守的攻击性、主动性，但时机的选择要合理，否则，便会得不偿失，出现轮转不及时，防守漏人，对方空位投篮的情况。夹击的使用需要具备以下条件：持球队员处于被夹击的最佳位置，如场地边角、防守中心区内；防守队员处于实施夹击的最佳位置，如距离持球队员较近时；夹击的运用要突然，且临近防守的同伴要及时轮转补防。通过观看2015年亚洲女篮锦标赛10场主要比赛的录像，发现夹击配合主要运用在：边角运球时、无球队员在限制区附近停球时、持球队员在限制区内突破时。从表10–13和图10–7对夹击配合运用的时机与比例的统计发现，日本队对向篮突破的夹击比例最高，占36.8%；其次是边角运球时夹击，占34.0%；对限制区附近接球时的夹击比例最低，占29.2%。说明日本队内外线的防守都敢于大胆运用夹击，不仅对对手的投篮构成威胁，对外线的运球也主动压迫，整体防守具备主动性、攻击性。中国队对向篮突破的夹击比例最高，占41.7%；其次是限制区附近接球时夹击，占35.0%；对边角运球的夹击比例最低，占23.3%。说明中国队的防守重点在内线，在进攻的终点投篮的防守，具备传统防守的特点，而对外线运球的压迫不明显，内线防守具有明显攻击性，外线防守不具备攻击性特点。中华台北队与中国队在夹击配合中三种时机运用比例具有相同情况：对向篮突破的夹击比例最高，其次是对限制区附近接球的夹击，最后是对边角运球时的夹击。说明中国队和中华台北队的防守重点都是重内线轻外线，重结果轻过程。纵向对比来看，中国队对向内线突破时的夹击比例在四支球队中最高，说明中国队将主要防守精力放在内线的突破与投篮上，而不重视边角运球防守强度。而日本队对向篮突破的夹击比例较低，对限制区附近接球的夹击比例最低，但与其他国家（或地区）差异性不明显，说明日本队防守力量分配较为均匀，内外线防守强度兼顾。韩国队和中华台北队在内外线防守强度分配上都较均匀，说明防守伸缩性强，脚下活动灵活，轮转补防迅速到位。中国队攻击性防守连续性差，应该提高脚下灵活性，对于内外线的夹击要迅速到位，逼抢凶狠，合理分布防守重点，扩大防守范围。

表 10-13 夹击配合运用的时机统计

球队	总次数	边角运球时夹击	比例	限制区附近接球时夹击	比例	向篮突破时夹击	比例
日本队	144	49	34.0%	42	29.2%	53	36.8%
中国队	60	14	23.3%	21	35.0%	25	41.7%
韩国队	119	32	26.9%	45	37.8%	42	35.3%
中华台北队	115	30	26.1%	40	34.8%	45	39.1%

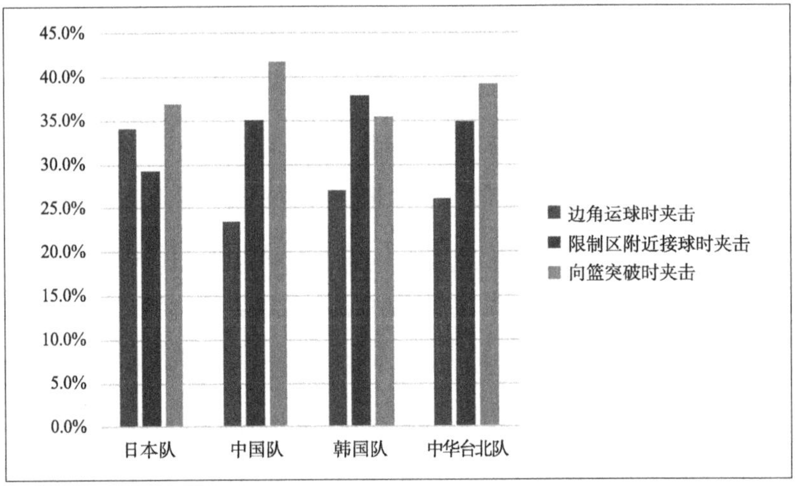

图 10-7 不同时机运用夹击的比例

夹击的最终目的不是直接从持球队员手中抢、打、断球，而是用压迫式防守使持球队员违例或传球失误，为同伴创造抢断球的机会，也并不是所有夹击都能抢获球权。例如在防守对手向篮突破时，运用“关门”式夹击的目的则是封堵突破，减少突破后投篮的概率或降低突破投篮的命中率；在限制区附近接球时，运用夹击的目的则是干扰接球，限制接球后做投篮动作。这两种情况下的夹击直接抢断球的概率较小，而在防守边角运球时夹击抢断球的概率较大。从表10-14可知，日本队运用夹击配合的次数最多，高达144次，场均28.8次，是中国队的两倍多；中国队运用夹击配合仅有60次，场均12次；韩国队与中华台北队运用夹击次数接近，场均都在23次左右，比中国队多了11次。利用夹击配合可以成功抢断球，运用夹击配合次数越多，成功抢断球次数越多，成功率也越高。在夹击次数、抢断球次数、成功率上日本队都是最高的，而中国队都是最少的。日本队个人防守强度大，脚下速度快，手上下手快，利用贴身紧逼对传、运、投、突都构成不小威胁；整体拼抢凶狠，逼迫持球队员向边角运球，创造出很多夹击的机会，或逼迫对手陷入防守的“埋伏圈”；在夹击的最佳时机出现时，队员之间配合默契，及时轮转，创造了很多抢断球的机会。首先，中国队个人防守压迫性弱，不擅长贴身逼抢，对对手进攻活动不能构成足够威胁，不能有效形成有利的夹击时机；其次，中国女篮的集体协作防守意识薄弱，队员间沟通联系少，没有形成积极拼抢的风格；另外是脚下不灵活，速度慢，不能及时帮助同伴夹击持球队员。

表10-14　夹击配合运用的次数与效果统计

球队	总次数	场均次数	抢断球	成功率
日本队	144	28.8	18	12.7%
中国队	60	12	1	1.2%
韩国队	119	23.8	6	4.2%
中华台北队	115	23	6	3.8%

综上所述，中国队运用夹击次数最少，说明中国队不善于利用具有攻击性的防守基础配合，同伴间合作不足，防守整体性不强。中国队基本都在限制区附近夹击对手，如向篮突破时、限制区附近接球时，而对外线边角处的运球队员很少夹击。说明中国队对内线的防守具有压迫性，外线运球的防守压迫性较小，攻击性防守范围集中在内线。中国队利用夹击配合成功抢断球的成功率低，说明夹击配合的运用效果不明显。原因是在夹击时，身体对抗强度低，留给持球队员传球空隙，或者附近的其他同伴不能根据场上情况，及时快速移动，轮转补防最近的接球队员。中国女篮应增加攻击性防守的广度与深度，培养对球权的渴望意识和拼抢意识，培养积极凶狠的风格。

（2）防守掩护配合的运用。

掩护配合是进攻队员采取合理的身体动作，抢占有利的位置挡住同伴防守队员的移动路线，使同伴得以摆脱防守，创造接球或其他进攻机会的一种配合方法。防守掩护配合的主要基础配合有挤过、穿过、换防、绕过四种方法。四种配合方法的最终结果都是延续一对一防守。目前针对多变的掩护配合形式，演变出一种新型的防守配合，即当有球队员被掩护时，防守掩护的队员根据有球队员的移动，与同伴共同防守延误有球队员的活动，形成短暂的夹击，形成二防一的局面，其他队员及时根据场上情况轮转补防，延误对手的掩护。掩护配合虽然有许多方法，但无论哪种形式的掩护，最终目的都是为被掩护的持球队员创造进攻机会，为被掩护的无球队员创造接球机会。因此，无论选择哪一种防守掩护的配合，其目的都是使被掩护的队员接不到球或不能产生投篮、突破投篮的机会，达到这样的防守效果即防守掩护配合成功。反之，被掩护的有球队员直接投篮或突破投篮，被掩护的无球队员接到球，即认为防守掩护配合失败。

从表10–15和图10–8发现，四支队伍在防守有球队员的掩护时，根据场上情况以及各自的特点，选择的防守配合方式不尽相同，但都有一个共同特点，就是都不会选择绕过配合。日本队运用防守掩护基础配合的比例从大到小依次是穿过、挤过、换防、延误；中国队依次是换防、挤过、穿过、延误；韩国队依次是穿过/换防、挤过、延误；中华台北队依次是换防、挤过、穿过、延误。挤过、穿过和换防是目前亚洲女篮在防守有球队员掩护时主要选择的防守配合方式。日本队选择挤过和穿过要比换防多10%左右的概率，说明日本队在防守有球队员掩护时，善于利用提前抢位挤过或与队友配合来继续追防持球队员。原因在于：首先，日本队对持球队员的压迫性极强且配合默契，贴身干扰，为提前挤过或穿过对手创造最佳的位置与时机；其次，如果换防可能由于身高劣势，防守错位，造成大打小、小防大的局面。与日本队不同的是中国队和中华台北队，在防守有球队员掩护时首先选择的是换防，中国队换防概率接近60%，中华台北队换防概率超过40%。原因在于：其一，脚下步法不灵活，失去继续防守的位置；其二，未能提前观察和预判；其三，身高优势大，没有小防大的威胁。韩国队运用四种主要配合的方式比例较接近。

表 10–15　防守有球掩护时不同防守配合的选择率比较分析

球队	被掩护	挤过	比例	穿过	比例	换防	比例	延误	比例	绕过	比例
日本队	139	42	30.2%	46	33.1%	29	20.9%	22	15.8%	0	0.0%
中国队	155	43	27.7%	14	9.0%	91	58.7%	7	4.5%	0	0.0%
韩国队	122	33	27.1%	36	29.5%	36	29.5%	17	13.9%	0	0.0%
中华台北队	111	29	26.1%	21	18.9%	48	43.2%	13	11.7%	0	0.0%

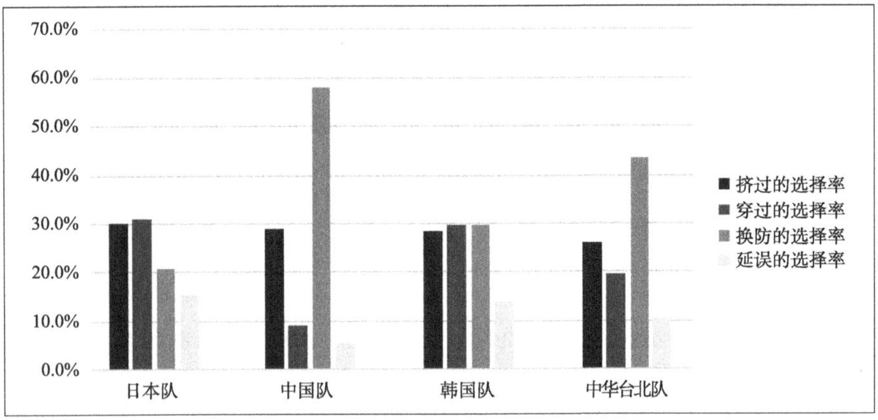

图 10–8 主要防守配合的选择率

从表10–15中还发现，在防守有球队员掩护的配合中，日本队选择延误配合22次，占防守有球队员掩护的15.8%；中国队选择延误配合7次，占防守有球队员掩护的4.5%；韩国队选择延误配合17次，占防守有球队员掩护的13.9%；中华台北队选择延误配合13次，占防守有球队员掩护的11.7%。说明日本队要比其他球队更擅长运用延误配合，而中国队最不擅长运用延误配合。延误配合的防守实际上就是对持球队员夹击的形式，正如中国队不善于运用夹击配合一样。

防守有球队员掩护时，无论选择哪一种防守基础配合方式，目的都是使持球队员不能形成投篮的机会，反之则认为失败。不同的球队在运用不同的防守基础配合时效果不同。结合表10–15和表10–16可知，四支队伍运用延误配合的失败率均低于其他防守配合，而四支队伍选择延误配合的比例均低于其他防守配合，说明延误配合是一种破坏有球队员掩护配合的有效方法，韩国队、日本队、中华台北队各运用延误配合成功抢断球一次，各个队伍应在比赛中慢慢尝试多运用延误配合，提高动作质量，增加延误配合的效果。日本队选择挤过与穿过的比例大于换防，同时，两种配合的失败率也低于换防的失败率，说明日本队根据球队的特点选择了适合球队的防守有球队员掩护配合的方法；中国队运用换防最多，但失败率接近30%，原因有以下两点：其一，中国队具有身高优势，但是当以大防小时，可能被对手突破，而高大的球员脚下跟不上造成对手突破投篮。其二，配合不默契，没有及时提醒同伴。韩国队延误配合的效果最好，中华台北队穿过配合失败率最高，同时选择率较低，说明穿过配合确实不适合中华台北队。

综上所述，防守有球队员掩护时，延误配合是最有效的防守基础配合方式；不同的防守特点适合选择不同的防守基础配合，但都没有选择绕过配合；中国队选择最多的是换防，但运用效果不佳，给对手多次投篮机会或直接突破投篮。中国队应根据对手与自己的特点，选择最佳的防守配合破坏对手掩护有球队员。

表 10–16　防守有球队员掩护的不同防守配合失败率比较分析

球队	挤过配合	穿过配合	换防配合	延误配合
日本队	14.0%	12.8%	17.2%	7.3%
中国队	35.3%	22.5%	29.3%	12.5%
韩国队	29.5%	19.7%	30.2%	0.0%
中华台北队	17.0%	42.5%	18.0%	8.3%

防守无球队员的目的就是防接球，防止接球就能化解其直接投篮的威胁。进攻方会通过不停的跑动创造无球队员接球的机会，例如掩护配合。防无球队员掩护的最终目的就是防止被掩护的无球队员接球，如果被掩

护的无球队员接到球则认为防守掩护失败。在2015年亚洲女篮锦标赛中，无球掩护比有球掩护多近一倍，一方面说明进攻越来越依赖集体协作，必须充分发挥进攻基础配合的作用。另一方面现代女子篮球的防守越来越具有攻击性，对无球队员的防守越来越重视，进攻队员须通过掩护的方式摆脱防守。

通过表10–17对防守无球掩护时不同防守基础配合选择率数据统计分析发现，绕过配合不仅在防守有球掩护时选择率低，而且在防守无球掩护时被选择的概率也较小。日本队防守无球队员掩护时选择的基础配合比例从大到小依次是挤过配合、穿过配合、换防配合、绕过配合。中国队的比例从大到小依次是挤过配合、换防配合、穿过配合、绕过配合。韩国队的比例从大到小依次是挤过配合、换防配合、穿过配合、绕过配合。中华台北队防守无球队员掩护时，善于运用换防配合，选择率为43.8%，其他顺序与日本队相同。说明亚洲女篮在防守无球队员掩护时主要运用挤过、穿过、换防三种形式，并根据自身特点和场上情况，选择适合自己的防守配合方式。日本队善于运用挤过配合和穿过配合，与防守有球掩护时的配合一样，体现了日本队的攻击性防守风格；利用挤、抢、队员间配合破坏掩护配合，继续追防原来的防守人，不容易被对手打破防守计划。中国队在防守无球掩护时，如果未能抢占有利位置与时机挤过继续追防进攻队员，多数情况下选择换防。韩国队与中国队具有同样的特点。中华台北队在防守无球掩护时多数情况下运用换防。

表10–17　防守无球掩护时不同防守配合的选择率比较分析

球队	被掩护	挤过	比例	穿过	比例	换防	比例	绕过	比例
日本队	234	110	47.0%	80	34.2%	28	12.0%	16	6.8%

续表

球队	被掩护	挤过	比例	穿过	比例	换防	比例	绕过	比例
中国队	280	103	36.8%	71	25.4%	94	33.6%	12	4.3%
韩国队	173	55	31.8%	50	28.9%	52	30.1%	16	9.2%
中华台北队	192	53	27.6%	45	23.4%	84	43.8%	10	5.2%

在防守无球队员掩护时，不同的防守基础配合失败率不同，防守效果与防守配合的质量有关，同时也与进攻队的掩护配合质量有关。不同位置的无球掩护要选择不同的防守基础配合，要根据发生无球掩护的位置、球的位置、同伴与对手的位置选择不同的防守配合。理想的防守效果就是控制无球队员接球，如果对手在弱侧进行无球掩护，主要限制其向篮、向球切入；如果在强侧进行无球掩护，则主要控制无球队员接球。

表 10–18　防守无球队员掩护的战术配合的失败率比较分析

球队	挤过配合	穿过配合	换防配合	绕过配合
日本队	9.4%	10.9%	31.2%	0.0%
中国队	9.5%	7.6%	16.4%	0.0%
韩国队	7.3%	13.8%	19.3%	17.5%
中华台北队	7.0%	16.9%	14.5%	27.5%

（3）协防、补防与“关门”配合。

“1+1>2”的道理被集体协作的篮球运动诠释得清晰明了。场上五个人的协作进攻效果远远大于单枪匹马的进攻效果。同样，场上五个人的合作防守效果也远远大于孤军奋战的防守效果。协防是一切防守基础配合的前提，是协防意识的体现，是不可或缺的重要环节。协防意识反映队员的集体协作意识，也是整体防守能力强弱的标志。补防配合是指防守队员被对手突破时或出现漏防时，邻近的同伴大胆地放弃自己的对手，及时快速地进行补漏防守的一种配合方法。“关门”配合是指邻近的两名防守队员协同堵截进攻队员突破的配合方法。

突破技术是一项攻击性极强的进攻技术，既可直驱内线，撕裂防守；又可造防守犯规，间接地使防守处于被动局面。因此防守突破单靠个人力量是远远不够的，第一道防线即一对一防守能力，但第二道防线，即补防配合与“关门”配合，更是防守成败的关键，也是集体协作水平的体现。攻击性防守的目的在于堵截突破路线，降低突破质量，造成对方被迫分球或失误，形成直接抢断球的机会。

从表10–19可见，运用补防配合与“关门”配合的成功率都在65.0%以上，最高达88.9%。也就是说，每当出现补防配合与“关门”配合10次，就有至少6.5次最多8.9次瓦解对方突破成功，或者使对方突破投篮不中，或者使对方突破被迫分球。只要运用补防与“关门”配合，防守突破的成功率是很高的，在对手突破时应积极运用。中国队运用补防次数仅有34次，要比中华台北队少36次，比日本队少21次，差距明显，且防守成功率最低。观看比赛录像发现，中国队在对手突破时，就近的同伴没有及时补防，原因有以下三点：第一，在比赛中球 — 篮 — 人的防守原则执行不到位，多次在追防无球人时，没有察觉同伴已被对手成功突破；第二，判断失误，以为对手会传球给自己防守的进攻队员；第三，协防补防意识差。除韩国队“关门”配合成功率比补防配合成功率低3%左右之外，其他球队“关门”配合的成功率基本都比补防配合的成功率高。这说明两个人的防守强度一定大于一个人的补防强度，但并不是人越多越好。当被进攻队员持球突破后，有时都是两个人去补防形成“关门”配合，这就体现了补防与“关门”配合的攻击性防守强度。中国队在面对对手持球突破时，运用“关门”配合的次数最少，其他球队运用“关门”配合的次数都是中国队的两倍左右；而且在防守突破时协防次数最少，只有30次，补防次数少，没有为“关门”配合打下基础。说明中国队防守突破时不仅个人攻击性防守强度低，而且利用防守基础配合的意识不好，应加强集体协作、整体逼抢，积极抢断的意识和能力。

表 10–19　协补防与“关门”配合次数统计

球队	协防次数	补防次数		成功率	“关门”次数		成功率
		成功次数	失败次数		成功次数	失败次数	
日本队	56	44	11	80.0%	46	7	86.8%
中国队	30	23	11	67.6%	19	6	76.0%
韩国队	45	23	9	71.9%	29	13	69.0%
中华台北队	43	54	16	77.1%	40	5	88.9%

三、结论与建议

（一）结论

（1）中国女篮攻击性防守技战术水平与亚洲其他强队存在一定的差距，防守压迫性不强。主要体现在不能充分运用逼抢、封堵、掏打干扰进攻质量，在对球权的主动拼抢方面表现不够积极。

（2）中国女篮防守主动性、破坏性不强，主要体现在对传球、运球、投篮、突破、无球队员接球干扰频度不高，导致在主动抢断球方面不如亚洲其他强队。其原因是多方面的，思想方面对攻击性防守的认识起引领作用，具体到运动员场上发挥，又跟运动员篮球意识、技术水平、体能状态与心理因素息息相关。

（3）中国女篮集体协作意识较弱，利用攻击性防守技战术主动破坏进攻、夺取球权的能力有待提高。加强脚部动作训练，提高局部防守配合的攻击性和有效性是提高攻击性防守运用效果的重要途径。

（4）中国女篮在此次亚锦赛中，身高优势明显，顶、抢、卡位技术运用合理，对篮板球的保护积极并取得不错的效果，在一定程度上保证了球权的主动。

（二）建议

（1）提高积极拼抢的意识，培养贴身紧逼、掏、打、抢、断的习惯和拼抢凶狠的风格。提高身体对抗能力、快速灵活的脚部移动与手脚配合，增强攻击性防守强度。在保持身高优势的同时，提高快速、灵活、凶狠的程度。

（2）提高集体协作意识和队员间的默契度，加强交流，充分利用防守基础配合，主动夺取球权。